A FONTE
HISTÓRICA
E SEU LUGAR
DE PRODUÇÃO

Dados Internacionais de Catalogação na Publicação (CIP)
(Câmara Brasileira do Livro, SP, Brasil)

Barros, José D'Assunção
  A Fonte Histórica e seu lugar de produção / José D'Assunção Barros. – Petrópolis, RJ : Vozes, 2020

  Bibliografia.
  ISBN 978-85-326-6273-6

  1. História – Fontes 2. Historiografia 3. Pesquisa I. Título.

19-28913   CDD-907.2

Índices para catálogo sistemático:
1. Fontes históricas   907.2
2. História : Fontes   907.2

Maria Alice Ferreira – Bibliotecária – CRB-8/7964

JOSÉ D'ASSUNÇÃO BARROS

A FONTE HISTÓRICA E SEU LUGAR DE PRODUÇÃO

EDITORA VOZES
Petrópolis

© 2020, Editora Vozes Ltda.
Rua Frei Luís, 100
25689-900 Petrópolis, RJ
www.vozes.com.br
Brasil

Todos os direitos reservados. Nenhuma parte desta obra poderá ser reproduzida ou transmitida por qualquer forma e/ou quaisquer meios (eletrônico ou mecânico, incluindo fotocópia e gravação) ou arquivada em qualquer sistema ou banco de dados sem permissão escrita da editora.

CONSELHO EDITORIAL

Diretor
Gilberto Gonçalves Garcia

Editores
Aline dos Santos Carneiro
Edrian Josué Pasini
Marilac Loraine Oleniki
Welder Lancieri Marchini

Conselheiros
Francisco Morás
Ludovico Garmus
Teobaldo Heidemann
Volney J. Berkenbrock

Secretário executivo
João Batista Kreuch

Editoração: Fernando Sergio Olivetti da Rocha
Diagramação: Sheilandre Desenv. Gráfico
Revisão gráfica: Nilton Braz da Rocha / Nivaldo S. Menezes
Capa: Felipe Souza | Aspectos

ISBN 978-85-326-6273-6

Editado conforme o novo acordo ortográfico.

Este livro foi composto e impresso pela Editora Vozes Ltda.

Sumário

Introdução, 7

Primeira parte – O Lugar de Produção das Fontes Históricas, 11
1 Sobre o conceito de "Lugar de Produção", 13
2 O problema histórico e a escolha da documentação adequada, 22
3 A Identificação do Lugar de Produção da Fonte Histórica, 36
4 A Época (ou os lugares-tempo), 51
5 Sociedade, Autoria e Identidades, 97

Segunda parte – Analisando Lugares de Produção: dois exemplos na História das Ideias Políticas, 153
6 *O Príncipe* de Maquiavel: sua produção e reapropriações, 155
7 *Mein Kampf*: um texto nazista em seus dois momentos, 215

Palavras finais, 251

Obras citadas, 255

Índice onomástico, 265

Índice remissivo, 269

Índice geral, 273

Introdução

As fontes históricas – conforme já foi ressaltado no livro que a este precede na série sobre a metodologia da História[1] – constituem o cerne da operação historiográfica. Nelas, o passado se faz presente, de uma nova maneira, desde que as indaguemos a partir dos problemas históricos adequados e que saibamos compreendê-las a partir de uma dialética que envolve o tempo do próprio historiador que investiga e o tempo da história que é investigada. Sim, uma fonte histórica é um pedaço do passado não apenas porque fala sobre o passado a partir de uma determinada perspectiva, mas também porque é um objeto material ou imaterial oriundo do passado e que permaneceu no presente. Se olharmos para um diário antigo, elaborado despretensiosamente por uma jovem que o escreveu há duzentos anos atrás, estaremos diante de um objeto de uma outra época, e que, no entanto, também está no presente. Se lermos uma carta escrita há quatro séculos, estaremos diante de palavras produzidas naquela época, mas que também chegaram até nós. Literalmente, para retornarmos um conceito proposto por Koselleck, as fontes históricas são "passados-presentes". A compreensão disto leva-nos a uma nova pergunta. Como abordar as fontes históricas com vistas a uma compreensão crítica, ou para um adequado tratamento historiográfico? O tema central deste livro nos conduz ao primeiro movimento que precisa ser feito para uma compreensão efetiva de qualquer coisa que nos venha do passado, e que também se encontre no presente em posição de ser decifrado.

---

[1] *Fontes Históricas – Introdução aos seus usos historiográficos* (BARROS, 2019). Publicado por esta editora.

Tudo aquilo que pode ser tomado ou constituído pelos historiadores como fonte – sejam textos de quaisquer tipos, imagens registradas por processos os mais diversos, ou objetos materiais deixados pelas mais variadas atividades humanas – tem um "lugar de produção". Quando olhamos para um texto ou objeto como fonte histórica, precisamos imediatamente enxergar nelas o lugar que as produziu – o feixe de fatores e elementos que tornaram possível aquele objeto ou aquele texto, a sociedade que se mostra através desta fonte, o processo que se deixa entrever por meio do resíduo ou do sintoma que está materializado à nossa frente sob formas as mais diversas.

Avaliar o "lugar de produção" da fonte histórica é o primeiro passo de uma metodologia que já está bem consolidada entre os historiadores. De fato, um dos primeiros atributos que exigimos de um bom historiador é a capacidade de olhar para um texto (uma imagem, um objeto) e enxergar nele a sociedade que o produziu, a humanidade que passou e passa por ele de uma maneira muito singular, os processos que o moldaram e constituíram no tempo, as ideias e ações que o atravessam de muitas maneiras deixando suas marcas ou inscrevendo-se como possibilidades de reapropriações futuras. Um texto pode mentir sobre muitas coisas – particularmente através da habilidade e da capacidade de dissimulação do seu autor – mas ele não pode deixar de falar sobre o lugar que o produziu. Ao texto que revela o seu lugar de produção, por outro lado, só podemos chegar através de problemas historiográficos – científicos e críticos – que são colocados às fontes.

Neste livro, discorreremos sobre tudo o que está envolvido na complexa identificação do "lugar de produção" de fontes históricas as mais diversas. Também discutiremos alguns aspectos essenciais da metodologia que permite aos historiadores produzir história, tais como a própria constituição do seu *corpus documental* – ou seja, a escolha das fontes que serão utilizadas para que se torne possível uma pesquisa de história sobre qualquer tema ou objeto de investigação. Situar um texto ou objeto no tempo, na época que o produziu, em um recorte de tempo que lhe dá certo sentido a partir de determinados problemas que o constituem – além de compreendê-lo também em um lugar, um espaço, uma sociedade, uma rede de outros textos ou objetos similares – é também um gesto complexo do qual precisamos nos acercar se pretendemos escrever história da maneira adequada, com método, postura crítica e capacidade de problematização.

Ao lado disso, ao lermos o texto de um autor – sobretudo quando se trata de conhecer este autor historicamente e de analisar suas obras ou textos de uma perspectiva historiográfica – é importante situá-lo em sua época, sociedade, instituições, circunstâncias, além de compreendê-lo como um ser humano complexo cujo pensamento e ações enquadram-se em um jogo de identidades que, parodiando a arte musical, definiremos como um "acorde de identidades". O objetivo deste livro, deste modo, será o de habilitar aqueles que o lerem a compreenderem tanto o autor como o seu texto a partir de um prisma de complexidades que deve ultrapassar a mera leitura superficial. Proporcionaremos ao leitor, aqui, a possibilidade de aperfeiçoar uma leitura efetivamente crítica dos textos, de modo que pretendemos contribuir tanto para a sua formação historiográfica como para o seu aprimoramento como leitor em maior nível de profundidade.

Os exemplos são diversos, e vão da História Antiga à História Contemporânea, evocando fontes de todos os tipos. Na Primeira Parte da obra, o leitor poderá entender já de saída o conceito mais específico de "lugar de produção", e como esta perspectiva também nos autoriza a compreender que o próprio historiador que produz uma obra – hoje e em qualquer época – também escreve a partir de um lugar de produção específico, de uma sociedade, de uma rede de diálogos intertextuais. Deste modo, se toda fonte tem o seu "lugar de produção", desta regra não escapam os próprios historiadores que as estudam, e tampouco quaisquer outros tipos de produtores de textos. Compreenderemos, ainda, que demarcar uma unidade de tempo – a Antiguidade, a Idade Média, a Idade Contemporânea, ou outras divisões de tempo que possam ser imaginadas – é apenas uma operação historiográfica igualmente sujeita à crítica e aos parâmetros da relatividade.

Talvez o leitor se surpreenda com a diversidade de tipos de fontes e com a variedade de períodos históricos que abordaremos exemplificativamente. Da época dos profetas bíblicos à revolta dos escravizados malês no Brasil Império, das genealogias medievais aos textos dos nazistas no período da Segunda Grande Guerra, dos manuais políticos do início da modernidade aos documentos de cartório do período contemporâneo, ou das obras literárias aos filmes de ficção científica – procuramos estender a reflexão sobre o lugar de produção das fontes históricas aos mais variados períodos da História e a toda uma gama disponível de fontes históricas.

Na Segunda parte do livro, abandonamos o voo panorâmico e investimos no mergulho de profundidade. Aqui, mobilizamos as categorias teóricas e os procedimentos metodológicos de análise, apresentados e desenvolvidos na Primeira parte, para a aplicação mais sistemática e de maior profundidade em duas fontes específicas da História Política: uma do início da modernidade, e outra do período contemporâneo. *O Príncipe*, de Maquiavel – manual político do renascimento italiano –, é a primeira obra examinada; e o livro *Mein Kampf*, escrito pelo ditador nazista Adolf Hitler no período do entreguerras, é o segundo texto abordado. A ideia é mergulhar em maior profundidade na análise crítica de duas fontes textuais distintas, a modo de exemplificação. Desta maneira, estes textos nos interessarão aqui, principalmente, como fontes históricas – como exemplos de identificação mais minuciosa e sistemática dos "lugares de produção" destas fontes, dos seus contextos a serem levantados, dos gêneros textuais a que pertencem, das intertextualidades envolvidas e dos seus receptores e apropriações posteriores.

Como dissemos no início desta Introdução, a obra que aqui se apresenta pretende se colocar em continuidade com um livro anteriormente lançado por este autor, nesta mesma editora: *Fontes Históricas – Introdução aos seus usos historiográficos* (2019). Posteriormente, seguiremos com esta série sobre fontes históricas em novos livros, que trabalharão cada qual com tipos bem específicos de fontes como os jornais, diários, relatos de viagem, processos jurídicos e inúmeros outros tipos de fontes.

Primeira parte

O Lugar de Produção das Fontes Históricas

1
Sobre o conceito de "Lugar de Produção"

1.1 O lugar de onde escreve o historiador

Todo historiador produz o seu trabalho a partir de um lugar social, sujeito a determinadas circunstâncias e localizado historicamente. Poderíamos dar exemplos já históricos como o de Caio Suetônio (69-141 e.C.), historiador da Roma Antiga que deixou involuntariamente que se expressassem, em suas *Vidas dos Doze Césares* (119 e.C.), algumas das tensões que então permeavam as relações entre a sua própria classe senatorial e o poder dos imperadores. Poderíamos, ainda, rememorar Marc Bloch (1886-1944), um dos fundadores da célebre Escola dos Annales – esta já ancorada em uma França conturbada pelas duas grandes guerras do século XX. Seria possível ressaltar uma significativa quantidade de exemplos da historiografia, desde a Antiguidade até os tempos contemporâneos. Não obstante, será ainda mais oportuno evocar os próprios historiadores de hoje, que escrevem o que escrevem porque são homens e mulheres de sua própria época, habitantes desta ou daquela sociedade do século XXI. Se estamos no Brasil, não há como deixarmos de ser historiadores brasileiros, nem como impedir que se manifestem em nossos escritos sobre a história, de modo indelével, a própria geração à qual pertencemos, a rede de outros historiadores que nos influenciam ou influenciaram, as instituições em que nos formamos e atuamos como professores e pesquisadores, o cenário político dentro do qual nos posicionamos, ou a vizinhança para a qual retornamos todos os dias.

Ser um historiador é pertencer a uma comunidade historiográfica, e escrever um livro de História é escrever também para os pares historiadores, ainda que os livros de História almejem igualmente alcançar um público mais amplo e diversificado, e que a "história pública" seja uma das demandas mais relevantes de nosso tempo. Estas exigências e demandas distintas que nos chegam do "polo receptor" das realizações textuais dos historiadores – e que, na sua diversidade, mostram-se partilhadas entre um grande grupo de leitores e uma pequena comunidade especializada de cientistas-historiadores – fazem parte também do lugar, ou de uma das coordenadas que definem este lugar. Por fim, histórias de longo termo e pequenas histórias recentes confluem para o ponto em que nos encontramos, e é daí que podemos exercer a nossa prática historiográfica, matizada pelas nossas próprias histórias individuais e experiências pessoais. Este lugar, ao mesmo tempo compartilhado em muitos de seus aspectos, e singular em outros, é o que nos possibilita escrever histórias, cada qual demarcada por aquilo que nos caracteriza e pelas circunstâncias que as tornaram possíveis. Escrever um texto historiográfico, enfim, é escrever de um lugar que precisa ser bem compreendido em toda a sua complexidade.

Na verdade, a mesma sujeição a um lugar – físico, temporal, social, cultural: histórico! – ocorre com qualquer intelectual, artista, escritor ou autor de textos, mesmo que estes sejam manuscritos sem maiores pretensões, tais como os diários íntimos escritos por um indivíduo desconhecido ou as cartas trocadas entre pessoas comuns. É no seio de uma sociedade e de uma cultura que podemos elaborar um texto qualquer; e, a despeito das peculiaridades e singularidades que possa um autor ter como suas, nenhum texto pode ser escrito a não ser no encontro de muitas histórias que ao mesmo tempo o incluem e o transcendem, mesmo que delas o autor não se aperceba. Escreve-se efetivamente no interior de muitos círculos de pertencimento – uma prática intelectual, um circuito de influências, uma instituição, uma arte, uma nação, talvez uma escolha religiosa, ou quem sabe uma disciplina científica – sempre com particular atenção às regras ou possibilidades que nos são de alguma maneira impostas ou oferecidas (muitas vezes sem que o percebamos), e igualmente em sintonia com muitas práticas e modos de escrever que nos precedem como autores de um texto. Chamaremos a este lugar de onde se escreve um texto, acompanhando um conceito que já se tornou bastante operacional na historiografia, de "lugar de produção"[2].

1.2 "Lugar de Produção": extensões de um conceito

Conforme veremos no decorrer deste livro, podemos estender a noção de "lugar de produção", com todas as suas implicações e potencialidades, para quaisquer tipos de textos, objetos ou realizações humanas – em uma palavra: para as mais variadas fontes históricas com as quais trabalham os próprios historiadores em seu objetivo de elaborar reflexões sobre as sociedades humanas do passado ou sobre os processos históricos que nelas se desenvolveram, e que talvez ainda repercutam, de alguma maneira, em nosso próprio tempo. Tem-se assim, no seio da disciplina histórica, uma instigante circularidade. De um lado, cada historiador produz o seu texto a partir de um lugar sujeito à própria historicidade; de outro lado, também têm o seu próprio "lugar de produção" as diversas fontes históricas das quais os historiadores lançam mão em seus esforços de alcançar outros tempos – tratem-se de cartas, inventários, documentos de arquivo, editos governamentais, jornais, relatos de viagem, processos criminais, objetos materiais ou quaisquer outros tipos de fontes. O texto historiográfico é, desta maneira, elaborado em um lugar de produção específico (o "lugar de produção" do próprio historiador), e a partir da análise sistemática de textos ou objetos relacionados a outros lugares de produção (as fontes históricas).

Já de princípio, voltar a consciência da historicidade para a própria compreensão e análise do texto historiográfico – compreendendo que mesmo o texto produzido pelo historiador de hoje poderá um dia se tornar fonte histórica para análises produzidas por futuros historiadores – é como um instigante círculo que se desdobra sobre si mesmo. Se "tudo é história" – como diz o famoso aforismo que declara que qualquer aspecto da vida humana pode ser analisado historicamente – também podemos pronunciar um novo aforismo: "tudo é fonte histórica", até mesmo os textos daqueles que analisam outras fontes históricas. Não é raro, portanto, que as fontes históricas de todos os tipos estejam articuladas a um de-

---

[2] O conceito de "lugar de produção", conforme veremos no próximo item, foi delineado pela primeira vez por Michel de Certeau (2012, p. 65-119) [original: 1974].

safiador labirinto de possibilidades onde umas estão destinadas a recobrir outras ou a estabelecer intertextualidades que colocam em diálogo épocas distintas.

Os próprios conceitos, de sua parte, e as condições e perspectivas que os tornaram possíveis, também têm uma história. Neste sentido, é oportuno lembrar que a primeira reflexão mais sistemática sobre o conceito de "lugar de produção", na historiografia, pode ser atribuída ao intelectual jesuíta Michel de Certeau (1925-1986), um pensador multidisciplinar que nos legou importantes pesquisas e realizações na área de História[3]. "A operação historiográfica" – um ensaio escrito em 1974 e que se tornou célebre entre os historiadores – enfrentou o importante desafio de dar a perceber, com o apoio de um vocabulário conceitual moderno e de uma perspectiva mais contemporânea, o fato de que cada historiador produz o seu trabalho a partir da articulação entre "um lugar social, uma disciplina e uma escrita"[4].

Por outro lado, devemos remontar aos historicistas do século XIX, e mesmo a seus precursores românticos no século XVIII, as primeiras expressões mais decisivas de uma consciência da incontornável historicidade que atinge o próprio historiador. A ideia de que, na operação historiográfica, escreve-se sempre a partir de um ponto de vista atravessado por subjetividades e inscrições sociais várias – tal como postularam os historiadores oitocentistas Gustav Droysen (1808-1884) e Georg Gervinus (1805-1871), e, ao lado deles, o filósofo Wilhelm Dilthey (1833-1911) – pode ser mesmo considerada uma pedra de toque importante para os desenvolvimentos mais modernos do historicismo, paradigma que já vinha

---

[3] CERTEAU, 2011, p. 45-111 [original: 1974]. Michel de Certeau ocupa um lugar ímpar na história intelectual francesa, particularmente em decorrência de uma abrangência interdisciplinar que encontra na história, antropologia, linguística, filosofia e psicanálise seus principais focos de interesse. Um de seus campos específicos de estudo foram os objetos relacionados à história da religião e do misticismo, notadamente entre os séculos XVI e XVIII, a exemplo de *Possessão do Loudun* (1978) e *A Fábula Mística* (1982). A cultura como um todo também o interessou, originando-se daí o ensaio *A Cultura no Plural* (1974), e também obras como *A Invenção do Cotidiano* (1980). A preocupação com o viés interdisciplinar – além de sua atenção especial às relações entre história e linguística – pode ser bem representada por *História e Psicanálise* (1987). Quanto ao texto "A operação historiográfica", o ensaio foi publicado, pela primeira vez, em uma obra coletiva de historiadores franceses ligados à chamada terceira geração dos Annales, sob a coordenação de Jacques Le Goff e Pierre Nora (1974). Logo depois, o texto foi incorporado ao livro que teria o título de *A Escrita da História* (1975).

[4] CERTEAU, 2011, p. 46.

estabelecendo um contraste decisivo em relação à perspectiva mais universalista e generalizante dos historiadores positivistas do próprio século XIX[5].

A consciência da historicidade que afeta e constitui os próprios historiadores prossegue de maneira cada vez mais afirmativa através do século XX, com autores como Marc Bloch, Lucien Febvre e inúmeros historiadores ligados a movimentos como o da Escola dos Annales ou o do Presentismo estadunidense, além daqueles ligados a perspectivas como a do Materialismo Histórico ou da hermenêutica alemã[6]. De todo modo, pode-se dizer que, em

---

5 GERVINUS, 2010 [original: 1837]. • DROYSEN, 2009 [original: 1868]. • DILTHEY, 2010-a e b [originais: 1938 e 1910]. Para dar um primeiro exemplo entre tantos, em seus *Fundamentos da Teoria da História* (1837), Gervinus já discorria detidamente sobre o que é o fazer histórico e sobre o fato de que o historiador desenvolve esta atividade a partir de uma posição específica inscrita em uma sociedade e – com relação à questão que lhe era mais cara – também de um certo lugar nacional. Para além dos historicistas alemães, podemos ainda encontrar em seus precursores setecentistas – Vico, Chladenius e Herder – a ideia de que a historiografia parte de um lugar cultural e nacional, e também de pontos de vista que demarcam cada proposição historiográfica. Chladenius (1710-1759), por exemplo, já introduz os conceitos de "ponto de vista" e "posição do espectador" em seus *Princípios Gerais da Ciência Histórica* (1752). Nesta obra, podemos encontrar passagens reveladoras de uma consciência historiográfica que somente começaria a se consolidar no século seguinte: "O fato de alguém ter uma relação com pessoas isoladas ou instituições éticas ou ainda com determinados interesses, atos e negociações, ou estar envolvido nisso, faz parte de sua posição. Cada pessoa observa o assunto de acordo com a relação específica que ela tem com este assunto. Por conseguinte, a ideia ou a visualização da história se orienta pela posição de cada espectador, de tal modo que a posição do espectador é responsável pelo fato de ele perceber ou uma, ou outra coisa, ou de ele observar o assunto por um lado e um outro espectador, por outro lado" (CHLADENIUS, 2013, p. 111). Sobre Chladenius, cf. BARROS, 2011-b, p. 111-118.

6 Passagens destacando a importância do lugar do historiador na produção do texto historiográfico podem ser encontradas tanto na *Apologia da História* de Marc Bloch (1941-1942) – que começa por definir a História como "a ciência dos homens no tempo" – como em alguns dos textos reunidos na coletânea *Combates pela História*, de Lucien Febvre (1953). Este último, por exemplo, retoma o célebre dito do filósofo italiano Benedetto Croce, que pronunciou pela primeira vez a emblemática frase que se tornaria um lema para as modernas correntes historicistas e presentistas: "toda história é contemporânea". Com isso, afirma-se que cada nova obra historiográfica pode retomar os mesmos processos ou temas históricos sob uma nova perspectiva ancorada em seu próprio tempo – esse "tempo" que constitui, ele mesmo, uma das coordenadas do lugar de produção da obra historiográfica. Cf. BLOCH, 2001 [original: 1941-1942]. • FEBVRE, 1989 [original: 1953]. • CROCE, 1965 [original: 1917]. Entre os hermenêuticos alemães, podemos lembrar o conjunto de reflexões de Gadamer sobre *A Consciência Histórica* (1998) [original: 1996]. Com relação à importância do conhecimento do "lugar de produção" historiográfico para o materialismo histórico, podemos destacar um comentário oportuno do próprio Michel de Certeau: "A articulação da história com um lugar é a condição de uma análise da sociedade. Sabe-se, aliás, que tanto no marxismo como no freudismo não existe análise que não seja integralmente dependente da situação criada por uma relação, social ou analítica" (CERTEAU, 2011, p. 64). / Sobre a Escola dos Annales e sua perspectiva de uma interação entre presente e passado, cf. BARROS, 2011-e, p. 182-191. Sobre o Presentismo de Croce e de outros autores, cf. BARROS, 2011-b, p. 153-160.

seu texto de 1974, Michel de Certeau encontrou a palavra certa para desdobrar uma arguta reflexão sobre o fazer historiográfico. "Lugar de Produção" foi a expressão que se celebrizou para expressar a ideia de que o historiador, em sua prática e operação historiográfica, escreve ele mesmo a partir de um *locus*, de uma inscrição bem estabelecida em uma sociedade e em uma comunidade historiográfica, de um nódulo de enredamento que o situa em instituições (universidades e centros de pesquisa, por exemplo), ou de uma teia de intertextualidades que o influenciam.

1.3 Do lugar historiográfico ao lugar das fontes históricas

Conforme pudemos ver até aqui, o historiador – o homem ou mulher de seu tempo – acompanha os ditos e enfrenta os interditos proporcionados por este lugar, que o instala em uma complexa estrutura de poder[7]. O seu trabalho torna-se possível neste "lugar de produção" específico, que precisa ser adequadamente compreendido, para cada caso, quando se trata de abordar a historiografia ou um produto historiográfico mais específico. O próprio leitor ou beneficiário do produto historiográfico – ele mesmo mergulhado em suas próprias circunstâncias e perfeitamente inscrito em uma sociedade e no lugar que torna possíveis as suas condições de leitura e a sua atividade como leitor – também interfere, à sua maneira, neste lugar de produção que demarca as condições de trabalho do historiador[8].

Em atenção à nossa proposição inicial, neste livro direcionaremos o conceito de "lugar de produção" para outro âmbito, também percebido por Certeau e, muito antes dele, por uma grande tradição que remonta aos historicistas do século XIX, passando depois por diversos setores da historiografia do século XX. A nossa intenção será aplicar o conceito de "lugar de produção" aos textos que o historiador

---

[7] Assim se expressa Michel de Certeau no início da primeira sessão de seu artigo: "Toda pesquisa histórica é articulada a partir de um lugar de produção socioeconômico, político e cultural. Implica um meio de elaboração circunscrito por determinações próprias: uma profissão liberal, um posto de estudo ou de ensino, uma categoria de letrados etc. Encontra-se, portanto, submetida a opressões, ligada a privilégios, enraizada em uma particularidade. É em função desse lugar que se instauram os métodos, que se precisa uma topografia de interesses, que se organizam os dossiês e as indagações relativas aos documentos" (CERTEAU, 2011, p. 47).

[8] Sobre estes aspectos, são fundamentais as reflexões desenvolvidas por Paul Ricoeur no primeiro volume de sua obra *Tempo e Narrativa* (2010) [original: 1983-1985].

constitui como fontes históricas. É claro que a percepção dos historiadores de que o seu próprio trabalho também se escreve em um lugar complexo – social, institucional, cultural, político, intertextual, epistemológico – e que precisa ser considerado quando estes mesmos historiadores desejam tomar consciência das especificidades de suas próprias práticas, constitui de fato a questão crucial que logrou situar a historiografia moderna em um novo patamar de autoconsciência. Mas este não será o tema do presente livro, que busca mais especificamente desenvolver uma reflexão sobre o tratamento das fontes históricas. Destarte, uma reflexão inicial sobre o conceito em que nos apoiaremos mostrou-se aqui imprescindível.

Apenas para encerrar este item com um exemplo ilustrativo, ainda que não seja objeto mais imediato deste livro, podemos lembrar que a própria escolha do tema de pesquisa, e a possibilidade de construir problemas mais singulares a partir deste tema de estudo, constitui para o historiador uma operação que deve ser compreendida a partir do lugar complexo que configura a operação historiográfica. Estuda-se a mulher, a loucura, as relações entre os estados-nações, a vida cotidiana, a arte ou o direito, entre inúmeros outros campos temáticos possíveis, porque o lugar de produção do historiador neste ou naquele momento comporta estas temáticas, entre várias outras, ao mesmo tempo em que certos objetos de estudo são desestimulados, desautorizados ou mesmo interditados. Escolhe-se um tema de pesquisa em articulação a um lugar, para atender a determinadas demandas, e porque as condições de produção de um saber assim o permitem neste ou naquele outro momento[9].

De igual maneira, o estilo discursivo do texto historiográfico, com todas as suas especificidades e modos de expressão, é também indelevelmente ligado ao lugar de onde fala o historiador, à sociedade em que ele se inscreve, à institui-

---

[9] "Antes de saber o que a história diz de uma sociedade, é necessário saber como funciona dentro dela. Esta instituição se inscreve num complexo que lhe *permite* apenas um tipo de produção e lhe *proíbe* outros. Tal é a dupla função do lugar. Ele torna *possíveis* certas pesquisas em função de conjunturas e problemáticas comuns. Mas torna outras *impossíveis*; exclui do discurso aquilo que é sua condição num momento dado; representa o papel de uma censura com relação aos postulados presentes (sociais, econômicos, políticos) na análise. Sem dúvida, essa combinação entre *permissão* e *interdição* é o ponto cego da pesquisa histórica e a razão pela qual ela não é compatível com *qualquer* coisa. É igualmente o trabalho sobre essa combinação que age o trabalho destinado a modificá-la" (CERTEAU, 2011, p. 63).

ção à qual se vincula, aos diálogos que estabelece com seus pares e, por vezes, a pressões advindas da própria comunidade de historiadores. Tal como observa Certeau em *A operação historiográfica*, "meu dialeto [do historiador] demonstra minha ligação com um certo lugar"[10]. A escrita historiadora – que precisa encerrar uma pesquisa histórica que é na verdade interminável com vistas a confluir concretamente para a produção final de um texto fechado em livro, artigo ou conferência – é o reduto último do "lugar de produção", ou o abrigo secreto de um presente do historiador-autor, o qual também se abre para decifrações e análises posteriores, já naquele futuro em que o próprio "texto historiador" terá se transformado também ele em fonte[11].

O discurso historiador, portanto, carrega indelevelmente o seu presente, as marcas do seu lugar de produção. O que se diz, e *como* se diz, relacionam-se visceralmente a este lugar, da mesma forma como se inscrevem em um lugar os modos a partir dos quais se estabelece um objeto de pesquisa e se viabiliza uma prática a ela relacionada. A operação historiográfica como um todo, enfim, refere-se à combinação de um lugar social com algumas práticas, confluindo finalmente para um produto final textualizado, sendo que foi sobre as implicações de cada uma destas instâncias – lugar social, prática científica e escrita historiadora – que Michel de Certeau se dispôs a discorrer mais sistematicamente no ensaio a partir do qual se afirmou definitivamente o conceito de "lugar de produção"[12].

---

[10] CERTEAU, 2011, p. 45.

[11] Os textos dos historiadores – à maneira de uma "escrita em espelho" – "escondem sua relação com práticas que não são mais históricas, mas políticas e comerciais; porém, servindo-se de um passado para negar o presente que repetem, segregam algo estranho às relações sociais atuais, produzem o *segredo* na linguagem [...]" (CERTEAU, 2011, p. 91).

[12] Encerro este capítulo inicial neste momento, pois ele não constitui o foco principal do ensaio, mas apenas aquilo que o possibilita conceitualmente. Entrementes, poderíamos prosseguir indefinidamente, percebendo que inúmeros outros aspectos da operação historiográfica relacionam-se ao "lugar de produção". É o caso da escolha de um recorte de pesquisa (O Brasil no período colonial), das decisões relativas à cronologia a ser empregada (por exemplo, o "ponto zero" que dá início à narrativa historiográfica), ou da conformação, na prática historiográfica, de unidades mais largas de periodização como a "Idade Antiga", "Idade Média", "Idade Moderna". Estas últimas, por exemplo, só fazem sentido quando observadas de um lugar no qual se situa o historiador.

Compreendidas as linhas mestras da história de um conceito, seus desdobramentos e implicações, é hora de explorar suas potencialidades em outras direções. A partir daqui, ao recorrer ao conceito de "lugar de produção", nosso objetivo será o de refletir sobre uma questão bem mais específica no interior da operação historiográfica, que é a da percepção de que os próprios textos e materiais que os historiadores tomam para fontes históricas também foram produzidos, em sua época, a parir de um lugar que precisa ser compreendido e decifrado pelo historiador[13].

---

[13] No que concerne à história conceitual, poderíamos estender para além a investigação sobre o conceito de "lugar de produção", remontando-a à própria história do conceito de "lugar", de maneira mais geral. Esta reflexão, conduzida ao seu limite inicial, levar-nos-ia ao Livro IV da *Física* de Aristóteles, que abordou o lugar em sua relação com o corpo e o espaço físico. Ao lugar como "limite do corpo", tal como proposto por Aristóteles, mais tarde seria acrescentado o lugar como "relação entre corpos", conforme os *Princípios da Filosofia* de Descartes (1644). A relação do lugar historiográfico com o "corpo social" aliás, é também abordada por Certeau (2011, p. 63). Ao lado disso, torna-se particularmente interessante pensar também o "lugar de produção" da historiografia como uma relação entre lugares (entre o lugar do historiador e outros lugares de produção), tal como veremos oportunamente. Destaco ainda que, da concepção espacial do lugar, também decorreu toda a história do conceito de "lugar" na Geografia Humana, onde o mesmo ocupa nos dias de hoje uma posição primordial. Aqui, o lugar corresponde ao espaço que incorpora aspectos simbólicos e uma dimensão afetiva, uma relação com a experiência e com a identidade (cf. Yi-Fu Tuan, 1983). Estes aspectos também serão oportunos para a compreensão dos lugares de produção das fontes históricas.

2
O problema histórico e a escolha da documentação adequada

2.1 A adequação do *corpus* documental

Vamos prosseguir, nesta reflexão sobre o fazer historiográfico, de um ponto mais avançado relativo à constituição do processo de pesquisa histórica. Suponhamos que o assunto, ou mesmo o tema de nossa pesquisa, bem como o seu recorte espacial e cronológico, já estão devidamente delimitados (o que, tal como já se mencionou, constitui uma operação que também se associa ao próprio "lugar de produção" no qual se insere o historiador). Cabe agora um passo decisivo para o estabelecimento das condições iniciais do trabalho historiográfico. É preciso determinar com clareza e precisão o "universo documental" com apoio no qual se desenvolverá a nossa pesquisa. É acerca deste momento primordial para a prática historiográfica – mas que, de acordo com a concepção historiográfica moderna, é posterior à instituição de um problema histórico a ser investigado – que refletiremos neste livro.

As fontes históricas, como se sabe, constituem a base empírica que traz legitimidade ao discurso do historiador. O uso crítico e analítico das fontes, ao lado de sua responsável e sistemática exposição para o leitor do texto historiográfico, constitui um dos principais fatores que permitem deixar bem estabelecida uma distinção efetiva entre a História e o relato de ficção[14]. É assim que qualquer

---

[14] Referimo-nos aqui, mais especificamente, à tradição historiográfica que se desenvolveu na civilização ocidental. Deve ficar bem entendido que há casos de outras civilizações que desenvolveram um "fazer histórico" que prescinde do documento.

afirmação do historiador deve ser proposta a partir do seu universo de fontes. Da mesma forma, também as hipóteses por ele levantadas devem ser demonstradas ou admitidas como aceitáveis a partir do seu trabalho com a documentação[15].

Disso decorre que a escolha do universo documental deve estar intimamente ligada às hipóteses de trabalho, ao "problema" levantado, aos objetivos da pesquisa. Tudo isto, naturalmente, está associado ao "lugar de produção" no qual se inscreve o próprio historiador, mas não é desta questão tão importante quanto específica que trataremos agora. Queremos chamar atenção para o fato de que cada pesquisa em especial proporciona aberturas a determinadas alternativas de "universos documentais" – alternativas que, obviamente, serão objetos de uma escolha, elas mesmas interferidas pelo próprio lugar de produção do historiador. Não obstante, o fato de que cada pesquisa em especial possibilita ao historiador fazer suas escolhas diante de determinadas alternativas de "universos documentais" – o que este é um momento crucial para o planejamento do caminho historiográfico a ser percorrido – constitui o mais íntimo sentido da prédica de que sempre se deve submeter um determinado *corpus* documental a uma "análise de adequação", com vistas a verificar se as fontes propostas realmente estarão sintonizadas com o problema histórico proposto.

É verdade que pode se dar, em alguns casos, que o universo documental já esteja determinado *a priori* pelo próprio objetivo da pesquisa definida de antemão pelo historiador, ou pelas exigências de seu ofício no seio de uma instituição que o convocou para um trabalho específico. Digamos, por exemplo, que uma instituição nos encomendou uma investigação sobre "os programas de todos os partidos políticos oficiais desde o início da República", ou então sobre a "correspondência entre Getúlio Vargas e seus aliados políticos". No primeiro caso, nosso universo de fontes já está previamente definido. O próprio objeto da pesquisa já determina, a princípio, a base documental. Meu primeiro passo será percorrer os arquivos em busca dos programas dos partidos políticos oficiais

---

[15] Não nos referimos, neste momento, à "literatura histórica" oferecida ao grande público sem maiores pretensões científicas ou acadêmicas. A demanda de uma "base documental" adequada é principalmente uma exigência de historiadores para com historiadores, e que parte também de um público mais especializado. Em vista do público-leitor a que se destina, ou dos horizontes editoriais que norteiam o produto final do discurso historiográfico (por exemplo: um livro de divulgação), pode se dar também que não haja uma recorrência maior de citações documentais, o que não quer dizer que o historiador não tenha construído o seu trabalho a partir de fontes históricas.

desde o início da República. É claro que, dependendo do tipo de análise a que nos propusermos empreender, poderemos cotejar estas fontes com outras. Por exemplo, se quisermos investigar até que ponto estes programas foram cumpridos na prática política e social, poderemos cotejá-los com notícias de periódicos de cada época, estatísticas ou registros diversos. Mas isto já será uma outra etapa.

No segundo caso, o nosso universo documental também aparece previamente delimitado – a saber: a correspondência particular de Getúlio Vargas. Mas caberá antes, é preciso notar, definir quem iremos considerar como "os aliados políticos de Getúlio Vargas". Esta definição já imporá, ela mesma, uma delimitação dentro daquele universo maior que fora previamente determinado pelos objetivos da pesquisa encomendada. Afinal de contas, será preciso extrair da "massa documental" as cartas dirigidas aos "aliados políticos" de Vargas, separando-as das cartas dirigidas aos adversários políticos ou às pessoas comuns. Decidir quem era um "aliado político de Vargas": isto é, em última instância, uma decisão do historiador – e na verdade a sua primeira interferência no universo documental.

Há ainda casos em que o objeto de investigação é já um documento em si mesmo. Por exemplo, um historiador pode se propor a investigar certos "aspectos da sátira renascentista à literatura cavalheiresca a partir do romance *Dom Quixote de La Mancha*"[16]. Neste caso, a fonte também já se encontra previamente delimitada – o que não impede que delimitações ou ampliações posteriores sejam efetuadas, conforme uma maior especificação sofrida pelo problema. Se tomamos por objeto não o *Dom Quixote* na sua totalidade, mas a questão da "presença de provérbios populares" naquela obra, torna-se imprescindível cotejá-la também com a tradição oral. Ou talvez nos interessem apenas as partes da obra em que se verifiquem diálogos entre o fidalgo e seu escudeiro Sancho Pança, este último representando a tradição popular.

Não obstante estes casos em que o universo de fontes já se apresenta delimitado ou parcialmente delimitado, na maior parte das vezes o historiador parte mesmo de um problema histórico, mais amplo ou mais específico, sem que este determine necessariamente o tipo de documento que poderá embasar o seu trabalho. Abrem-se aqui algumas escolhas, e, para orientá-las, a "crítica de adequação" será particularmente importante. Por exemplo, suponhamos que o problema é investigar

---

[16] CERVANTES, 2016 [original: 1605].

"a qualidade de vida da população negra durante o Brasil Colonial". Que tipos de fontes nos permitirão uma aproximação do problema? Documentos de compra e venda relativos ao tráfico de escravos? Notícias de periódicos? Registros cartoriais de nascimentos e mortes? Fontes iconográficas que deixem transparecer algum tipo de informação sobre a vida cotidiana da população negra? Relatos de militantes abolicionistas? Cantigas legadas pelos próprios negros à tradição oral? Todos estes caminhos, e muitos outros, se abrem ao historiador.

É preciso, nestes casos, proceder à constituição de um universo de fontes adequado (Quadro 1). O *corpus documental* pode ser definido como o conjunto de fontes que serão submetidas à análise do historiador (ou de qualquer outro tipo de pesquisador) com vistas a lhe fornecer evidências, informações, discursos e materiais passíveis de interpretação historiográfica. Sua constituição não é aleatória: implica escolhas e seleções que deverão atender a determinadas regras e critérios[17].

2.2 Aspectos envolvidos na constituição do *corpus* documental

A constituição do *corpus* documental – isto é, a escolha do universo de fontes com o qual trabalharemos com vistas a abordar um determinado problema histórico, em certo recorte de espaço-tempo – impõe alguns cuidados que estão representados no Quadro 1. Em primeiro lugar, deve-se atender ao critério mais óbvio da *pertinência* (item 1). O universo documental selecionado deve ser adequado ao objetivo da análise. É evidente que, se queremos compreender o "pensamento nazista" a partir de suas motivações internas, pouco nos adiantará proceder a um levantamento exaustivo dos editoriais antifascistas do Partido Comunista Alemão.

Da mesma forma, se pretendemos investigar a tortura e as infrações aos direitos humanos durante um governo ditatorial, não conseguiremos obter muitas informações a partir de periódicos de época comprometidos com a difusão de uma boa imagem deste regime junto à população mais ampla. Tal tipo de documento somente será útil para investigar questões relativas à "violência simbólica"[18], ao controle direto ou indireto dos grandes meios de imprensa pelo governo autoritário ou ao receio dos jornalistas em se comprometerem. Se quisermos

---

17 Sobre a constituição de *corpus* documental em pesquisas, cf. BARDIN, 1991, p. 97.
18 Conceito desenvolvido em algumas obras de Pierre Bourdieu (1989, 2003, e outras).

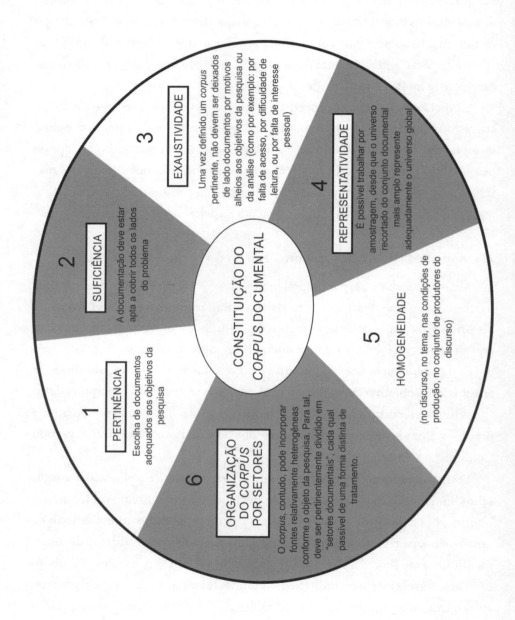

Quadro 1: A Constituição do *corpus* documental

informações relativas à prática de tortura teremos de buscá-las em outro tipo de documentação, como os depoimentos de vítimas atingidas e de dissidentes do regime, registros de desaparecidos políticos, arquivos secretos do governo, ou quaisquer outros que permitam ao historiador mais do que uma aproximação ingênua do problema.

O ponto de partida para assegurar e ajustar a adequação do *corpus* documental, deste modo, é a *pertinência* das fontes em relação ao problema examinado. Isso comporta algumas escolhas possíveis. Nenhuma fonte é pertinente apenas em relação a apenas uma temática de estudo ou a um único problema histórico; do mesmo modo, nenhum problema, a princípio, só pode ser explorado a partir de um tipo de fonte histórica[19]. A pertinência das fontes em relação ao problema, em todo o caso, precisa ser construída, assim como a metodologia de trabalho sobre esta fonte também precisará ser adequada e pertinente. Além disso, um problema histórico clama por fontes suficientes para a sua exploração adequada. Em poucas palavras, o critério da *suficiência* impõe que a documentação constituída permita examinar, tanto quanto possível, todos os lados do problema (Quadro 1, item 2)[20].

Avaliar a adequação de uma fonte (ou de um conjunto de fontes), com vistas à abordagem de um determinado problema histórico, implica lançar sobre

---

[19] Podemos lembrar estas palavras desfechadas por Marc Bloch, a este respeito, em sua *Apologia da História*: "Seria uma grande ilusão imaginar que a cada problema histórico corresponde um único tipo de documentos, específico para tal emprego. Quanto mais a pesquisa, ao contrário, se esforça por atingir os fatos profundos, menos lhe é permitido esperar a luz a não ser dos raios convergentes de testemunhos muito diversos em sua natureza. Que historiador das religiões se contentaria em compilar tratados de teologia ou coletâneas de hinos? Ele sabe muito bem que as imagens pintadas ou esculpidas nas paredes dos santuários, a disposição e o mobiliário dos túmulos têm tanto a lhe dizer sobre as crenças e as sensibilidades mortas quanto muitos escritos. Assim como o levantamento de crônicas ou dos documentos, nosso conhecimento das invasões germânicas depende da arqueologia funerária e do estudo dos nomes dos lugares" (BLOCH, 2001, p. 80).

[20] Com isso queremos dizer que o historiador deve buscar a suficiência dentro do vasto conjunto de fontes que a ele se oferece como possibilidade. A escassez de fontes não deve proceder do historiador, ou da sua falta de engenho ou empenho em supri-la. Por outro lado, é admissível, claro, que haja escassez de fontes em decorrência das próprias lacunas existentes na documentação de um período, e isso, aliás, não deve impedir a realização de pesquisas históricas. Em poucas palavras, o historiador trabalha com o que tem. Podemos levar em conta os seguintes comentários de Julio Aróstegui em seu tratado sobre *A Pesquisa Histórica*: "As fontes históricas são teoricamente finitas. A questão é se são conhecidas ou não. No entanto, disso não se deduz em absoluto que a pesquisa de algum momento da história possa ser detida pelo esgotamento das fontes. Como já afirmamos, nem a pesquisa histórica nem nenhuma outra depende exclusivamente do aparecimento de fontes de informação, senão de explicações cada vez mais refinadas" (ARÓSTEGUI, 2006, p. 491).

ela certas perguntas. Que densidades e tipos de informações, ou de materiais de análise, essas fontes proporcionam que possam ser efetivamente úteis para o enfrentamento do problema histórico já definido? Em conexão a esta indagação, que tipos de informações e materiais discursivos exige o problema para que possamos postular o desafio de enfrentá-lo? É neste limiar que se estabelece entre aquilo que o problema demanda e aquilo que as fontes podem oferecer – em termos de informações e materiais discursivos – que devemos nos indagar sobre o que poderemos buscar nas fontes que nos ajudaria de fato a trabalhar o problema proposto.

Aprofundando e estendendo esta indagação basilar, que métodos e técnicas poderão ser empregados para extrair das fontes estas informações e materiais pertinentes, compará-los entre si e contra outros setores de fontes, contextualizá-los, combiná-los para a construção de um modelo? A fonte possibilita a obtenção de dados quantificáveis, serializáveis? Ou disponibiliza, principalmente, formulações discursivas a serem tratadas qualitativamente? Em que uma coisa ou outra favorece a análise do problema? Uma fonte ou conjunto de fontes, conforme as respostas que proporcionam às perguntas que lançamos sobre elas, podem se mostrar pertinentes e adequadas para a análise de determinados problemas históricos, mas não de outros. A pertinência é resultado dialético de uma relação entre a fonte e o problema com o qual se propõe que ela interaja.

Outro fator importante a ser considerado é o da *homogeneidade do corpus documental*. A documentação deve ser produzida ou agrupada conforme critérios de identidade e de similaridade, para se evitar que se estabeleça uma coleta impressionista ou aleatória de fontes. Este ponto, contudo, merece alguns esclarecimentos importantes, pois é perfeitamente possível – e muitas vezes necessário – conciliar homogeneidade e diversidade. Na sua acepção mais simples, uma documentação homogênea é uma documentação de mesmo tipo (inventários, crônicas, correspondência, processos criminais?), relativa ao mesmo recorte de espaço-tempo, com o mesmo grau de adequação em relação ao problema proposto, e tratável conforme os mesmos procedimentos metodológicos. Não obstante, sustentar que é importante que pensemos a documentação conforme critérios de homogeneidade não implica que trabalhemos apenas com um único tipo de documentação, pois podemos efetivamente trabalhar com diferentes grupos de documentação que apresentarão cada qual a sua própria identidade documental e o seu próprio padrão de homogeneidade. Neste caso, constituímos diferentes *setores do corpus documental*, cada qual com suas características próprias (Quadro 1, item 6).

De fato, não é de modo nenhum necessário que uma pesquisa histórica explore apenas um tipo de fonte. Isso pode ocorrer, é claro, e não é nada incomum. Há pesquisas históricas que basicamente se fundamentam em um único tipo de fontes, como os testamentos, inventários, processos criminais, correspondências, prontuários médicos, listas de embarque e desembarque, diários, discursos políticos, exemplares de certo jornal, censos submetidos à comparação com vistas ao levantamento de perfis populacionais, ou inúmeros outros exemplos que poderiam ser evocados. É ainda possível pensarmos em pesquisas que essencialmente examinem uma só obra literária ou ensaística, ou a produção pictórica de um único artista.

Em todos estes casos, podemos dizer que o *corpus* documental está praticamente unificado em um único setor, ainda que eventualmente agreguemos ao conjunto de observações uma ou outra informação decorrente de alguma outra fonte, em caráter eventual. Não obstante, uma pesquisa não precisa se basear em apenas um único tipo de fonte histórica ou em uma série única de documentos, conforme veremos a seguir. Entrementes, isto não afeta o princípio da homogeneidade, porque podemos conservá-lo de uma nova maneira, conforme a organização do *corpus* documental em setores distintos, todos eles em interação mas conservando a sua identidade própria no que concerne ao conjunto de fontes por eles abrigados.

Tão frequente quanto as pesquisas que se baseiam essencialmente em um único tipo de fontes, é igualmente comum ocorrer a complementaridade ou o cruzamento de fontes, mobilizando-se dois ou mais setores distintos de um mesmo *corpus* documental para se enfrentar adequadamente o problema histórico em análise. Há mesmo certas fontes cuja complementaridade é bastante recorrente. Os inventários, por exemplo, ajustam-se muito bem aos testamentos; mesmo porque, na documentação jurídica, é comum que alguns inventários incorporem em uma de suas seções o testamento que havia sido feito pelo testador antes de sua morte. A documentação policial, por exemplo, pode ser trabalhada perfeitamente de maneira isolada; mas é muito comum que se complemente com documentação jurídica. Os processos criminais costumam mesmo incorporar em suas primeiras seções a documentação policial e investigativa, antes de se passar às seções jurídicas propriamente ditas. Esses são exemplos de fontes que se complementam quase naturalmente, embora não obrigatoriamente. Os levantamentos de perfis de população podem mobilizar o cruzamento de séries formadas por certidões de nascimento, registros de casamento e atestados de óbito.

Suponhamos que trabalhamos essencialmente com os diários produzidos por um indivíduo, célebre ou desconhecido, com vistas a investigar sua história de vida, seja em uma perspectiva bibliográfica ou em uma abordagem micro-historiográfica (as duas abordagens são radicalmente distintas)[21]. O diário é uma escrita de si, na qual seu autor desenvolve um discurso sobre si mesmo e acerca do mundo que o cerca, bem como sobre outros seres humanos que o cercam. Trata-se, de certo modo, de uma "escrita de si para si", no caso dos diários íntimos, ou de si para um público leitor mais amplo, no caso dos diários elaborados por autores conhecidos que se colocam em uma perspectiva memorialística que termina por se enquadrar em uma perspectiva literária[22].

Fiquemos, por ora, com o diário íntimo, que desenvolve a escrita de si para si. Tomamo-lo como fonte histórica com o intuito de investigar uma trajetória de vida. Dependendo de nossos objetivos, ou do problema histórico que tomamos a nosso cargo, isso pode ser suficiente. Não obstante, poderíamos cruzar o diário com correspondências mantidas pelo seu autor com determinados interlocutores. As correspondências, habitualmente, são também classificáveis como "escritas de si". No entanto, não são mais escritas de si para si, e sim "escritas de si para um outro". O autor examinado continua produzindo uma imagem de si; mas convenhamos que estamos em situações distintas quando este autor produz uma imagem de si para si mesmo, ou quando produz uma imagem de si para este ou para aquele interlocutor. Trabalhar os diários e as correspondências de maneira cruzada permite-nos situar o sujeito examinado em lugares de produção ligeiramente diferenciados – pois, mesmo que conservando sua baliza mais geral, modificaram-se os receptores do discurso, o que naturalmente altera a mensagem e conteúdo, e a postura do próprio produtor do discurso.

Ademais, além de situar o sujeito examinado em duas situações diferentes, que o levarão a produzir distintas imagens de si – e deste modo oferecer um quadro

---

[21] Sobre isto, cf. BARROS, 2004, p. 186-205. • LEVI, 1989, p. 325-336.

[22] Sobre os diários, cf. BARROS, 2019 (Capítulo 13). • CUNHA, 2005, p. 251-279.

mais rico para análise – a correspondência pode permitir o confronto entre as imagens produzidas por um sujeito acerca de si mesmo e as imagens produzidas sobre ele por outros. A correspondência é um processo comunicativo que possui duas pontas, já que envolve dois interlocutores. Em certos casos, podemos ter à nossa disposição o processo completo de correspondência a partir dos dois conjuntos de cartas entre dois sujeitos que se correspondem. Se isto ocorre, temos dois jogos de escritas que se cruzam, e que interagem um sobre o outro. Não obstante, podemos também considerar as situações em que só nos restou uma das pontas do processo de comunicação ensejado pela correspondência entre dois interlocutores – o que não é raro, já que as cartas enviadas por João a Pedro e as cartas enviadas por Pedro a João terminam por se separar e formar arquivos independentes, e talvez apenas um dos maços desta correspondência tenha chegado ao historiador. Ainda assim, podemos presumir o outro a partir das cartas recebidas por um dos interlocutores. Temos nesta situação um dos muitos casos de polifonia encoberta, nos quais uma voz recobre a outra, mas ainda assim permite deduzir a fala do outro interlocutor[23].

Um caso e outro – a correspondência completa no circuito de envio ou resposta, ou a correspondência limitada apenas a uma de suas pontas – temos uma possibilidade interessante de cruzamento com a fonte diário. A fonte na qual o sujeito fala de si mesmo para si – o diário íntimo – pode ser cruzada com a fonte na qual este mesmo sujeito fala de si a um outro, e na qual é também obrigado a responder ao discurso que o outro elabora sobre ele (além de, ademais, ouvir o discurso que o outro também faz acerca si mesmo). O cruzamento entre diário e correspondências, deste modo, pode abrir caminhos a interessantes possibilidades de análise, ainda que tanto o diário como a correspondência também possam ser trabalhados separadamente ou isoladamente. Esta e outras possibilidades correspondem ao que, no Quadro 1, chamamos de organização do *corpus* por setores (item 6).

Voltemos à questão da busca de homogeneidade (item 1). Esta pode impor que as fontes que constituem o mesmo setor do *corpus* documental também sejam trabalhadas conforme uma homogeneidade metodológica. Por exemplo, se pretendemos fundamentar nosso trabalho em entrevistas, é de fundamental

---

[23] Examinamos esta situação específica no "Capítulo 16" do livro *Fontes Históricas – Introdução aos seus usos historiográficos* (BARROS, 2019).

importância que estas tenham sido obtidas por intermédio de técnicas idênticas, além de terem sido realizadas por indivíduos semelhantes[24]. Uma entrevista obtida por mecanismos de constrangimento ou de coação não pode ocupar o mesmo setor do *corpus* documental que uma entrevista colhida informalmente, ou sem a consciência do entrevistado de que o seu depoimento iria posteriormente ser registrado. Da mesma forma, entrevistadores com diferentes níveis de persuasão não podem produzir entrevistas homogêneas.

Em muitos casos, o *corpus* deve estar comprometido com a ideia de uma totalidade possível. Consideramos aqui o aspecto da *exaustividade* (Quadro 1, item 3). Melhor dizendo, a exploração do *corpus* documental não pode ser leniente com relação a "lacunas" derivadas da relação entre o historiador e seu universo de documentos, tais como aquelas produzidas pela dificuldade de acesso, pela falta de ânimo em empreender uma tradução difícil, ou pela pouca capacidade ou disposição para decifrar uma caligrafia menos transparente. As únicas lacunas admissíveis são as que nos foram legadas pela própria história. Uma vez definida a série documental, não cabe ao historiador ocultar um documento apenas porque ele contradiz a hipótese que pretende demonstrar, ou porque ele dificulta o andamento de suas investigações.

Em contrapartida, o *corpus* documental pode ser constituído a partir do critério de *representatividade* (Quadro 1, item 5). Isto é, a análise pode ser efetuada em uma amostra, desde que o material a isto se preste[25]. Se a amostra for uma parte representativa do universo inicial, os resultados para ela obtidos poderão ser generalizados ao todo. Por exemplo: colocamos como problema a identificação das principais características estéticas da pintura renascentista, para que depois se possa proceder ao relacionamento daquelas com a sociedade do seu tempo. Seria praticamente inviável – ou desnecessariamente exaustivo – proceder à coleta de todos os documentos pictóricos da época, ou seja, de todas as obras pintadas pela totalidade dos pintores renascentistas. Para tornar viável uma pesquisa como esta, procedemos à constituição de uma amostragem: recolhendo duzentas obras significativas, verificamos se certas características predominam

---

[24] BARDIN, 1991, p. 98.
[25] BARDIN, 1991, p. 97.

no conjunto, de maneira que possam ser generalizadas como aspectos comuns a toda a produção renascentista.

A questão é: que obras deveremos tomar para compor este conjunto representativo? O procedimento que oferece menos riscos é o de selecionar várias obras de diversos autores. Se nos ativéssemos à produção de um ou dois pintores, correríamos o risco de tomar certas peculiaridades estéticas individuais como características estéticas da sua época. O risco ainda seria maior se cometêssemos a imprudência de selecionar pintores menos representativos da estética do seu tempo, como por exemplo Hieronymus Bosch (c.1450-c.1516) e Pieter Bruegel, o Velho (1525-1569), cada qual tendo desenvolvido um estilo surpreendentemente singular em meio ao modelo hegemônico da pintura renascentista. Já Rafael Sanzio (1483-1520), por outro lado, é um artista muito mais representativo do padrão de excelência renascentista, assim como Botticelli, Leonardo da Vinci ou Miguel Ângelo. Assim, se pretendemos abarcar todo o período renascentista, a inclusão na amostragem de pintores diversificados, bem distribuídos ao longo de toda a duração considerada, e bem espalhados ao longo de todo o recorte europeu, nos dará uma margem muito menor de erro. Da mesma forma, se pretendemos levantar algo como o modo de pensar de um oficial da GESTAPO no tempo da Alemanha da Segunda Grande Guerra, é desnecessário investigar a totalidade dos oficiais nazistas. Mas convém investigar o padrão de comportamento não de um único homem, e sim de um número significativo deles.

O que define se uma determinada amostragem é adequada ou não é o problema que temos em vista. Um balde de água do mar é péssimo para dar conta do rastreamento de toda a fauna marinha, já que, com muita sorte, só teríamos capturado um único peixe. E, no entanto, uma simples gota d'água é excelente para dar conta da diversidade de micro-organismos presentes no oceano. Tentar estudar o oceano através de uma gota d'água – essa foi, aliás, a proposta do historiador francês Emmanuel Le Roy Ladurie (n. 1929) em seu famoso livro *Montaillou, uma vila occitânica* (1975)[26]. Montaillou era uma aldeia de camponeses do sudoeste da França, na qual a heresia cátara teve influência considerável em princípios do século XIV. Vinte e cinco dos heréticos locais (quantitativo correspondente a 10% da população aldeã) foram processados e punidos pela Inquisição. Os registros daqueles interrogatórios

---

[26] LADURIE, 1990.

inquisitoriais constituíram precisamente a base documental de Le Roy Ladurie, que os tratou como se fossem gravações de um conjunto de entrevistas. Reordenando a informação fornecida pelos suspeitos aos inquisidores, Ladurie reconstituiu tanto a cultura material como a mentalidade dos aldeões. Um pequeno conjunto de depoimentos, *homogêneo* no que se refere à sua produção, e *representativo* no que se refere aos aspectos que Ladurie pretendeu estudar, permitiu-lhe reconstituir algo do que foi a aldeia inteira. E, mais do que isto, a reconstituição dos aspectos da vida cotidiana daquela aldeia lhe possibilitou atingir não a história de uma aldeia particular, mas o retrato de uma sociedade mais ampla, que os aldeãos representavam, embora dentro de sua singularidade[27].

É verdade que certos aspectos do tratamento dado por Le Roy Ladurie às suas fontes foram criticados – sobretudo a sua afirmação de que se tratava de "testemunhos sem intermediários, que nos trazem o camponês sobre si mesmo"[28]. Tal como observa Peter Burke, que empreendeu uma crítica pertinente à obra de Ladurie, "os aldeões depunham em occitanês e seus testemunhos eram escritos em latim. Não era uma conversa espontânea sobre si mesmos, mas respostas a questões sob a ameaça de torturas". "Os historiadores", acrescenta, "não podem permitir-se esquecer esses intermediários entre si e os homens e mulheres que estudam"[29].

Em todo o caso, *Montaillou* permanece como um exemplo magistral de como um historiador pode se aventurar a reconstituir toda uma sociedade a partir de um *corpus* documental perfeitamente adequado ao seu problema. Como ilustração final, registramos um trecho da obra de Le Roy Ladurie. Nele o historiador revela toda a sua capacidade de extrair, de um simples fragmento documental, informações que vão desde a cultura material da aldeia de Montaillou até os modos de pensar e de sentir de seus habitantes, passando pelas convenções associadas às relações de parentesco:

> "Um dia [conta Guillemette Clergue, cujo marido é violento] eu precisava de pedir emprestados alguns pentes para pentear o canhâmo e fui, para esse efeito, à casa de meu pai. E, quando aí cheguei, encontrei o meu irmão que tirava o esterco de casa. E perguntei ao meu irmão:
> – Onde é que está a senhora minha mãe?
> – E que lhe quereis? replicou ele.

---

[27] Cf. a análise do historiador inglês Peter Burke realizada sobre esta obra, em seu ensaio sobre *A Escola dos Annales* (1991, p. 96).

[28] LADURIE, 1990, p. 9.

[29] BURKE, 1991, p. 97.

– Quero alguns pentes, disse eu.
– A nossa mãe não está aqui, concluiu o meu irmão. Foi à água. Só voltará daqui a um bom bocado.
Não acreditei no meu irmão e tentei entrar em casa. Então, o meu irmão pôs o braço defronte da porta e impediu-me de entrar" (I, 337).

Comentário de Le Roy Ladurie: "Texto notável! A porta é estreita; foi barrada por um simples braço de homem: a porta cheira a esterco; Alazais Rives, a mãe, é aguadeira da *domus* do seu homem, como todas as outras. Isto não impede que esta mamãe muito vulgar tenha o direito ao título de *Senhora* ("minha senhora"!) por parte de sua filha Guillemette Clergue. Esta família é, por outro lado, um ninho de escorpiões; os laços são no entanto ritualizados. O irmão trata por *vós* a irmã, o que não o impede de ser brutal para com ela"[30].

---

[30] LADURIE, 1990, p. 252.

3
A Identificação do Lugar de Produção da Fonte Histórica

3.1 Aspectos monumentais do lugar de produção

Um dos principais procedimentos para a análise de um documento histórico, como tão bem discutiu o historiador francês Jacques Le Goff[31] em seu bem conhecido verbete "Documento/Monumento", é a necessidade de operar uma desconstrução inicial da monumentalidade nele implícita – uma monumentalidade que nos chega da própria época de produção do documento e costuma mesmo atravessar as épocas que sedimentaram a sua preservação. Neste próximo item, no intuito de compreender a necessidade historiográfica de perceber, no documento, o monumento que pode ali se estabelecer desde o seu lugar de produção, retomaremos este texto já clássico da Teoria da História[32].

---

[31] Jacques Le Goff (1924-2014), historiador especializado na Idade Média, foi um dos líderes da chamada terceira geração de historiadores franceses ligados aos Annales. Além de ser autor de alguns textos importantes sobre Teoria da História e Historiografia – nos quais discutiu conceitos como o de Memória e Documento Histórico (1984) – dedicou-se principalmente ao estudo da Idade Média examinando diversificadas temáticas como o comércio, a vida urbana, as universidades, a literatura e o imaginário. Em 1968, com a ascensão de um novo grupo de historiadores ao comando da *Revista dos Annales* e das instituições a ela ligadas, passou a ocupar um lugar de destaque nesse grupo que passou a ser conhecido como *Nouvelle Histoire*. Sua importante posição nesta nova fase dos Annales pode ser evidenciada pelas tarefas que lhes foram atribuídas como organizador de duas grandes coletâneas de trabalhos dos historiadores da nova geração de annalistas: *Faire de l'histoire* (1974) e *Nouvelle Histoire* (1978).

[32] LE GOFF, 2014, p. 485 [original do verbete para a *Enciclopédia Einaudi*: 1982].

Por ora, para entender o antigo conceito de "monumento" – que é o que será aqui evocado para a compreensão de certos tipos de textos ou documentos históricos – vamos partir do sentido mais conhecido para esta palavra nos dias de hoje[33]. Habituamo-nos, nas grandes ou mesmo pequenas cidades de qualquer país, a ver estátuas situadas em pontos estratégicos da cidade – praças, entroncamentos de ruas, parques bem frequentados e locais de boa visibilidade. Os lugares escolhidos para acolher um monumento deste e de outros tipos costumam ser aqueles nos quais estas peças podem ser contempladas por um número significativo de passantes. Também vemos estátuas em prédios importantes, em museus e lugares de visitação. Os monumentos que podemos contemplar hoje em dia, além das peças de escultura ou arquitetura que cumprem sua função simbólica ou memorialística, também podem ser grandes painéis iconográficos dispostos nas paredes de prédios importantes, ou estruturas que podem envolver os passantes de alguma maneira. Edifícios inteiros podem ser erguidos como monumentos ou memoriais, e ruas e avenidas costumam receber os seus nomes de acordo com o mesmo gesto de monumentalização. Um monumento, com alguma licença do jogo de palavras, pode adquirir proporções realmente monumentais, tal como o famoso mausoléu Taj Mahal, erguido na Índia do século XVII.

Monumentos como os que acabamos de exemplificar costumam apresentar algumas funções, tais como a de rememorar um evento que se considera importante para a história de uma comunidade ou país, enlevar uma figura humana à qual se atribuiu importância histórica ou que se tornou um elemento de identidade, ou chamar atenção para algo que se quis ou se quer tornar cultural ou politicamente representativo para a coletividade ou para parte dela. Habituamo-nos a pensar nas estátuas e grandes estruturas de memória como monumentos, mas o principal

---

[33] No início de seu ensaio "Documento/Monumento" – incluído ao final de sua coletânea *História e Memória* (1984) – Jacques Le Goff propõe uma distinção operacional, apenas para início do seu trabalho de depuração conceitual: os monumentos são uma "herança do passado", os documentos, uma "escolha do historiador" (LE GOFF, 2014, p. 485). Veremos que essa distinção termina mais tarde por se emaranhar em diversos aspectos, pois há documentos que chegam aos historiadores sob a forma de monumentos, ou de "heranças do passado" voluntariamente deixadas por seres humanos de uma outra época que desejavam projetar uma certa imagem para o futuro. Por outro lado, a reatualização da decisão de continuar a preservar certos monumentos e documentos de todos os tipos – tanto os produzidos voluntariamente para finalidades memorialísticas, como os produzidos involuntariamente – remetem a agentes diversos, em momentos diversos na história da preservação destes ou daqueles documentos, em detrimento de outros que foram abandonados ou mesmo destruídos por estes mesmos poderes decisórios.

é termos em mente a função destes objetos ou estruturas. Eles atendem a uma demanda de preservar a memória, de projetar para o futuro uma determinada imagem pretensamente situada no passado ou em um "presente que se tornou passado" (se tomarmos como referência a nossa própria época).

O monumento nunca surge por acaso: ele foi colocado ali, fez parte de um projeto com vistas a projetar para o futuro algo que se queria preservar. Sua permanência também se dá através de negociações com as gerações posteriores, pois uma estátua pode ser deslocada para um ponto viário menos evidente ou ser mesmo destruída, se não for mais considerada representativa (ou se perder sua "aura de monumentalidade"). Por fim, além das estátuas, marcos urbanos e estruturas que são erguidas artificialmente para cumprir sua função monumental, pode se dar ainda que um certo ambiente natural ou um conjunto de antigas ruínas sejam monumentalizados. Mas isso se faz porque esse ambiente natural ou estas ruínas foram também investidos de certo sentido ou de destacada importância – em outras palavras, porque também eles receberam a sua "aura de monumentalidade".

Estes tipos de monumentos são muito comuns nos dias de hoje. Não obstante, até o século XIX a palavra "monumento" também foi muito empregada com o sentido historiográfico de "documento"[34]. No século XIX, por exemplo, instituições interessadas na memória e história de seus países promoveram a publicação de documentos importantes – em geral adequados ao tipo de historiografia que se fazia na época – e denominaram estes grandes conjuntos documentais como "*monumenta*" ("monumentos", no plural, se considerarmos a expressão em latim). Um exemplo importante foi trazido pelos países de cultura alemã com a publicação sistemática da *Monumenta Germaniae Historica*. Iniciada em 1826, esta consistiu de um conjunto de vários volumes de documentação primária para o estudo da história do mundo germânico – essencialmente as crônicas, que já vinham sendo muito utilizadas pelos historiadores desde os séculos anteriores, e, sobretudo, a documentação guardada pelos próprios arquivos, cujo uso historiográfico mais

---

[34] LE GOFF, 1990, p. 487. Em outro momento de seu verbete, Le Goff evoca diversos exemplos de passagens textuais de autorias e origens diversas – datadas dos séculos XVII, XVIII e XIX – nos quais a palavra "monumento" é empregada para se referir a documentos escritos. Ou autor lembra ainda que apenas no início do século XIX a palavra "documento" passa a ser empregada no idioma francês com o sentido de "testemunho histórico", se bem que já data do século XVII o uso da palavra com o sentido de "prova", particularmente na linguagem jurídica francesa (LE GOFF, 2014, p. 486-488).

sistemático e atento havia passado a ser a grande novidade do século XIX[35]. A iniciativa foi logo seguida pelos demais países, a exemplo da Itália, da França e de Portugal, que criou a sua *Portugaliae Monumentae Historica*[36].

Com estes exemplos, quero trazer um pouco dos sentidos que eram acolhidos pela palavra "monumento" nestes tempos anteriores. A palavra monumento não era apenas referida a um objeto, estátua ou estrutura edificada e edificante, mas também direcionada para os documentos que eram considerados importantes – ou "edificantes", em um outro sentido deste adjetivo – para a história de uma comunidade, de um povo, de um país. Tinha-se por monumento aquilo que precisava ser lembrado, que era importante para estabelecer uma identidade. Quando se escrevia uma crônica de um rei, por exemplo, estava implicada uma atitude de monumentalização, e a crônica encomendada para a exaltação da memória sobre o monarca podia funcionar como uma espécie de "arco do triunfo" sob a forma de texto. A documentação administrativa de um reino (as chancelarias régias de Portugal, por exemplo) tinha decerto funções escriturárias e legais para a sua própria época; mas já a sua preservação permanente para períodos posteriores, por outro lado, era também um gesto monumental. Os tratados de paz entre dois países eram assinados com este mesmo gesto monumental e com penas de ouro, e como monumentos seriam preservados futuramente. A palavra "monumento", desta maneira, a certo momento passou a ser empregada com o sentido que hoje atribuímos à palavra "documento", e chegou a conviver com esta última, ou mesmo a disputar com ela um mesmo território semântico.

---

[35] *Monumenta Germaniae Historica* (MGH) passou a ser tanto a designação do vasto conjunto documental alemão publicado no decurso do século XIX e nas primeiras décadas do século seguinte, como também o nome da sociedade especialmente fundada para a realização destas publicações que, de 1826 a 1874, esteve sob a direção de Georg Heinrich Pertz, e a partir daí sob o comando de Georg Waitz. O recorte privilegiado ia de fins do Império Romano ao início da modernidade. A partir de 1935 o Instituto MGM, no princípio uma sociedade privada, foi assumido diretamente pelo Estado Alemão.

[36] Na Itália, foi criada em 1836 a *Monumenta historiae patriae*, a mando do rei Carlos Alberto (Turim). Na França, surge a partir de 1835 a *Collection des documents inédits sur l'histoire de France*. Já a *Portugaliae Monumenta Historica* foi publicada entre 1856 e 1917, nos seus três primeiros volumes sob a direção de Antonio Herculano (1810-1877). O conjunto documental foi dividido em quatro volumes – (1) *Autores, Leis e Costumes*; (2) *Diplomas e Cartas*, (3) *Inquirições* e (4) *Inquisitiones*. A limitação às crônicas e documentação de arquivo segue o modelo das demais séries monumentais de documentação do século XIX, e é bem ilustrativa acerca da importância da documentação política, governamental e institucional para a época, além das crônicas que podiam enaltecer os grandes indivíduos que pretensamente conduziam a história, conforme algumas das perspectivas historiográficas então dominantes.

O uso compartilhado das palavras "monumento" e "documento" para certas práticas historiográficas ou memorialísticas mostra que boa parte dos documentos ou textos produzidos intencionalmente, sobretudo aqueles cuja preservação já havia sido planejada em sua própria época, podem ser efetivamente compreendidos como "monumentos": foram constituídos para transmitir uma determinada imagem social, para atender a interesses políticos específicos, para impor uma certa direção ao olhar que se estenderá sobre o seu conteúdo. Produzidos monumentalmente em uma época, mais tarde será também uma atitude monumental a que os confirmará ou conduzirá à preservação ou a um arquivo. Serão preservados, por sinal, *estes* documentos, e não *aqueles*, configurando-se aqui uma seleção que revela de alguma maneira como um grupo social em determinada época deseja ser lembrado ou mesmo registrado pelas gerações futuras. Desse modo, uma parte significativa dos próprios materiais que se transformam em passado-presente (ou, portanto, em fontes históricas) são por vezes objetos de uma prévia seleção social-institucional ou de uma monumentalização. Em vários níveis, portanto, um documento ou material que hoje o historiador examina – agora como fonte para o seu estudo histórico – pode ter sido um dia o monumento através do qual aqueles que o escreveram ou o produziram no passado procuraram impressionar, manipular, convencer, mover, comover outros homens e mulheres de sua própria época (ou mesmo as gerações futuras).

O agir sobre o outro, através do texto que depois se transformará em documento, pode ser intencional em diversos níveis, embora também possa ser inconsciente ou involuntário. De todo modo, é preciso compreender e desconstruir passo a passo esse fator de monumentalidade que pode estar inscrito em diversos tipos de documentos através do seu "lugar de produção" – esta dimensão através da qual os homens de uma época falam aos seus contemporâneos (e, consequentemente, falam também aos historiadores). A própria linguagem empregada, com seus modos de expressão e estratégias discursivas, também pode apontar para fatores de monumentalização que podem se imiscuir nos documentos históricos, e que, como tais, devem ser desconstruídos pela crítica historiográfica[37].

---

[37] Paul Zumthor – também lembrado por Le Goff em seu verbete – ao analisar um período mais recuado da história francesa para o qual parece mais pertinente investir na distinção entre "monumento" e "documento", ressalta a distinção entre uma "língua monumental" e uma "língua documental", a primeira mais aplicada aos conteúdos mais edificantes, e a segunda aos textos produzidos pela

Desmonumentalizar o documento histórico, por um lado, é dessacralizá-lo, desfazer seus aspectos edificantes, vislumbrar os interesses humanos, por vezes mesquinhos, que o presidem. Trata-se de deixar de enxergá-lo como "arco do triunfo" e desnudá-lo para que ele possa ser visto como uma criação humana. Dessacralizado ou desmonumentalizado, o discurso edificante – patriótico, enaltecedor de acontecimentos ou de virtudes, instituidor de uma moral superior e expositor de grandes propósitos – passa a revelar os pequenos interesses e demandas que o constituíram. Os historiadores precisam ter a audácia científica de profanar o templo do documento-monumento. Por outro lado, desmonumentalizar é também admitir o acolhimento historiográfico de outros tipos de documentação, como aqueles gerados pela intercomunicação corrente, pelo registro das atividades cotidianas, pelo lixo abandonado pelas culturas e civilizações sob a forma de objetos da cultura material. Foram necessárias pelo menos três grandes revoluções documentais – com os historicistas do século XIX, com a incorporação da documentação de arquivos correntes nas décadas intermediárias do século XX, e com o acolhimento de um diversificado universo de novas fontes nas últimas décadas deste mesmo século – para que a expansão documental se completasse e triunfasse definitivamente a ideia de que não apenas "tudo é história", mas também "tudo é fonte histórica".

É tarefa dos historiadores, ainda hoje, combater os resíduos de monumentalidade que ainda dificultam a percepção mais imediata de que as fontes históricas – é um truísmo inevitável que aqui se apresenta – são sempre "históricas", isto é, conectadas na sua origem a um lugar histórico de produção que precisa ser decifrado a partir da paciente crítica historiográfica. O primeiro passo para ensejar adequadamente esta desconstrução da monumentalidade residual ou efetiva de um documento, por isso mesmo, é a identificação criteriosa de um "lugar de produção" relacionado à fonte histórica, e daquilo que nela interfere menos ou mais diretamente – a começar pela compreensão do multicontexto complexo que pode produzir certos documentos em sua monumentalidade, e que cabe ao historiador decifrar, um pouco à maneira do psicanalista que preside à decifração de seu paciente[38].

"necessidade da intercomunicação corrente". Neste caso, o que transformava o documento em monumento era a aplicação à língua "desta elevação, desta verticalidade". A edificação monumental encontra aqui mais um sentido (ZUMTHOR, 1960, p. 5-19). Cf. LE GOFF, 2014, p. 494.

38 Diz-nos Le Goff: "O documento é monumento. Resulta do esforço de sociedades históricas para impor ao futuro – voluntária ou involuntariamente – determinada imagem de si próprias.

A contextualização, conforme veremos no próximo item, constitui um aspecto fundamental para a compreensão da fonte histórica. Tanto quanto possível – além do "presente-passado" da fonte (o presente que hoje está no passado) – é necessário ainda levantar a "história da fonte enquanto texto", sendo também útil levantar a "história da fonte enquanto documento material" (se for o caso). Diga-se de passagem, para o caso das fontes de arquivo, mas também de outros tipos, vale lembrar as palavras de Marc Bloch:

> "A despeito do que às vezes parecem imaginar os principiantes, os documentos não surgem, aqui e ali, pelo efeito de não se sabe qual misterioso decreto dos deuses. Sua presença ou sua ausência em tais arquivos, em tal biblioteca, em tal solo deriva de causas humanas que não escapam de modo algum à análise, e os problemas que sua transmissão coloca, longe de serem apenas o alcance de exercícios de técnicos, tocam eles mesmos no mais íntimo da vida do passado, pois o que assim se encontra posto em jogo é nada menos que a passagem da lembrança através das gerações"[39].

Em boa parte dos casos, como ressalta Marc Bloch, um documento textual ou uma fonte histórica de qualquer tipo não chegou aos historiadores de hoje por simples jogo do acaso. A observação é válida principalmente para as fontes voluntárias propriamente ditas – eu as chamo de "fontes voluntárias", *duas* vezes, porque não apenas foram produzidas para atender a uma finalidade e para atingir receptores muito bem definidos, mas também porque já nascem com o desejo de serem preservadas e projetadas no futuro, com a esperança de legar às gerações posteriores uma imagem muito bem pensada e definida pelos seus autores acerca daquilo que lhes interessava projetar (a imagem de um país, de um benfeitor, de um inimigo, de si mesmos – a crônica sobre um rei, o livro de memórias que não quer ser mais um diário secreto e íntimo, a carta aberta ou a entrevista voluntariosamente concedida a um jornal).

O dito também é válido para outros tipos de documentos, os quais chegam aos historiadores porque precisaram apoiar a grilagem de uma propriedade, ou porque sacramentaram uniões comerciais de famílias que almejavam estendê-las para os herdeiros de parte a parte, ou porque se precisou contar as almas do reino

---

No limite, não existe documento-verdade. Todo documento é mentira. Cabe ao historiador não fazer o papel de ingênuo" (LE GOFF, 2014, p. 497).

39 BLOCH, 2001, p. 83.

para lhes cobrar os devidos impostos. O que é a lavra de uma escritura de imóvel, senão o registro de um rito – com seu próprio nível de monumentalidade – que declara o nome dos ausentes, ou dos antigos proprietários, para enunciar o nome dos novos moradores, e assim ficar até que haja uma nova mudança de proprietários através de uma ação de compra e venda?

Os documentos, desde os de monumentalidade explícita – como aqueles que se destinam a edificar ou fazer desmoronar a imagem dos grandes acontecimentos e dos vivos do passado – até aqueles que celebram burocraticamente as operações rotineiras da vida, não percorrem gratuitamente ou por mero acaso este infindável labirinto vigiado de perto por todos aqueles que têm o poder de preservá-los. Porque este documento específico, e não aquele outro, foi tão ciosamente guardado e protegido da deterioração, do abandono ou do descarte? O que possibilitou de fato sua sobrevivência – secreta, restrita ou pública? Tais perguntas devem ser sempre recolocadas pelos historiadores[40].

Mesmo os objetos materiais que um dia formaram o despretensioso lixo de antigas civilizações – as quais deles se desfizeram porque não os queriam mais, porque perderam a sua funcionalidade mais imediata ou porque a própria civilização em questão se desfez sob o peso de alguma catástrofe – apenas chegaram a nós porque, depois de soterrados pelas camadas de terra e de tempo, foram desenterrados pelos arqueólogos que neles viram algum valor, e daí em diante passaram à preservação nas instituições de guarda. Desqualificados em outra época, tais objetos são por vezes monumentalizados no presente, assim como também os resíduos da morte. O esqueleto de um celacanto extinto ou a múmia de um trabalhador compulsório do Antigo Egito ganham cada qual a sua placa de ouro e a sua pequena redoma de vidro na luxuosa sala central de um museu, e a partir daí tornam-se fontes históricas e objetos que se oferecem à visitação pública. Muitas operações, do encontro

---

[40] Conforme vimos em obra anterior (BARROS, 2019), documentos como os de registro vital, processamento jurídico e intercomunicação corrente – a exemplo dos documentos cartoriais, processos criminais e correspondência institucional – têm uma vida corrente nos seus arquivos vivos de origem, concernentes ao período em que conservam suas funções burocráticas e sociais, e depois, caso não sejam destruídos, passam a ter outra vida quando são transferidos para arquivos permanentes de modo a atender à consulta de historiadores e outros tipos de pesquisadores. Tanto para serem produzidos e conservados na vida corrente, como para serem transferidos e preservados nos arquivos públicos, tais documentos precisam se beneficiar de decisões ligadas a poderes diversos.

sob a terra ao acolhimento científico e institucional, precisaram se efetivar até que estes materiais posam se recobrir de uma monumentalidade que, neste caso, nunca tiveram antes da sua segunda eternidade.

Às palavras de Marc Bloch sobre os caminhos tortuosos ou alvissareiros que podem conduzir à preservação de um documento, Jacques Le Goff e Pierre Toubert iriam acrescentar algo mais, na revisão da noção de documento histórico que se encarregaram de propor para o 100° Congresso Nacional das Sociedades de Cultura Francesa, realizado em 1975:

> "O documento não é inócuo. É antes de mais nada o resultado de uma montagem, consciente ou inconsciente, da história, da época, da sociedade que o produziram, mas também das épocas sucessivas durante as quais continuou a viver, talvez esquecido, durante as quais continuou a ser manipulado, ainda que pelo silêncio"[41].

Já com relação à história da fonte enquanto texto produzido em determinada época, esta se estende retroativamente até pelo menos o momento em que esta fonte foi produzida, isto é, até o momento que corresponde ao seu contexto mais imediato. Para compreender este contexto em todas as suas instâncias fundamentais e implicações, partiremos a seguir da noção de que todo texto, seja qual ele for, tem um *emissor* (aquele que produz o texto), um *objeto* (a mensagem ou o conteúdo que é transmitido) e um *receptor* (aquele a quem a mensagem se destina, ou ainda a finalidade que o justifica, no caso dos documentos administrativos ou operacionais). O que dissermos para o texto, sopesadas as peculiaridades de cada caso, pode ser válido também para as imagens, criações sonoras e objetos materiais.

Este triângulo que acabamos de descrever, aparentemente tão simples, traz em si complexidades que desde logo ficarão claras. Apenas para começar, lembremos que o *emissor* de um discurso nunca é somente o seu autor nominal, mas também a sociedade na qual ele se inscreve, a sua posição social, os constrangimentos aos quais ele está submetido, e tantas outras coisas que fazem do autor nominal apenas a ponta de um imenso iceberg. Chamaremos a este complexo conjunto que se esconde por trás do autor de um texto (ou de seu emissor) de "lugar de produção". O objetivo deste livro é examiná-lo em todos os fatores que o consti-

---

[41] LE GOFF & TOUBERT, 1977, p. 38-39. Cf. LE GOFF, 2014, p. 497.

tuem, mas no próximo item nos dedicaremos a pensar mais especificamente as relações iniciais do lugar de produção com a recepção e o conteúdo.

3.2 O lugar de produção no "triângulo circular da fonte histórica"[42]

A dinâmica tripartida e circular entre "produção", "mensagem" (ou conteúdo) e "recepção" (ou finalidade), é pertinente a quase todos os tipos de fontes. Qualquer fonte – ou melhor, qualquer objeto, texto ou criação humana que está prestes a ser constituído pelo historiador em fonte – visou na sua origem (no seu momento de produção) uma "recepção" ou finalidade. Se temos diante de nós jornais, nada mais evidente que o fato de que eles foram escritos, editados e prensados para os seus leitores. Examinaremos censos? Eles existem e foram preservados basicamente para atenderem à finalidade de documentar aspectos relativos às populações que devem ser administradas ou controladas pelos governos. Certidões? Estas atendem às demandas de identificação e cadastramento impostas pelas sociedades disciplinares modernas.

Quando um texto de qualquer tipo não é voluntariamente produzido para ser lido por certa especificidade de leitores – como um jornal que é produzido para a sua multidão de leitores ou a carta que foi escrita para ser lida privadamente por um único interlocutor – ele visa ao menos a certa finalidade, ou então corresponde ao registro de algo para usos futuros. O receptor de um texto e a finalidade de um documento correspondem ao mesmo fator no triângulo circular que expomos mais adiante – conformam o ponto de chegada, ao menos *aparente*, do processo iniciado no lugar de produção do texto ou documento. Digo "aparente" porque já veremos que a recepção também influencia a mensagem e o próprio lugar de produção, de modo que, se temos um triângulo vetorial formado pelo "lugar de produção", pelo "conteúdo" ou mensagem, e pela "recepção" ou finalidade, temos também um círculo que dá voltas sobre si mesmo, produzindo o efeito de um curioso "triângulo circular" que representaremos assim:

---

[42] Este item retoma observações que foram desenvolvidas no Capítulo 15 do livro *Fontes Históricas – Introdução aos seus usos historiográficos* (BARROS, 2019).

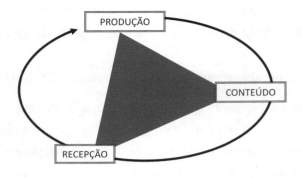

Figura 1: Triângulo circular da fonte

Da mesma forma que os textos que foram elaborados para atender a certas finalidades, os objetos materiais – como aqueles com os quais convivemos em nossa vida cotidiana – são construídos e conformados para desempenharem uma função, nem que seja decorativa. As imagens se dirigem aos olhares que irão apreendê-las. Os mitos de origem são criados para serem difundidos e conhecidos por todos os que pertencem à sociedade.

Até este ponto de nossa exposição, esperamos que tenha ficado já perfeitamente evidente que todo texto ou objeto tem o seu "lugar de produção", conformando um circuito que remete em diversas instâncias à sociedade que o produziu e às suas circunstâncias, e talvez a um autor com identidade social específica, esteja ele inserido ou não em uma instituição. O autor pode não ser necessário ou existente; mas quando existe torna-se um detalhe (ainda que importante) no lugar de produção – uma instância muito complexa que inclui diversos aspectos que examinaremos nos capítulos subsequentes deste livro. O lugar de produção, ademais, é sempre localizável em um tempo-espaço, mas de certo modo pode repercutir mais tarde através de múltiplas apropriações pelas gerações seguintes em novas espacialidades.

O lugar que produz o texto ou o objeto é obviamente muito complexo, e por isso deve ser decifrado pacientemente pelo historiador que o analisa. "Produção" e "recepção" – lembraremos mais uma vez e sempre que for necessário – ligam-se entre si, mas também à mensagem ou ao conteúdo. O "triângulo circular" formado pela "produção", "mensagem" (ou conteúdo) e "recepção", acima representado, pode ser bastante útil para a compreensão inicial da ampla maioria de tipos de fontes com as quais podem lidar os historiadores.

Para toda fonte, de qualquer tipo, é preciso considerar atentamente esta dinâmica relação, esta dialética trinitária que situa em interação o "lugar de produção" do texto – um lugar que, tal como já veremos, envolve o entremeado de muitos aspectos, desde o autor até a sociedade e as relações de todos os tipos que os envolvem – a "recepção" ou finalidade do texto ou do material na ocasião em que foi produzido, e, por fim, o "conteúdo" ou a mensagem (um vértice que envolve também inúmeros aspectos). Estas três instâncias de qualquer texto ou produto humano não são estáticas, tal como já foi ressaltado; ao contrário, agem uma sobre a outra, em um processo circular. O triângulo proposto anteriormente contém muitas possibilidades imagéticas dentro de si, e podemos fazê-las emergir reforçando alguns traços e conexões, a começar pela ideia de que o conteúdo (a mensagem, ou a finalidade), é produto de uma relação dialética entre a produção e a recepção:

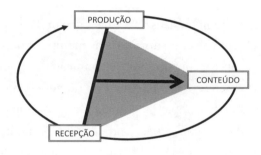

Variação 1

Temos ainda, inclusa no mesmo triângulo, a ideia mais simples de que o conteúdo, ou a mensagem, perfaz um circuito que vai da produção à recepção:

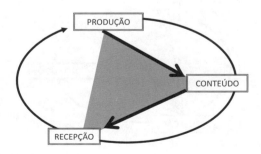

Variação 2

Ou, enfim, podemos entrever no interior da mesma imagem a ideia de que a recepção é antecipada pela produção, para depois a ela retornar, perfazendo um circuito completo de construção do sentido:

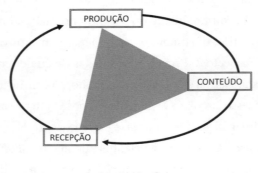

Variação 3

Acontecimentos contemporâneos relacionados ao universo político da segunda década do século XXI, envolvendo uma série de manipulações de perfis captados através das redes sociais e a concomitante elaboração de algorítimos capazes de identificar o tipo de mensagem exata que este ou aquele receptor precisavam receber para aderir a certa campanha política – com exemplos que vão do surpreendente sucesso da campanha pela saída de Grã-Bretanha da Comunidade Europeia (2016) ou da eleição de Donald Trump à presidência dos Estados Unidos (2016) até à ascensão da ultradireita ao poder executivo Brasil (2018) – mostram que uma articulação entre a "produção" e os "conteúdos" também pode terminar por moldar o "receptor" (o eleitor, nestes casos).

Variação 4

Se o circuito triangular-circular que envolve "lugar de produção", "conteúdo" e "recepção" é inerente a qualquer tipo de fontes, também podemos pensar para cada uma destas fontes uma "circunstância de produção". Qualquer texto é produzido não apenas em um lugar espaço-temporal e social, e por vezes autoral, mas também sob o peso ou a leveza de certas circunstâncias bem definidas que devem ser apreendidas pelo historiador que o analisa. Assim, se pensarmos no caso das fontes periódicas (jornais e revistas), podemos concordar que há jornais oficiais e clandestinos, protegidos e perseguidos, inseridos em grandes corporações ou isolados – alguns amparados pelos poderes oficiais, outros produzidos obstinadamente no exílio, no ostracismo, ou mesmo na cela de uma cadeia. Para processos criminais, podem variar igualmente as circunstâncias, pois é distinto o processo que passa despercebido pela sociedade, tramitando na invisibilidade do fórum, em relação àqueles que, por alguma razão, recebem ampla cobertura da mídia ao se tornarem emblemáticos para certos grupos sociais ou ao se afirmarem como catalisadores simbólicos de questões muito específicas.

Os textos políticos, sabe-se bem, podem ter sido escritos a partir de uma ou de outra posição em relação ao poder oficial ou oficioso. O bem conhecido livro *O Príncipe*, de Nicolau Maquiavel (1513) – um exemplo que abordaremos em maior detalhe em um capítulo posterior – oferece-nos uma boa ilustração de texto escrito sob as circunstâncias de um exílio, por um autor que já havia sido eminência-parda do governo de sua cidade de origem, até cair no ostracismo, e que talvez almejasse ser novamente amparado pelas boas graças de um governo no momento em que esta célebre obra foi escrita. O *Mein Kampf* de Adolf Hitler (1923) traz o exemplo de um texto ditado na prisão, mas ao abrigo de uma expectativa externa que denunciava o crescimento do prestígio popular do líder nazista junto a certos grupos para os quais o futuro dirigente alemão se dirigiria em seus escritos. Enquanto isso, Marco Polo (1254-1324) – mercador medieval que ficou famoso pelas suas viagens pioneiras ao oriente – contou com condições menos confortáveis para ditar ao seu companheiro de cela, Rusticiano de Pisa, as aventuras e descrições que logo seriam postas no seu *Livro das Maravilhas* (1299) – um dos primeiros relatos de viagens a fazer fortuna entre os leitores europeus.

Estes exemplos iniciais ilustram bem o papel das circunstâncias de produção de um texto ou objeto como instâncias que se agregam necessariamente ao lugar de produção. Seja para o caso de obras conhecidas, literárias ou de outros gêneros, seja para o caso de textos produzidos na vida comum privada, no mundo do trabalho, na esfera política e em outros tantos ambientes, as circunstâncias modalizam o lugar de produção. De igual maneira, as pinturas e composições musicais são criadas sob certas circunstâncias, e há também circunstâncias que regem a feitura dos objetos manufaturados, elaborados artesanalmente ou produzidos em série em um circuito já industrial. Para cada um destes casos, a análise das circunstâncias de produção, da mesma forma que o exame criterioso do lugar de produção, deve ser assumida como uma norma que se torna aplicável a qualquer tipo de fonte.

Mesmo uma simples troca de correspondências entre dois indivíduos pode envolver circunstâncias específicas, passíveis de serem percebidas a partir de certas pistas. O escrito apressado, motivado pela urgência ou pelas condições furtivas em que foi elaborado, difere obviamente daquela carta na qual cada linha é cuidadosamente refletida e pesada, por vezes precedida de um rascunho. Ocasionalmente, os materiais e marcas físicas das cartas denotam suas circunstâncias de produção, bem como sua intencionalidade e o estado de espírito daqueles que as escreveram[43].

Considerados estes aspectos iniciais, passaremos a seguir a examinar a complexidade de fatores que se entrelaçam e se interpenetram para constituir o lugar de produção de uma fonte histórica qualquer.

---

[43] "O uso de tarja negra para situações de luto, de ilustrações em ocasiões festivas ou memoráveis, a exposição de papéis luxuosos de linho, o recurso a simples folhas arrancadas de cadernos ou retalhos de papel de embrulho indicam as circunstâncias em que as cartas foram escritas" (MALATIAN, 2015, p. 1.999). / Sobre o uso de cartas e de arquivos privados como fontes históricas, cf. PROCHASSON, 1998, p. 105-119. • ARTIÉRES, 1998, p. 9-34. • MARTINS, 2011, p. 61-72. Cf., ainda, o Capítulo XIII de *Fontes Históricas – Introdução aos seus usos historiográficos*, mais especificamente a parte que aborda as "escritas de si" (BARROS, 2019).

4
A Época (ou os lugares-tempo)

4.1 A abstração das épocas

Delinearemos o "lugar de produção" de um texto a partir de um grande conjunto de coordenadas que principia com a sua própria época. Toda fonte histórica provém originalmente de um momento específico, que deve ser cuidadosamente contextualizado e examinado em todos os aspectos que o envolvem. Antes disto, a fonte pode ainda ser associada a uma época, no sentido mais dilatado do tempo.

De modo geral, ao menos em um nível mais amplo de abstração, é possível identificar certo conjunto de características que abarca sociedades diversificadas em um determinado período ou lugar-tempo: por exemplo, o mundo feudal em boa parte do ocidente europeu medieval, a cultura renascentista no mesmo recorte espacial no período seguinte, a rede de diversificadas tribos que recobriam o Brasil indígena anterior à chegada dos portugueses, ou as civilizações nativas urbanizadas na América Central e região andina da América do Sul, antes da chegada dos espanhóis[44].

---

[44] Apenas para ficar com este último exemplo, certas sociedades complexas como a dos astecas, na atual região do México, ou como a dos incas, na região do Peru – mais especificamente no período que precedeu a chegada dos conquistadores espanhóis –, possuíam suficientes traços comuns que nos permitem enxergá-las a partir de um certo padrão. São sociedades urbanizadas, teocêntricas politeístas, com uma cultura predominantemente agrária, detentora de determinado nível de realizações tecnológicas e culturais (a exemplo de conhecimentos sofisticados de astronomia), acomodadas a formas similares de organização política, sem mencionar a semelhança física de suas populações. Não é descabido, por isso, falar em uma América nativa urbanizada para este recorte de espaço-tempo que abarca a Mesoamérica, a região andina no período da América Antiga.

Certas características mais amplas – produtos da interação e do diálogo entre várias culturas e sociedades, mas suficientemente compartilhadas e generalizadas para que possamos falar delas como os grandes traços que demarcam todo um setor de civilização em um espaço-tempo específico – habilitam-nos a conceber o ocidente europeu do século XI e dos dois séculos seguintes como uma "sociedade feudal" (ou mesmo em uma "civilização feudal"), da mesma forma que podemos falar em um "homem renascentista" para o europeu do período subsequente. Estas operações historiográficas de demarcação do espaço-tempo são legítimas, antes que sintamos a necessidade de aprofundar o olhar em direção ao feudalismo francês, ao feudalismo ibérico, ao renascimento italiano ou à cultura renascentista dos Países Baixos. Se nossa intenção é estudar a França ou a Alemanha da virada da década de 1940, antes de nos determos em cada estudo de caso devemos considerar uma situação mais ampla: uma Europa convulsionada pela Segunda Grande Guerra, na medida em que este conflito interferiu em cada um dos países europeus. Ou seja, uma sociedade dificilmente está isolada de outras, e por vezes há situações estruturais e conjunturais que as abarcam.

Os mesmos recortes amplos de espaço-tempo que podem ser pensados para os objetos de estudo e de pesquisa também podem ser considerados, em um primeiro momento, quando nos aproximamos de um texto ou de qualquer outro tipo de material como fonte histórica. Uma crônica escrita em Portugal no século XIII ou uma hagiografia escrita na França do século XII são textos medievais[45], da mesma forma que as pinturas produzidas por Leonardo Da Vinci ou *O Príncipe* de Maquiavel podem ser trabalhadas como fontes históricas renascentistas ou do início do período moderno. É evidente que, em um momento seguinte, tão imediato quanto possível, devemos passar ao nível maior de especificidade, como se aproximássemos o foco de nossa objetiva, de maneira a já pensar nos termos de um lugar-tempo mais bem definido. Pensar na coordenada mais ampla de lugar-tempo, de todo modo, é uma abstração útil.

É oportuno lembrar também que, já com relação ao tema dos "lugares de produção" das fontes históricas, e particularmente das fontes escritas, podemos

---

[45] As hagiografias – ou "vidas de santos" – existem desde os tempos do cristianismo primitivo, a partir das obras de Atanásio de Alexandria (296-373), mas adquirem uma grande expansão como gênero literário religioso na Idade Média europeia. Sobre o tratamento historiográfico das hagiografias, cf. CERTEAU, 1982, p. 242-255. • PEREIRA, 2007, p. 161-171. • SILVA, 2015, p. 1-21.

pensar em grandes "unidades de época" relacionadas ao tipo de suporte e padrão textual. Para o recorte europeu, que depois se amplia para a sua extensão nas três Américas, haveria uma "era dos manuscritos" – a qual, no que concerne ao recorte ocidental, abarca a Antiguidade e a Idade Média (categorias que já discutiremos) –, e há uma "era do impresso", que abarca a Idade Moderna e a Idade Contemporânea (ou a "sociedade industrial"); há, por fim, uma "era digital", que já parece corresponder a um novo padrão civilizacional no que concerne ao problema da comunicação textual.

A civilização do manuscrito, a civilização do impresso e a civilização digital seriam recortes mais amplos que apresentam validade para pensar a relação entre a textualidade e suas formas de transmissão, sendo que cada um destes três grandes padrões civilizacionais de produção textual parece ter implicado a emergência de uma nova possibilidade de suporte e feitura de texto que não cancela as experiências anteriores, mas eventualmente as desloca para o cenário lateral[46]. As Américas, entrementes, que só se sintonizam efetivamente com a história europeia a partir da primeira modernidade, trazem-nos uma questão mais complexa. Para a compreensão de diversas de suas sociedades (mas não todas), a América Antiga impõe a demanda de pensar também o mundo da oralidade como padrão dominante e, em muitos casos, único. O mesmo ocorre para a África Subsaariana, não apenas para o período que precede o domínio europeu mas também posteriormente, em diversas de suas sociedades.

Retornemos, por ora, à tendência historiográfica de repartir o tempo em grandes "unidades de época", de modo a torná-lo mais compreensível ou racionalizável. De saída, deve ficar claro que a tentativa de imaginar uma coordenada mais ampla – a coordenada da época – implica sempre uma abstração e uma construção intelectual ou coletiva que requer muitos cuidados por parte de um historiador. É recomendável sempre relativizar conceitos demasiado generalizadores como "o homem medieval", "o homem renascentista", "a Europa da Segunda Guerra", "a América Antiga", "a África Subsaariana pré-moderna". Temos aqui expressões que apresentam sua validade para determinadas questões, mas não para todas – já que rigorosamente são construções arbitrárias do historiador,

---

[46] No próximo item, voltaremos a discutir estas três divisões possíveis na grande aventura da textualidade.

quando não são abstrações já sedimentadas e amplamente disseminadas em uma dimensão cultural coletiva, ainda que úteis ou inevitáveis.

Gostaria de começar por discutir as balizas mais amplas de acordo com as quais podemos pensar a possibilidade de tentar dividir racionalmente a História – considerando que esta palavra tanto se refere ao movimento da humanidade na extensão do tempo como a narrativa literária ou o estudo científico que deste movimento se faz[47]. A história contada pela História tem sido dividida em grandes períodos ou megarrecortes de tempo (ou "unidades de época"), ou até mesmo em "idades" – sendo que esta última expressão parece incluir a possibilidade de atribuir à história humana um aspecto orgânico que remeteria a fases da vida como a "infância", "adolescência", "maturidade" ou "velhice", ou então a possibilidade de lhe impor um sentido teleológico (uma história que busca um fim ou que está destinada a cumprir um programa progressivo ou circular). Também se usa a expressão idade de maneira mais despretensiosa ("Idade Média", "Idade Moderna").

Com relação ao uso da expressão "idades" com vistas a remeter aos grandes recortes de tempo nos quais poderíamos acomodar a história da humanidade, pode-se lembrar um antigo uso da palavra encaminhado tanto pelas construções historiográficas amparadas na ideia de uma história que caminha para um futuro progressivamente superior em termos de tecnologia, espiritualidade ou plenitude social, como pelas concepções que remetem às Histórias circulares à maneira dos antigos ou das mitologias de povos diversos, que concebiam a história humana nos termos de grandes eras inseridas em uma renovação circular ou em movimentos declinantes que levavam à substituição de grandes civilizações por outras que estariam destinadas a começar sempre de novo a aventura civilizatória. Os gregos antigos da época de Hesíodo (séculos VIII-VII a.C.), em alguns de seus escritos, sustentavam que um dia teria havido a "idade de ouro", "idade de prata", "idade de

---

[47] Como tenho feito em outros livros, adotarei a convenção de iniciar "História" com letra maiúscula nos momentos em que me estiver referindo ao estudo científico em torno dos acontecimentos históricos, ou aos tipos de textos que falam sobre estes acontecimentos. A História, neste primeiro sentido, é aquilo que é escrito pelos historiadores de todos os tipos. Usa-se, nesta mesma acepção, a palavra "historiografia". Enquanto isso, usarei a palavra em minúsculas para me referir à "história" – conjunto de acontecimentos que se deram no tempo, tenham estes se tornado conhecidos dos historiadores ou não. É uma convenção que adoto, mas que não é compartilhada por todos os historiadores.

bronze", "idade de ferro"[48]. Já as escritas religiosas da História, desde Santo Agostinho (354-430), vislumbravam a história em um quadro constituído por certo número de idades que deveriam se suceder na história da humanidade até o fim dos tempos[49].

As balizas universalizantes de tempo, que submeteriam outras divisões possíveis da temporalidade ou mesmo todas as outras, alimentam-se de grandes eventos ou processos suficientemente englobantes. Santo Agostinho imaginou que o cristianismo seria o grande evento que permitiria ou obrigaria pensar a aventura humana nos termos de um grande movimento que percorre idades diferenciadas nas quais todas as outras histórias devem ser acomodadas; já Políbio (203-120 a.C.) – historiador e geógrafo grego atuante no Antigo Império Romano – acreditava que a ideia de uma história universal se justificava em vista do advento recente e inusitado que impusera a sujeição do mundo conhecido ao domínio único do governo romano[50]. Os riscos contra os quais precisamos nos precaver nas tentativas de encontrar grandes balizas de tempo para uma história ampla, senão universal ou planetária, são bem conhecidos. Pode-se recair na História cristocêntrica, romanocêntrica, ou, como chegou a ocorrer no período moderno, eurocêntrica.

Posto isto, pensar grandes balizas temporais nas quais podemos tentar acomodar a história da humanidade, conforme veremos, tem sido um recurso útil ou mesmo necessário para os historiadores até hoje. Trata-se, é claro, de um dilema antigo. Os antigos egípcios costumavam fazer os seus cortes no tempo

---

[48] Hesíodo, em *O Trabalho e os Dias*, interpõe uma "idade dos heróis" entre a "idade do bronze" e a "idade do ferro" [original: fins do século VIII a.C.]. Por outro lado, passando de um polo a outro, desenvolveu-se em um circuito bem distinto de ideias a possibilidade de se pensar a pré-história nos termos de "idade da pedra", "idade do ferro" e "idade do bronze", mas agora com relação à questão dos métodos de manufatura e tipos de ferramentas utilizadas pelos seres humanos destes períodos (Cf. HESÍODO, 2018). Como se vê, o conceito de "idades" tem aparecido tanto na mitologia como na ciência. Para uma *Introdução a Hesíodo*, cf. AUBRETON, 1956.

[49] Em Agostinho, de acordo com a "história universal" exposta nos doze livros finais de *Cidade de Deus* (416-427 e.C.), haveria seis idades ou "épocas do mundo", encadeadas em uma linha temporal que iria da Criação ao Apocalipse. Cf. AGOSTINHO, 2017.

[50] Diz-nos Políbio, nesta passagem evocada por Remo Baldei em seu ensaio sobre o *Sentido da História*: "O caráter peculiar de nossa obra depende daquele que é o fato mais extraordinário dos nossos tempos: dado que o destino volveu para uma única direção os acontecimentos de quase toda a terra habitada, e obrigou a todos a se dobrarem a uma única finalidade, é necessário que o historiador escolha para os leitores, numa visão unitária do conjunto, os vários atos mediante os quais o acaso levou as coisas do mundo". Cf. POLÍBIO, 2016, p. 50. • BOLDEI, 2001, p. 17.

de acordo com a instalação de novas dinastias, e são estas grandes balizas que podemos extrair das Histórias contadas nas paredes das pirâmides. Tito Lívio (59 a.C.-17 e.C.) escolhe começar a sua História a partir da fundação de Roma[51]. Mas a importância maior de pensar balizas de tempo que permitam vislumbrar racionalmente a história fortaleceu-se na medida em que mundos históricos bem diferenciados foram se sucedendo uns aos outros em períodos mais ou menos largos. Cada nova historiografia, para organizar sua leitura da história, precisou assumir certa divisão mais ampla do tempo, em construções que são decorrentes do seu grande lugar de produção.

Nos dias de hoje – principalmente na faixa de mundo correspondente à Europa e às Américas – tendemos a dividir a história humana em quatro grandes períodos aos quais nos habituamos a chamar de "Antiguidade", "Idade Média", "Idade Moderna" e "Idade Contemporânea". Esta construção do tempo tem funcionado tanto para a pesquisa historiográfica como para o Ensino de História, e é utilizada amplamente nos currículos escolares e universitários, embora se discuta muito em que ponto ou região do tempo teria terminado a Antiguidade Romana, e onde começou a Idade Média, a Idade Moderna, e assim por diante[52].

É claro que o uso destas quatro grandes divisões não poderá durar indefinidamente, pois à medida que o mundo humano contemporâneo vai apresentando universos de tempo-espaço tão distintos uns dos outros – como a civilização digital por contraste em relação à civilização industrial – cedo ou tarde vão sendo interpostas as dificuldades de chamar de "idade contemporânea" a realidades que vão se afirmando como sendo tão radicalmente diferenciadas umas das outras. Falar em pós-modernidade, ou em pós-contemporaneidade, pouco resolveria a não ser por um transitório e fugidio momento, pois logo novas realidades irão surgir bem particularizadas por novas possibilidades tecnológicas, sociais, eco-

---

[51] Os primeiros cinco livros da *Ab Urbe condita libri* foram escritos entre 27 e 25 a.C. A obra completa, embora apenas parte dela tenha se preservado, foi constituída por 142 livros. Cf. TITO LÍVIO, 2008. Para uma visão historiográfica sobre a obra de Tito Lívio, cf. LUCE, 1977. • COLLARES, 2010. • CHAPLIN, 2000.

[52] Em momento anterior, elaborei um ensaio sobre as diferentes possibilidades de se pensar a passagem do antigo mundo romano para os novos tempos medievais, discutindo as datas-chave e conceitos que se oferecem a esta operação historiográfica (de um lado "fim", "queda", "declínio do Império Romano"; de outro, redefinições deste período limítrofe através de novos conceitos como o de "antiguidade tardia"). Cf. BARROS, 2009-a, p. 547-573. Cf. ainda MENDES, 2002. • MACHADO, 2015, p. 81-114.

nômicas e políticas, e um novo nome para um novo período da história mundial será requerido para atender às demandas de características inéditas.

Até o momento, entretanto, estas tradicionais divisões de uma história ocidental quadripartida têm funcionado razoavelmente bem – ao menos em uma primeira aproximação ou para certos objetos de estudo – na maior parte dos países pertencentes a este circuito. Não obstante, há adaptações incontornáveis para países ou regiões mais específicas do chamado "mundo ocidental". Não podemos falar, por exemplo, em uma América Medieval, sendo mais oportuno falar em uma América Antiga até os tempos da chegada dos navegadores europeus e, a partir daí, reconhecer o surgimento de uma América Moderna, e depois contemporânea.

A Grécia, região que sempre fez uma mediação entre ocidente e oriente, apresenta-se como um caso bem peculiar. A questão básica é que o Império Bizantino – tão pouco estudado nos currículos escolares do ocidente europeu e das Américas – espelhou-se contra o ocidente medieval no decorrer do período que vai do final da dissolução do Império Romano do Ocidente, em fins do século V, até a queda de Constantinopla diante dos turcos do Império Otomano, em 1453. Como o Império Bizantino era visto pelos próprios bizantinos, e por seus sucessores gregos, como uma continuidade em relação ao antigo mundo romano – afinal, sob certa perspectiva, Bizâncio nada mais era do que o Império Romano do Oriente[53] –, consequentemente a História da Grécia tende a ser vista como saltando para fora da Antiguidade somente em 1453. A partir daí, com a tomada de Constantinopla pelo Império Turco-Otomano, a história grega adentraria uma espécie de Idade Média que, só após encerrada a ocupação turca, transita finalmente para a modernidade com a independência grega em 1821. Este olhar, atente-se bem, é produzido pela própria historiografia grega no planejamento de seus cursos de História.

Quero mostrar, com isso, que a história de cada país pode demandar as suas próprias balizas historiográficas. A História da África e das sociedades que lá habitaram ou ainda habitam – já bem mais afastada do modelo ocidental de balizamento historiográfico – requer também as suas próprias divisões de tempo,

---

[53] Em 330 e.C., o imperador Constantino havia transferido a capital do Império Romano de Roma para Constantinopla (atual Istambul, na Turquia). Posteriormente, o Império se divide algumas vezes em Império Romano do Ocidente e Império Romano do Oriente. No século V, o primeiro irá se fragmentar nas unidades políticas do ocidente medieval (476 e.C.). O segundo segue adiante como Império Bizantino, unificado linguisticamente pelo idioma grego e abarcando uma região que muda consideravelmente de tamanho no decorrer dos mil anos de Idade Média.

ao menos até os tempos modernos. E o mesmo será útil dizer para a Ásia, e de modo ainda mais específico para alguns de seus grandes países, como a China ou a Índia. Já um balizamento histórico para a Oceania teria de considerar o marco emblemático da descoberta holandesa da Austrália no início do século XVII e a chegada do Capitão Cook (1728-1779), já no final do século XVIII, trazendo a concomitante colonização inglesa e interrompendo uma história de quarenta mil anos onde as 250 nações de aborígenes viveram uma história oceânica francamente isolada em relação ao restante do mundo.

No Brasil, seguindo-se uma periodização que acompanha a dos demais países das três Américas, poderíamos falar em uma História do Brasil Antigo (exclusivamente indígena) que começa a transitar para a Idade Moderna a partir de 1500, com a chegada dos portugueses da esquadra de Pedro Álvares Cabral (1467-1520). Os balizamentos mais úteis poderiam dividir a história desse país que viria a constituir o Brasil conforme uma periodização demarcada pela modernidade do Brasil-Colônia – ou da América Portuguesa, tal como propõem alguns historiadores mais preocupados com a pureza das designações – pela franca contemporaneidade do Brasil Império (1822), e pelo Brasil República (1889), a partir daí se inserindo mais consolidadamente na chamada idade contemporânea.

Os exemplos trazem a nu os ajustes e descolamentos que podem se dar quando desejamos eleger uma baliza de grandes eras históricas válidas para um número significativo de histórias nacionais ou para estabelecer uma leitura mais ampla relacionada a uma história global. Como no Brasil (e nas demais regiões das três Américas) herdamos a prática historiográfica dos colonizadores europeus, tendemos a adotar no Ensino de História as divisões mais amplas de uma história quadripartida em Antiguidade, Idade Média, Idade Moderna e História Contemporânea, introduzindo a História do Brasil no movimento mais geral que transita da Idade Moderna à História Contemporânea (infelizmente, tendemos nos currículos escolares brasileiros a desconsiderar o Brasil Antigo, ou o que seria uma história dos povos indígenas antes da chegada dos colonizadores portugueses). De todo modo, o seguinte quadro retrata o sistema de espacialidades e temporalidades subjacente aos nossos currículos escolares, ou aos próprios cursos de Graduação em História, o qual também pode se ajustar aos universos possíveis de pesquisa no que se refere às coordenadas mais amplas de lugar-tempo:

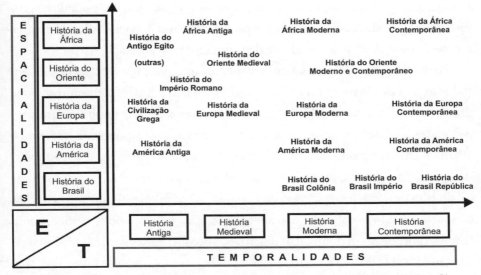

Quadro 2: Modalidades da História por Espacialidade e Temporalidade[54]

Tal como se dá com o Ensino de História, uma parte significativa das pesquisas historiográficas pode ser definida no interior de um jogo de coordenadas mais amplas que definem um lugar e um tempo. No quadro acima, o eixo das abscissas demarca espacialidades (lugares), e o eixo das coordenadas indica temporalidades. Fizemos uma divisão inicial de espacialidades de acordo com os grandes continentes, e o Brasil entra excepcionalmente como uma referência inicial ao nosso próprio lugar historiográfico, embora possa ser também subsumido pela História da América.

É verdade, ainda, que existem e podem ser imaginados vários objetos de pesquisa que não se enquadrariam de maneira tão bem compartimentada nestas histórias que ajustam o continental ou o nacional ao temporal mais generalizante. Os emaranhados de lugares e as ambiguidades espaciais impõem-se quando abordamos objetos de estudo pertinentes às histórias transnacionais, à história atlântica e à história global, sem esquecer as modalidades historiográficas que se fundam em gestos relacionais e que podem trabalhar com dois ou mais recortes distintos de espaço-tempo, como a história comparada, as histórias cruzadas, ou as histórias interconectadas. Isto posto, para a reflexão que nos interessa neste

---

[54] O quadro aqui proposto foi apresentado pela primeira vez no volume I da coleção *Teoria da História*, publicada por este autor nesta mesma editora (BARROS, 2011-a).

momento – que é a do lugar de produção das fontes históricas – podemos reconhecer nas grandes coordenadas de espaço-tempo um primeiro fator que vem à mente do pesquisador ao ter diante de si uma fonte histórica.

Por outro lado, os lugares-tempo generalizantes são, sim, abstrações, e nem todos os objetos de pesquisa se ajustam perfeitamente a eles. O mesmo se pode dizer das fontes, e, com relação a elas, poderíamos pensar também situações peculiares. O diário de bordo produzido em um navio mercante que atravessa o atlântico em uma empresa mista, no final do século XV, associa-se a que lugar-tempo? O navegador genovês Cristóvão Colombo (1451-1506) escreveu um destes a caminho da América, a serviço dos monarcas espanhóis. Temos a época, mas o espaço não é bem definido, não apenas por estar no meio do Atlântico, como também porque se emaranham os lugares políticos: as cortes recém-unificadas de Aragão e Castela financiam um navegador italiano que capitaneia uma expedição a caminho da América – um continente novo que ainda não se sabia (talvez) que iria ser encontrado por esta esquadra oficialmente encarregada de atingir as Índias – o que também provaria que este lugar planetário, a Terra, tem uma forma esférica. Os lugares – físicos, sociais, políticos – cruzam-se, dialogam, produzem documentos que se transformarão posteriormente em fontes históricas. Estas podem habitar perfeitamente o complexo universo das espacialidades ambíguas.

Na era espacial, o diário produzido a bordo de uma aeronave tripulada por uma equipe formada por países astronautas de distintas nacionalidades – e sob o apoio de diferentes países – como se delinearia em relação ao seu lugar-tempo? Os limites nacionais são na verdade abstrações quando aplicados a determinados objetos, e também o são os recortes de tempo tradicionais na historiografia quadripartida ou nas divisões menores que dentro desta se estabelecem.

Na verdade, não precisamos ir tão longe e nem trazer exemplos muito mirabolantes para demonstrar os problemas que surgem quando se adota uma divisão já tradicional de épocas para todos os casos. Jean Chesneaux (1922-2007), em um dos ensaios de *Devemos Fazer Tábula Rasa do Passado* (1975)[55], já observava nos seus próprios termos que se pode admitir uma unidade de tempo-espaço não tradicional quando se considera o conjunto das regiões marítimas do Báltico e do Mar do Norte entre os séculos XIII e XVIII. Haveria perdas sensíveis de coerência

---

55 CHESNEAUX, 1995, p. 97.

histórica se permitíssemos que as divisões tradicionais da História quadripartida prevalecessem para este caso e quebrassem essa unidade, empurrando os séculos XIII e XIV para a Idade Média e os séculos XV ao XVIII para a Idade Moderna. Em nossa própria terminologia, o mundo econômico que emerge do Mar do Norte e do Báltico do século XIII ao XVIII – unido por aspectos como o comércio, a navegação e a importância deste sistema de mares para as populações que habitam tais regiões – constitui um lugar-tempo coerente e singular. Quebrá-lo, apenas para atender a uma convenção cronológica, equivale a pôr a perder uma "unidade de época" mais interessante.

Para certos objetos de estudo, acantonar o "Baixo Império" no final da Antiguidade Romana, e separá-lo da Alta Idade Média – um território de saber que já pertenceria exclusivamente aos medievalistas – implicaria uma perda da riqueza historiográfica que poderíamos assegurar com o uso de conceitos alternativos de periodização, como o de "antiguidade tardia"[56]. Este e outros exemplos nos mostram que os historiadores devem evitar se deixar capturar mecanicamente pelas divisões tradicionais das épocas históricas. É preciso, para muitos casos, pensar outros lugares-tempo para além da cronologia meramente escolar. Ousemos quebrar os compartimentos, quando for necessário. Trabalhemos também nos interstícios, nas zonas de mediação. Não deixemos que as fronteiras – de tempo ou de espaço – transformem-se em limites intransponíveis.

Por fim, pensar as dinâmicas das unidades de tempo e das partições do espaço em relação aos objetos de estudo ou aos campos temáticos é uma operação historiográfica necessária. Josué de Castro (1908-1973), médico e antropólogo multidisciplinar – insubstituível geógrafo e historiador da fome que desenvolveu estudos extraordinários sobre a alimentação humana e suas contrapartidas lacunares, as Fomes endêmica e epidêmica em suas facetas de desnutrição e subnutrição – repensou os espaços mundiais de acordo com uma *Geopolítica da Fome* (1951), e os espaços-tempos brasileiros de acordo com uma *Geografia da Fome* (1946). Nestas obras, o que guia os recortes de tempo e espaço está relacionado diretamente ao problema em estudo: a fome coletiva, social, que afeta popula-

---

[56] É ainda Jean Chesneaux quem nos diz: "Um especialista do 'Baixo Império' e um especialista da 'Alta Idade Média' são colocados autoritariamente em diferentes seções do aparelho histórico, são forçados a se domiciliar de um lado ou de outro, com o que se lhes incapacita para um estudo profundo deste período-chave entre a Antiguidade e a Idade Média" (CHESNEAUX, 1995, p. 97).

ções inteiras em vários níveis e modalidades de carência alimentar. Quebrando as divisões nacionais e regionais que eram habituais ou oficiais nos meados de 1940 em que foi produzida a sua obra – embora as adaptando em alguns aspectos – Josué de Castro cria um mapa das espacialidades planetárias da fome, e, principalmente, um mapa das grandes áreas da fome no Brasil, articulando-as com uma análise do padrão alimentar e das carências nutritivas em cada uma destas áreas. Sua análise histórica também reparte o tempo de acordo com os problemas que se articularam para produzir uma geografia da nutrição e da fome em nosso país: os subsistemas de articulação entre meio físico, bioma e clima; o encontro principal dos universos culturais que nos afetaram (indígena, africano e europeu); as transformações históricas que foram impostas à organização alimentar; o redirecionamento monocultor em certos espaços-tempos específicos da nossa história agrícola; e a dinâmica de desastres ecológicos produzidos pela economia predatória[57].

Os problemas, como se vê, podem e devem constituir uma base importante para a redefinição do espaço-tempo em lugares e "unidades de época". De todo modo, pensar o grande traçado do tempo e sua associação a um espaço é o primeiro passo mais espontâneo na direção de uma análise consciente de qualquer fonte histórica que se tenha em vista. Quando estamos diante de um texto ou de uma fonte a ser analisada, pensá-la no interior de uma "unidade de época", ou de um "lugar tempo" que faça sentido, é talvez a primeira coisa que vem à mente do historiador-analista, embora não tenha que ser necessariamente assim. Isso não nos exime, é claro, de problematizar a coordenada mais ampla de lugar-tempo, e nem de compreender que, neste terreno, estamos sempre diante de abstrações que podem ser úteis ou não.

Propor diferentes possibilidades de dividir o tempo, ou acatar as divisões já tradicionais quando estas forem adequadas a este ou àquele objeto, constitui uma das tarefas básicas do historiador, sendo possível se dizer o mesmo com relação

---

[57] *Geografia da Fome* (1946) beneficia-se em 1960 de uma edição atualizada. Algumas de suas análises referem-se a períodos históricos, de modo que ainda hoje, quando já temos um novo quadro alimentar e novas possibilidades de lidar com a alimentação planetária, a obra ainda desperta um significativo interesse. Além desta obra, e da *Geopolítica da Fome* (1951), outras obras importantes de Josué de Castro foram *O Livro Negro da Fome* (1957), *Sete palmos de terra e um caixão* (1965) e *Homens e Caranguejos* (1967). Sobre a matriz interdisciplinar dos estudos de Josué de Castro, incluindo a confluência entre Geografia e História, cf. BARROS, 2017, p. 35-49.

às possibilidades de dividir o espaço para além das habituais partilhas nacionais e continentais. O tempo e o espaço, além disso, podem se associar a outros conceitos que se mostrem operacionais ou instigantes para a problematização historiográfica[58]. Permeando as tradicionais balizas espaçotemporais que têm sido construídas pela historiografia, é bem conhecida a antiga querela em torno do conceito de "mentalidade coletiva". Até que ponto é possível falar efetivamente em um "homem medieval", enquanto uma designação que dê conta dos modos de pensar e de sentir encontrados na ampla maioria dos europeus que viveram na Idade Média, de suas visões de mundo predominantes, de seu conjunto de valores? Em que medida é legítimo saltar por sobre as especificidades regionais, ou ignorar as nuanças internas ao ocidente europeu medieval no decorrer de seus processos históricos?

De igual maneira, sob a ilusão proporcionada por uma única unidade nacional podem estar abrigadas realidades bem diferenciáveis. Podemos falar na Espanha do período moderno de maneira unificada, quando dentro dela temos a Galiza, a Catalunha, os Países Bascos, tão demarcados por suas próprias especificidades e identidades políticas? No Brasil-Colônia, teríamos quantos Brasis – seja na sua extensão (o norte, o sul?), ou como realidades entrelaçadas? Seria até mesmo adequado falar em Brasil para o período anterior à independência, ou deveríamos preferir a expressão América Portuguesa? Mas quantas Américas portuguesas existiriam no período que convencionamos denominar Brasil-Colônia?

Não há uma resposta definitiva a estas questões. Na verdade, a aplicabilidade daquelas expressões abrangentes – Brasil-Colônia, Espanha contemporânea, Sociedade Feudal, Mundo Renascentista – depende visceralmente do próprio objeto

---

[58] "A encenação escriturária está assegurada por um certo número de recortes semânticos. A estas unidades François Chalet dá o nome de 'conceitos', mas conceitos 'que se poderiam chamar, por analogia com a epistemologia das ciências da natureza, categorias históricas'. Elas são de tipos bem diferentes, como o período, o século etc., mas também a mentalidade, a classe social, a conjuntura econômica, ou a família, a cidade, a região, o povo, a nação, a civilização, ou ainda a guerra, a heresia, a festa, a doença, o livro etc., sem falar em noções tais como a Antiguidade, o Antigo Regime, as Luzes etc. Frequentemente estas unidades provocam combinações estereotipadas. Uma montagem sem surpresas resulta na série: a vida – a obra – a doutrina, ou o seu equivalente coletivo: vida econômica – vida social – vida intelectual. Empilham-se 'níveis'. Encaixotam-se conceitos. Cada código tem sua lógica" (CERTEAU, 2011, p. 105).

de nossas pesquisas, do problema que se tem em vista, das hipóteses que orientam nossas reflexões historiográficas mais específicas. De todo modo, se a época (ou o espaço-tempo) é o primeiro interferente a ser considerado na determinação do "lugar de produção" de um texto ou material, decorre daí a necessidade de o historiador estabelecer com toda a precisão possível a data (e o lugar geográfico, sem falar no lugar social) do documento. É oportuno lembrar que boa parte das fontes textuais já se apresenta ao historiador previamente datada, na sua origem, enquanto que, em outras, há que se proceder a esta datação, ou corrigir a data que uma primeira crítica externa colocou em dúvida.

4.2 A "unidade de época" problematizada pelo tipo de fonte

Mais importante do que situar a fonte no interior de uma cronologia historiográfica já tradicional – por vezes não tão adequada ao "lugar de produção" do próprio historiador e de seu problema em estudo – é estabelecer como referência maior uma dinâmica problematizada de "unidades de época", que leve em consideração a especificidade da fonte e do tipo de fonte com que estamos trabalhando. Digamos que temos como fonte central de nossa pesquisa os jornais ou outros tipos de periódicos, e que, para compreender melhor o que temos diante de nós, desejamos pensar "unidades de época" pertinentes a este objeto (o jornal).

Podemos pensar a história humana – pelo menos a partir de algum momento específico – em relação a este meio de informação, comunicação e criação textual que é o jornal. Quando terá ocorrido a primeira realização que poderia ser associada a um jornal, ou a uma prática jornalística, ainda que vagamente? A resposta dependeria, certamente, de como definimos este meio ou recurso de comunicação que é o jornal. Poderíamos definir o jornal como uma "realização textual" (portanto algo que implica civilizações conhecedoras da escrita), que habitualmente se apresenta como um "produto impresso" (deste modo, como algo que somente se torna possível após a invenção da imprensa), e que faz parte de uma série regular de produtos análogos que são periodicamente publicados para um grupo significativo de leitores (uma série, deste modo, dotada de "periodicidade"). Um objeto que se oferece à leitura sob formato impresso, implicado na constituição de uma série periódica de realizações textuais que são disponibilizadas a um público de leitores sob um mesmo título, mas atualizando seu conteúdo informativo e comunicativo em sucessivas edições: seria isso um jornal?[59]

Para contornar maiores polêmicas, vou acompanhar os historiadores que situam nos séculos XVII ou XVIII as primeiras realizações textuais que poderiam ser compreendidas como jornais na sua acepção mais estrita. Talvez tenhamos tido experiências similares a jornais nos antigos murais romanos instituídos por Júlio César (20-44 a.C.) para divulgar periodicamente seus atos públicos ou legislativos[60], ou nos manuscritos de Corte que circulavam de mão em mão na China Antiga[61]. Não obstante, vamos nos ater – de modo a evitar maiores discussões contrárias e críticas a projeções anacrônicas – às realizações impressas dos jornais do período moderno[62]. O jornal, neste sentido mais bem definido,

---

[59] Há analistas que se desobrigam de considerar a "forma impressa" como traço necessário para caracterizar os jornais, e que recuam o primeiro aparecimento de algo como um "jornal" até mesmo à Antiguidade, ao considerar que a forma específica de texto voltada para um "público amplo" e dotada de "periodicidade" na sua "publicação" já poderia ser evocada como o principal complexo definidor dos jornais ou de seus equivalentes antigos. Ao se considerar esta perspectiva, diversos tipos de painéis colocados ou desenhados em muros com vistas a uma divulgação informativa mais ampla, voltados para algum tipo de público e sujeitos a uma periodicidade regular, poderiam ser considerados como tipos primitivos de jornais, ou pelo menos seus distantes precursores. Ou, de acordo com outra perspectiva, os jornais teriam de ser necessariamente textos com regularidade periodista distribuídos em folhas ou tabletas (isto é, o jornal teria de se multiplicar em um certo número de unidades) – o que desqualificaria os murais, mas qualificaria alguns tipos de manuscritos para a categoria "jornal". Cf. BARROS, 2019, Capítulo XIV.

[60] A *Acta Diurna* foi instituída pelo imperador romano Júlio César em 59 a.C. Através de grandes tábuas brancas de papel e madeira que eram fixadas nos muros das principais localidades do Império, os principais acontecimentos da República – sobretudo as conquistas militares e os atos políticos – eram assim divulgados massivamente para um grande público. A divulgação voltada a um público amplo de leitores e a periodicidade diária, com a instituição de uma série norteada pelo mesmo título (*Acta Diurna*), fazem desta realização textual algo que se pode aproximar aos jornais do período moderno, desde que não consideremos necessária a forma impressa para caracterizar a prática jornalística. O surgimento de uma nova função assimilável à do futuro jornalista – a dos "correspondentes imperiais" – também pode ser evocado como elemento de aproximação deste empreendimento instituído na Roma Antiga e a posterior prática jornalística.

[61] Durante o período final da Dinastia Han (séc. I e II), já circulavam folhas de seda manuscritas que traziam notícias do governo imperial e que deviam ser lidas pelos oficiais chineses da corte. Posteriormente, na Dinastia Tang (entre 713 e 734), tem-se também o registro de um Boletim da Corte (*Kaiyuan Za Bao*).

[62] Se quisermos ainda considerar os jornais manuscritos, a primeira referência europeia conhecida é o *Notizie Scritte* – publicação mensal que surgiu em 1556 na República de Veneza, com vistas à divulgação de notícias econômicas, políticas e militares. Seu preço correspondia a uma gazetta, vindo daí, possivelmente, a utilização desta palavra para outros jornais informativos que surgiram posteriormente.

surge na Europa da chamada História Moderna, principalmente no momento em que uma tecnologia de impressão em larga escala – tornada possível através de um maquinário próprio e do barateamento industrial de um tipo específico de papel – associa-se à emergência de um público-leitor alfabetizado em quantidade significativa[63].

Quando pensamos na história dos jornais, e buscamos no movimento do tempo os registros de suas realizações, encontramos um grande período onde a produção do jornal aproximou-se mais da prática artesanal, e outro no qual os jornais já se adequaram aos parâmetros da sociedade industrial. Este movimento, do artesanal ao industrial, ocorreu em momentos diferentes nas distintas sociedades que iam se ajustando ao modo de produção industrial. Na Inglaterra, em fins do século XVIII já tínhamos jornais de grande circulação. No Brasil da primeira década do século XIX, contudo, quando se institui a Imprensa Régia (1808), os jornais de iniciativa privada ainda se apresentam como um empreendimento um tanto artesanal, a cargo de um indivíduo ou dois, e constituíam essencialmente uma realização jornalística que se desdobrava em dois caminhos de possibilidade: produzir informação (as chamadas gazetas), e produzir opinião (os correios, diários e folhas)[64]. Um século depois, no entanto, já existiam no Brasil grandes jornais, voltados para a captação de um grande universo de leitores e beneficiados por uma tecnologia de impressão que permitia produzir uma quantidade muito grande de exemplares diários. Esse empreendimento jornalístico de grande porte seria logo categorizado como uma "Grande Imprensa", voltada para a sociedade de massas. Os jornais deste novo período também tendem a assumir um ideário de "imparcialidade", que está longe de corresponder à verdade dos fatos, mas que passa a fazer parte do discurso

---

[63] Disputam as posições de primeiros jornais o *Nieuwe Tijdinghen*, fundado em 1602 na Antuérpia, e o *Relation aller Fürnemmen und gedenckwürdigen Historien*, impresso em Estrasburgo, na Alemanha, em 1605.

[64] Em 1808, teremos a fundação de dois jornais que representam estes dois caminhos. A *Gazeta do Rio de Janeiro* foi fundada com a Imprensa Régia, tornando-se o jornal oficial do governo joanino que acabara de se instalar no Brasil, e tinha objetivos informativos. Enquanto isto, Hipólito da Costa fundara no mesmo ano um jornal opinativo e polemista chamado *Correio Braziliense*, ainda clandestino e não autorizado pela Coroa Portuguesa (e por isso impresso em Londres). A estes se seguiriam muitos outros jornais derivados da ação empreendedora de indivíduos ou pequenos grupos de indivíduos, particularmente a partir de 1821, quando a Imprensa é liberada no Brasil (fim da censura prévia). Desta época em diante, surgem muitos jornais opinativos e polemistas que se engajam intensamente nos movimentos políticos.

jornalístico, da mesma forma que os jornais do período anterior tinham orgulho em se declararem políticos e partidários.

Podemos pensar a história dos jornais nestes dois períodos diferenciados: o artesanal de alcance mais restrito, e o industrial de largo alcance. Talvez tenhamos aí duas "unidades de época" bastante aceitáveis para pensar a fonte-jornal. Mais recentemente, conhecemos um mundo que contempla também a possibilidade do jornal digitalizado, disponível na Internet, embora este recurso não cancele o chamado jornal impresso, ainda que estabeleça uma competição que termina por afetar a sua vendagem. Talvez o mundo digitalizado que emerge dos anos 1990 possa ser considerado uma terceira "unidade de época" no que concerne à temática dos jornais.

Quando temos jornais como fontes históricas, um primeiro procedimento para delimitar o lugar de produção de nossas fontes é situá-las em relação a estas grandes "unidades de época" que separam dois grandes mundos jornalísticos: o mundo voluntarioso e mais irregular dos jornais opinativos e polemistas ainda com impressão em pequena escala, contando com equipes pequenas para a sua elaboração (às vezes apenas um ou dois jornalistas), e o mundo jornalístico em que assume o centro do cenário uma Grande Imprensa, com seu maquinário capaz de produzir impressão em larga escala e abarcar um universo muito amplo de leitores, e já com uma sofisticada divisão de trabalho expressa por uma agitada redação da qual participam muitos jornalistas, profissionais e técnicos. Esse novo mundo jornalístico, dedicado a produzir um meio de informação e comunicação voltado para as grandes massas de leitores – configurando adicionalmente uma empresa lucrativa que se ajusta a uma rede de concorrência formada pelos outros jornais do mesmo tipo – contrasta com o antigo mundo jornalístico que produzia jornais para um público mais elitizado, representante de uma parcela ainda pequena da população que alcançara a alfabetização.

Estar associado a uma ou outra destas duas "unidades de época" relativas à História da Imprensa – o mundo da pequena imprensa combativa e voluntariosa que se coloca em contraste com o mundo da grande imprensa diversificada e lucrativa – traz contornos bem distintos à fonte-jornal com a qual estamos lidando. De maneira análoga, um jornal impresso a partir da última década do século XX já se encontra em outra "unidade de época" (sempre no que concerne à História da Imprensa), pois tem de conviver muito mais intensamente com poderosos meios de comunicação e informação que trabalham com a escrita digital, tais como os sites de internet ou os próprios jornais disponibilizados on-line em hipertexto. Destaco que, entre estas duas "unidades de época" – a da Grande Imprensa do início do século XX e a da Imprensa da era digital que se deu na transição das últimas décadas do século XX para o século XXI – há também o incremento de uma complexidade crescente, pois neste ínterim se estabelecem também outros grandes meios de comunicação como o Rádio e a Televisão. Ter uma clareza deste contexto é fundamental. O jornalismo anterior ao Rádio impera soberano no grande universo da mídia; depois disso, precisa conviver com este novo meio de comunicação; mais além – principalmente após a Segunda Grande Guerra – terá de conviver com a Televisão, um meio de comunicação que não cessará de crescer até o final do século XX quando surge outra mídia disponível às massas: a Internet.

Outros exemplos de fontes podem ser evocados, indicando que para cada tipo de documentação e contexto pode ser apropriado o uso de um sistema compreensivo de tempo-espaço próprio, cada qual com sua partição mais específica em "unidades de época" mais apropriadas. Vamos considerar, por exemplo, os testamentos – fontes históricas que passaram a ser muito utilizadas pelos historiadores a partir da década de 1950. Considerar a fonte-testamento implica inseri-la em "unidades de época" relacionadas aos diferentes sistemas jurídicos que se sucederam. Se quisermos exemplificar com o caso do Brasil, podemos considerar "unidades de época" relativas aos três sucessivos códigos jurídicos que aqui vigoraram em períodos históricos diferenciados, abarcando o período da Colônia até a República. Cada um destes códigos jurídicos apresentou suas próprias normas relativas à prática testamentária. Não podemos usar os testamentos como fontes históricas se não compreendermos cada testamento ou série de testamentos dentro do próprio sistema jurídico que o constitui. Também é importante considerar a disjunção fulcral entre uma época na qual os modos eclesiásticos de controle se imiscuíam nos usos burocráticos pertinentes ao Estado, e uma outra época em que se afirma decisivamente a separação entre Igreja e Estado laico.

Vamos nos ater, por ora, às três grandes épocas jurídicas relacionadas à História do Brasil. As *Ordenações Filipinas* vigoraram, como referência jurídica, em um período que abarca o período colonial e os tempos do Império, e na verdade só foram substituídas em 1916, pelo *Código Civil Brasileiro*. Posteriormente, em 2002, este deu lugar ao *Novo Código Civil Brasileiro*. Cada um destes três códigos possui suas próprias variações concernentes aos modos de se registrar legalmente um testamento, à definição daqueles que podem fazê-lo, ao reconhecimento daqueles que podem se beneficiar dos seus efeitos, e à autorização daqueles que podem mediá-lo na ação jurídica que os institui. Deste modo, não é possível abordar uma fonte-testamento sem situá-la historicamente no Código no qual ela se insere. Aqui, a História do Direito recobre a história dos testamentos. Para os inventários, o mesmo se aplica[65]. De maneira análoga, se tivermos em vista os processos criminais, também podemos pensar nos códigos jurídicos como base para a definição da "unidade de época". O historiador-analista deve tomar consciência acerca das diferentes definições de crime em cada um destes códigos, e considerar os delitos e infrações que são criminalizáveis em cada época, os modos policiais de repressão admitidos, as penas a serem imputadas para cada crime, e os artifícios jurídicos que regem a feitura e o desenrolar dos processos. No caso brasileiro, os três códigos em vigor, em seus sucessivos momentos, terminam por definir três diferentes épocas jurídicas.

Os exemplos aqui trazidos, apenas alguns entre tantos que poderiam ser dados, mostram como é importante começar a delinear uma compreensão do lugar de produção de uma fonte a partir da inserção em sua própria época. Mas mais do que inseri-la nas épocas tradicionais (Antiguidade, Idade Média, Modernidade, Contemporaneidade – ou nos seus interstícios), é oportuno pensar para cada tipo de fonte novas "unidades de época", pois os jornais têm o seu próprio movimento de tempo, os processos criminais um outro (relacionado, como já vimos, à história dos sistemas jurídicos), e já os diários ou a correspondência apresentam um terceiro e quarto arco de desenvolvimentos históricos. Para a documentação de cartório, por exemplo, podemos pensar as suas próprias "unidades de época" conforme a burocracia de cada país; para os "relatos de viagem" teremos outra dinâmica, e assim por diante. Uma fonte, a propósito, não está propriamente situada no interior de uma época. Inversamente, o que fazemos é pensar uma época, ou uma "unidade de época" – construída historiograficamente – para melhor compreendê-la. Trata-se de desenhar, tão cuidadosamente quanto possível, o "lugar de produção" que nos permitirá compreender melhor a fonte com a qual lidaremos como historiadores. E o primeiro traço deste desenho é a

---

[65] Cf. FURTADO, 2015, p. 94-102. • BARROS, 2019, Capítulo XII, item 9.

época ou a "unidade de época" a ser considerada. A "unidade de época" inserida nas tradicionais divisões da História, talvez? Ou a "unidade de época" já relacionada à fonte ou ao problema que temos em vista?

4.3 A "unidade de época" em relação ao padrão textual

A reflexão que desenvolveremos a seguir será particularmente importante para o nosso problema central. Vimos até aqui que não podemos senão constituir *historiograficamente* as próprias "unidades de época" que podem ser tomadas como enquadramento ou como universo de ressonância para as fontes históricas com as quais lidaremos. Não estão dadas, previamente à ação do historiador, estas "unidades de época" que podemos pressupor para a viabilização de uma operação historiográfica, e tampouco estão dados de antemão e de maneira consensual os padrões de divisão do tempo histórico em períodos bem definidos, longos ou curtos que sejam. Se há divisões cronológicas já tradicionais na historiografia (Antiguidade, Idade Média, Idade Moderna, Idade Contemporânea), e se os espaços continentais e nacionais costumam ser tradicionalmente escolhidos para acomodar um maior número de pesquisas históricas, a verdade é que cada problema histórico mais específico pode demandar a criação das suas próprias divisões do tempo e do espaço. Novas modalidades como a história comparada, as histórias cruzadas, as histórias interconectadas, a história atlântica ou a história global têm confrontado os padrões habituais de recorte do espaço-tempo com a proposta de novos objetos que não se conformam à periodização e espacialização mais corriqueiras[66].

Vimos também que podemos repensar as "unidades de época", e as seções de espaço que a elas associaremos, de acordo com as singularidades do gênero de fonte com o qual lidaremos – jornais, diários, correspondências, crônicas, inventários, relatos de viagem e inúmeros outros. Além disso, quando precisamos refletir sobre o lugar de produção de uma fonte histórica textual, devemos nos conscientizar acerca de aspectos como o seu suporte (parede, papiro, papel, tela de computador), seu modo de produção textual (manual, mecânico, industrial, digital), seu modo de distribuição social (restrito ou em larga escala; gratuito ou mercadológico) e ainda o modo de multiplicação do texto através de um universo possível de leitores diretos e de consumidores laterais – sendo estes últimos

---

[66] Sobre as modalidades historiográficas "relacionais", cf. BARROS, 2014, p. 85-135.

aqueles que, ao invés de ler, "ouvem" o texto: ou através da leitura em voz alta, ou por meio dos comentários daqueles que o "leram".

Ainda nesta ordem de questionamentos, outro aspecto particularmente importante parece demandar as suas próprias divisões do tempo humano em sucessivas épocas. Referimo-nos aos "modos predominantes de se produzir textos" que se afirmaram em diferentes momentos da história das sociedades humanas. Parece ser pertinente destacar três principais épocas que introduzem novos modos de se relacionar com a experiência textual: a "era dos manuscritos", a "era dos impressos", e a "era dos textos digitais". Antes desta sequência – e, na verdade, também ao mesmo tempo – podemos ainda considerar a incontornável dimensão da "oralidade". Afinal, toda civilização – independente de ser uma "civilização do manuscrito", uma "civilização do impresso" ou uma "civilização digital" – é também uma "civilização da oralidade", seja na sua vida cotidiana, seja através de certo percentual de suas realizações culturais.

Não obstante os três grandes períodos que se apoiam no predomínio de uma "civilização do manuscrito", de uma "civilização do impresso" ou de uma "civilização digital", convém lembrar que estas "unidades de época" se referem apenas ao modo *predominante* de divulgação da escrita textual pública. Afinal, quando um novo padrão de lidar com a feitura e divulgação de textos se estabelece, este não cancela, de modo algum, as práticas relacionadas aos padrões históricos anteriores. O próprio aparecimento histórico da escrita com as primeiras civilizações urbanizadas – evento matricial que introduz essa grande sequência de possibilidades de textualização que definiremos como três sucessivas "unidades de época" (a do manuscrito, a do impresso e a do digital) – não excluiu, como já mencionamos, o padrão da oralidade. Além da fala mediar uma parte preponderante das relações humanas, podem ocorrer mediações e trânsitos diversos entre o oral e o escrito (este último na sua forma manuscrita, impressa ou digital). O discurso escrito pode ser lido em voz alta. A entrevista, uma vez pronunciada, pode ser transcrita manualmente para o papel, e depois circular através de um jornal sob a forma impressa (ou mesmo ser disponibilizada em algum site através de recursos já típicos da civilização digital). O texto de teatro, é o que dele se espera, pode dar origem a uma performance pública, oralizada. Filmada esta performance, ou digitalizado o seu roteiro, ambos podem ser disponibilizados digitalmente na Internet.

Da mesma forma, por um lado é verdade que a ampla difusão da imprensa no século XV introduz, segundo nossa construção historiográfica, uma nova "unidade de época" que traz para o centro do cenário histórico uma "civilização do impresso" com todas as suas implicações[67]. Mas é evidente que as pessoas continuam até hoje a escrever textos a mão. As cartas, por exemplo, seguem sendo escritas a mão durante toda a "era dos impressos", embora a partir de certo momento também passem a conviver com a máquina de escrever[68]. Dito de outra maneira, se como historiadores temos um manuscrito sob os nossos olhos, devemos nos perguntar antes de mais nada se é um manuscrito que foi produzido na "era dos manuscritos", na "era dos impressos", ou na "era digital". Para o texto impresso por meios mecânicos, podemos nos perguntar se é um produto textual da própria "era dos impressos", ou se é um impresso que já convive com a "era digital". Pode-se dar o caso, ainda, de que antigos manuscritos sejam posteriormente passados para o impresso (o primeiro impresso de larga distribuição não foi uma *Bíblia* editada por Gutenberg?). E estes mesmos manuscritos antigos não tardarão a ser digitalizados, seja diretamente conforme o estilo *fac-símile*, seja mediados por suas versões impressas.

---

[67] É a combinação de um maquinário capaz de produzir livros impressos em série com a difusão desse novo modo textual para a sociedade mais ampla – o que de fato ocorreu com a produção livresca que se inicia com a Bíblia posta a circular por Gutenberg – o que sinaliza a nova "era dos impressos". Por outro lado, sabe-se que em outros espaços-tempos já haviam sido construídos dispositivos mecânicos com vistas à impressão, a exemplo de uma invenção de Bi Cheng (990-1051), na China do século XI. Antes disso, e ainda na própria China, tem-se o registro de impressos xilogravados (o mais antigo que chegou até nós data de 932 e.C.), e em tempos ainda mais anteriores (II e.C.) sabe-se da ocorrência de impressão em papel – outra invenção chinesa – a partir de blocos matriciais de pedra que eram pressionados contra a superfície a ser impressa. Entrementes, estes precursores ainda não introduzem uma "era dos impressos", pois o que caracteriza socialmente o surgimento de um novo padrão tecnológico-civilizacional é a sua difusão efetiva por setores amplos da população. Uma analogia ajudará a entender isso. A Internet já havia sido introduzida nos meios militares e científicos nos anos 1960. Contudo, é só nos anos 1990 que a Internet se espraia como um fenômeno capaz de afetar a sociedade como um todo, e é por isso que se pode dizer que somente nesta década temos os primórdios efetivos de uma "civilização digital". O mesmo raciocínio deve ser empregado para a "era dos impressos".

[68] O primeiro dispositivo mecânico de escrita individual data de 1714, com uma invenção atribuída a Henry Mill, e em 1808 Pellegrino Turri introduz um sistema de teclado que seria aperfeiçoado em 1843 por Carlos Thuber. Com relação à produção industrial de máquinas de escrever, a Remington será a primeira empresa a se estabelecer no mercado. A partir daí, seu uso se expande nas empresas de todos os tipos e na vida privada.

As três grandes eras textuais, enfim, não cancelam as suas antecessoras. Como se fizessem parte de uma interminável composição musical polifônica que gradualmente vai oferecendo a entrada de novos temas musicais, os novos modos textuais apenas se apresentam em certo momento como uma melodia dominante que passa a se superpor e a conviver com as melodias antecedentes. Assim, a civilização digital, além de suas próprias práticas trazidas a primeiro plano, ainda contém a civilização do impresso, a civilização do manuscrito, e a civilização de oralidade. Ela é uma "civilização digital" porque este novo mundo que a constitui passa a ser francamente regido pela internet, telefonia celular e recursos digitais, bem como pelo espraiamento dos computadores e práticas informacionais, com a consequente adaptação do textual a todas estas novas possibilidades. Uma civilização é digital não por ter banido a forma impressa e as práticas manuscritas, e muito menos a oralidade.

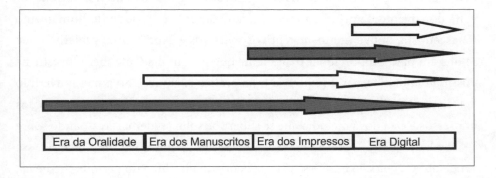

Figura 2: A sucessão de 'unidades de época' relativas à textualização

Conforme veremos mais adiante, a "era dos manuscritos", a "era dos impressos" e a "era digital" trazem para as fontes textuais, e para as suas possibilidades de análise, cada qual as suas próprias implicações. Existem problemas e práticas textuais que são típicos de cada uma destas eras ou linhas de ação em relação ao "textual". Oportunamente veremos que são peculiares aos primeiros tempos da "era dos manuscritos" as *refundições* – práticas relacionadas à produção de textos que incorporam textos anteriores, terminando por refundi-los e por estabelecer uma espécie de produção textual coletiva na qual diversas autorias – em geral não nomeadas explicitamente e pertencentes a épocas distintas – convivem em um único resultado final. O conceito ficará claro mais adiante. Também podemos pensar nas implicações das práticas digitais contemporâneas – alternando-se entre a permanência e a efemeridade – ou naquelas que se referem à "era dos impressos", com suas estratégias editoriais específicas. A posse de um livro (e as possibilidades de seu acesso) tinha implicações distintas na Antiguidade e na Idade Média, em contraste com o mundo da ampla distribuição de livros impressos[69]. Enquanto isso, a fácil disseminação de textos pela internet coloca um novo problema.

É oportuno destacar ainda que, nesta grande polifonia que metaforicamente apresenta três ou quatro melodias paralelas – a oralidade, a prática manuscrita, a impressão e a digitalização – o advento de uma nova prática, além de estabelecer-se sobre as outras como uma melodia que passa a dominar as demais, também decorre de demandas geradas na própria época anterior. Uma civilização do impresso, por exemplo, só se estabeleceu graças ao desenvolvimento anterior de uma civilização manuscrita, e por causa das demandas geradas neste mundo anterior. Assim, por volta do advento da primeira modernidade durante o período do humanismo renascentista, houve muitos incentivos objetivos e expectativas subjetivas que se uniram para proporcionar o ambiente que permitiu a Gutenberg investir na possibilidade de tornar a imprensa uma prática exequível. Só a mera invenção dos dispositivos mecânicos não teriam sido suficientes para introduzir a era dos impressos – esta nova melodia que se superpõe sobre as demais ressoando sobre a sociedade inteira – pois se apenas a invenção de um novo mecanismo fosse suficiente a revolução impressa já teria ocorrido na China do período medieval, quando surgem alguns inventos nesta direção.

O que ocorre é que os tradicionais *scriptoria* medievais, produtores de manuscritos, já não estavam dando mais vazão às demandas por livros. O universo de indivíduos alfabetizados se ampliava no mundo laico, mas o próprio universo de consumidores tradicionais de livros, os eclesiásticos, também se ampliava. As necessidades destes novos produtos – os livros que pudessem alcançar partes mais significativas da população – eram já evidentes. Foram estas novas demandas, saídas da própria era dos manuscritos, que possibilitaram o advento e a consolidação da era dos impressos. Também não haveria possibilidade de se estabelecer

---

[69] Com relação aos problemas sociais suscitados pela posse de um livro manuscrito na Idade Média, cf. BARROS, 2007, p. 273-296.

a civilização dos manuscritos se não tivessem surgido condições objetivas, para os primeiros impressores, de alcançar novos mercados. Foi preciso também formar um novo universo de consumidores de livros, além dos leitores tradicionais, que vinham majoritariamente da Igreja: era preciso estimular o interesse de novos grupos em não apenas ler, mas adquirir livros, e isto também foi feito, e tornou-se possível de ser feito em uma sociedade humanista que começava a aflorar na Europa. O preço, obviamente, também precisava se tornar mais acessível. Tudo isso conspirou para a possibilidade de espraiamento do livro impresso pela sociedade como um todo, permitindo que se estabelecesse uma civilização do impresso.

Também é importante assinalar que o novo objeto-livro – um produto fixo e produzido em série – termina por repercutir na própria concepção sobre o que deveria ser um texto. O campo literário se reorganiza. Com a fixidez formal e material do livro impresso, as variantes textuais já não eram mais possíveis ou admitidas, tal como ocorria habitualmente na era dos manuscritos[70]. A liberdade de copiar livros, corrente na civilização dos manuscritos, já não encontrará mais um espaço no novo mundo do impresso, e menos ainda a liberdade de recopiar o texto já o modificando, interpolando passagens, misturando contribuições autorais de origens distintas em um texto que podia ser anônimo, como era o caso dos antigos textos sagrados para os quais a própria Bíblia oferece um exemplo importante. A autoria também se reestabelece como um fator importante: não mais apenas para fixar um lugar de fala que podia denotar autoridade, tal como ocorria no ambiente leitor da escolástica medieval, mas também porque o autor surge como função ligada a um mercado que movimenta recursos. Breve, ele começará a auferir direitos, inclusive de remuneração, sobre o que escreveu. A originalidade passa a ser cultuada como um fator importante. O aproveitamento textual indevido, não citado e referenciado corretamente, será desautorizado e futuramente punido. O plágio se afirmará como uma infração típica deste novo mundo de práticas textuais onde a autoria adquire novo significado. Para a questão da qual tratamos – a percepção do lugar de produção das fontes textuais – estes aspectos nos interessam de perto, na medida em que precisam ser considerados pelo historiador que deseja fazer uma análise adequada de suas fontes históricas.

---

[70] Voltaremos mais adiante, em um item posterior, quando discutirmos certas práticas típicas dos manuscritos antigos, como as interpolações e refundições.

Entre as novas estratégias editoriais, típicas de era nos impressos, há diversas que se referem à escolha e definição do formato do livro, e que, portanto, interferem na delimitação do formato do texto. A utilização de notas de pé de página (e a sua quantidade e extensão aceitável pelos editores), a organização de sumários anunciando o conteúdo dos livros, e itens remissivos dependendo do tipo de obra – eis aqui estratégias editoriais que se impõem à autoria e, portanto, ajudam a produzir um texto na era dos impressos. Há outras estratégias editoriais que incidem mais diretamente sobre a autoria, através de pressões editoriais com vistas à venda do livro como produto de mercado, direcionando também aquilo que pode ser preferencialmente escrito (ou, ao menos, ser publicado). Por exemplo, a certa altura, surge a possibilidade do texto encomendado (um editor sugere ou encarrega um autor de escrevê-lo). Obviamente que considerar a espontaneidade ou encomenda de um texto é algo imprescindível para a análise de um texto como fonte histórica, e também para definir o lugar de produção deste texto.

Há um aspecto extraordinário a ser considerado quando pensamos nos termos de uma "civilização do impresso" a partir da primeira modernidade. O livro foi efetivamente o primeiro objeto fabricado em série. Ou seja, de certo modo, o livro, já no início da modernidade, antecipa o padrão que seria típico da sociedade industrial a partir do século XVIII. Dotado de grande singularidade pelo seu conteúdo textual, o livro-objeto, entrementes, torna-se objeto produzido em série e com larga distribuição comercial. Os exemplares se multiplicam, podem atingir agora uma multidão de leitores, o que não teria sido possível na civilização dos manuscritos.

4.4 A falsificação da época nas fontes históricas

Neste momento, voltaremos à reflexão anterior sobre as tradicionais divisões da História em grandes épocas. Habitualmente, os historiadores não enfrentam maiores dificuldades em saber a época de produção de uma fonte histórica. Pode-se ter alguma dúvida ou suspeitas fortes em relação à autoria de um texto ou documento – e, nesses casos, é muito comum o uso de expressões como pseudo--Dionísio, pseudo-Aristóteles etc. – indicando que a atribuição autoral foi posta em questão ou mesmo rejeitada. Mais que sobre a época, pode-se ter dúvidas mais específicas em relação à datação precisa de um texto – embora, é claro, haja uma parte significativa de falsificações que indicam épocas totalmente distintas como momento de produção de um documento, tal como ocorreu com a falsificação de inúmeros diplomas eclesiásticos medievais ou com a famosa *Falsa Doação de Constantino*. Pode-se colocar em dúvida o lugar exato, ou a instituição sob cuja chancela o documento ou a fonte foi produzida. Há falsas autorias propositadas, e documentos anônimos; datas falseadas voluntariamente para produzir certos efeitos, ou datas involuntariamente falseadas, como ocorre nas ocasiões em que assinamos um bilhete com a data da semana seguinte porque sabemos que só ali ele será entregue, ou mesmo porque confundimos a data sem nenhuma intenção, ou então porque erramos a escrita ou digitação de um dos algarismos que a constituem, seja por distração ou ato falho.

Todas estas imprecisões não são raras em documentações de todos os tipos. Com relação à época, em geral os historiadores podem ter um maior domínio sobre as informações acerca de quando ela foi produzida. Pode-se errar na precisão, mas é muito mais difícil errarmos uma época, apesar das exceções que já apontamos (as falsificações medievais que tentam convencer o leitor de que o documento foi emitido por um antigo Imperador Romano, por exemplo). Ainda mais nos dias de hoje, há perícias técnicas capazes de avaliar a datação de materiais físicos, inclusive fósseis ("Carbono 14" ou outros métodos); os aspectos filológicos de um texto (palavras ou expressões que não poderiam estar ali, pois só entraram em uso tempos depois), fatores caligráficos (um tipo de prática manuscrita ou uma modalidade de letras que denuncia a verdadeira época em que o documento foi escrito).

O tipo de papel, papiro ou suporte de escrita pode oferecer indicações decisivas, assim como inúmeros outros aspectos. Há por exemplo a grilagem – um tipo de procedimento no qual se coloca um pedaço de papel em uma caixa com grilos e outros insetos para que seus dejetos contribuam para a produção, na superfície do papel, de amarelamentos similares ao dos documentos antigos. Com isso, pode-se tentar falsificar um documento de propriedade de terra, o que deu origem à expressão "grileiros". Tudo isso é possível, mas também há meios técnicos efetivos que proporcionam a possibilidade de identificar os falseamentos relativos à antiguidade de um documento. Deste modo, a época é um aspecto com o qual os historiadores podem trabalhar sem maiores percalços.

A possibilidade de falseamentos, de todo modo, precisa estar em linha de consideração no que concerne à coordenada "época" de um "lugar de produção" de uma fonte. Podemos evocar ilustrativamente o célebre caso da *Carta de Doação de Constantino* – um dos mais famosos documentos falsos provenientes da Idade Média, mas cuja inautenticidade só foi demonstrada no início da modernidade.

Elaborado por um monge na segunda metade do século VIII, este documento apresenta, desde a sua seção de abertura, inautenticidades relacionadas à sua datação e à autoria declaradas. O texto afirma ser um edito imperial assinado no século IV pelo imperador romano Constantino[71]. Entre outros conteúdos inverídicos – como a menção a uma miraculosa cura de lepra que teria sido realizada pelo Papa Silvestre em favor do Imperador – o principal aspecto do documento (na verdade, a própria razão de ser da falsificação) é a menção à doação de terras imperiais à Igreja Católica, que deveriam ser pretensamente administradas pelos sucessores do Papa[72]. Alguns séculos após o seu surgimento, o documento já começaria a ser contestado na própria Idade Média, mas a sua inautenticidade só seria definitivamente demonstrada, no início do período moderno, pelo humanista italiano Lorenzo Valla (1407-1457), que para tal se apoiou em diversas análises críticas[73].

O fato de ter sido percebida mais tarde como inautêntica não impediu que a *Carta de Doação de Constantino* prosseguisse sendo uma excelente fonte histórica. Ou seja, a desmistificação da antiguidade do lugar de produção da *Carta de Doação de Constantino*, com o reconhecimento de que esse lugar de produção era na verdade medieval, não desqualificou o documento como fonte histórica. Não era mais uma fonte, certamente, para compreender o período final do Império Romano, pois ela não constitui de modo algum um texto desta época. Em

---

[71] Imperador romano entre 306 e 337 e.C.

[72] A motivação para a falsificação deste texto refere-se ao cumprimento, em 756 e.C., de uma promessa feita pelo rei carolíngio Pepino ao papa Estêvão II. Este último havia solicitado ao rei que ele combatesse os lombardos para recuperar terras que haviam sido por eles tomadas à Igreja Católica. Contudo, a Igreja Romana precisava afirmar, em nome de sua futura independência em relação à monarquia franca, que as terras conquistadas já lhe pertenciam de direito. Daí surge a demanda por uma falsificação que sustentasse que a doação das terras em questão já havia sido há muito promulgada pelo Imperador Constantino, no século IV e.C. Consequentemente, a doação de Pepino configuraria apenas uma restituição, à Igreja, de terras que já lhe haviam sido doadas antes.

[73] Tratamos do exemplo da *Falsa Doação de Constantino* na obra imediatamente anterior a esta (BARROS, 2019), e aqui retomamos os aspectos comentados neste livro anterior. Sobre a demonstração de Lorenzo Valla, cf. GINZBURG, 2002, p. 64-79. Para situar a falsa doação de Constantino no contexto medieval do reino franco e da dinastia carolíngia, cf. FAVIER, 2004, p. 469.

compensação, é preciso considerar que se trata de uma excelente fonte para se compreender aspectos como a relação entre Igreja e Império na Alta Idade Média, as necessidades da Igreja em se salvaguardar diante de poderes temporais vários, as ambições expansionistas da Igreja Romana em relação a outros patriarcados da Igreja cristã[74], as singularidades do imaginário religioso naquele momento, e o próprio impacto da lepra no mesmo período, entre tantas outras questões que podem se amparar na análise do documento. Além disso, o texto é útil para compreender os modelos e fórmulas habituais para este tipo de documento, e também reafirma a posição ortodoxa da Igreja em relação a certas questões dogmáticas, pois as menciona de passagem com vistas a criticar certas opiniões que seriam consideradas heréticas[75].

Existem, de fato, muitas questões medievais importantes envolvidas no novelo textual e intertextual que se entretece em torno da *Carta de Doação de Constantino*. Graças a este documento falso, podemos compreender vários aspectos sociais, políticos, culturais e religiosos pertinentes à sociedade que o viu ser produzido. O documento falso, enfim, é ainda assim uma fonte, e a primeira questão que podemos a ele contrapor refere-se às motivações que levaram à sua falsificação. A inautenticidade eventual de certos documentos escritos, desta maneira, surge como um desafio instigante a ser enfrentado pelos historiadores, principalmente com relação a certos períodos e contextos. A Idade Média no período acima considerado, particularmente entre os séculos VIII e XII, apresenta inúmeras falsificações de diplomas, capitulares e decretos pontificais, o que fez Marc Bloch situar este período entre as "épocas mitômanas", nas quais as falsificações aparecem em maior quantidade[76]. Para outros períodos, poderíamos também

---

[74] No caso, havia disputas territoriais entre a Igreja Romana e as Igrejas da Antióquia, Alexandria, Jerusalém e Constantinopla; no documento, estas disputas são denunciadas pelo fato de que as terras cedidas ficam exatamente nestas regiões.

[75] A menção a uma posição de Constantino em favor da crença na Trindade – uma proposta que somente se afirmaria no cenário católico ortodoxo a partir de 381 e.C. – foi inclusive um dos indícios evocados por Lorenzo Valla para demonstrar a inautenticidade do documento.

[76] BLOCH, 2001, p. 99. O período de transição do século XVIII ao XIX é outra das "épocas mitômanas" citadas por Marc Bloch em *Apologia da História* (1942-1944), sendo o fenômeno por ele referido nos termos de uma "vasta sinfonia de fraudes" que recobre a Europa. O caso de maior destaque são os poemas pseudoceltas atribuídos a Ossian. Bloch também discorre sobre a divertida cadeia de documentos inautênticos produzidos, em 1857, pelo falsário romântico Varin-Lucas (BLOCH, 2001, p. 100).

citar ainda inúmeros casos históricos de falsificação de fontes e documentos – textuais, imagéticos, ou materiais – a exemplo das falsificações de fotografias na União Soviética de Stalin.

Hoje em dia, os meios disponíveis para surpreender as inautenticidades já estão amplamente dominados por historiadores, filólogos, arquivistas e especialistas de diversos tipos. A ocorrência ou recorrência de uma expressão ou vocábulo que não poderia estar presente em um texto de certa época, o padrão de escrita manuscrita que faz o documento destoar do estilo caligráfico que dele se esperava, a menção a rituais ou práticas que só teriam surgido anos depois, a fórmula textual ainda não usual que denuncia a intrusão de uma época sobre outra, a presença de papel como suporte para o texto, em lugar do papiro ou do pergaminho que seria o esperado para a época em questão – tudo pode amparar a crítica de autenticidade destinada a verificar se o documento realmente condiz com o espaço-tempo por ele declarado. Conferir a autenticidade, quando necessário, faz parte do conjunto de procedimentos relacionados ao que se costumava chamar de "crítica externa" do documento. Nos dias de hoje, a falsificação de documentos não é mais um problema que espreita o historiador, um tema de estudo a ser problematizado. A fonte falsificada ou inautêntica, que diz ser aquilo que não é, continua a ser uma fonte histórica que ainda revela algo aos historiadores.

4.5 Épocas cruzadas no interior de uma fonte

Há uma situação peculiar que envolve a copresença de épocas diversas, a partir dos diálogos intertextuais envolvidos nos discursos. Assim, um aspecto a considerar em relação ao problema da identificação e caracterização da época em que foi produzido o documento histórico é que, em casos muito peculiares, nem todo o texto tem apenas um só lugar de produção em termos cronológicos. A situação é menos comum nos tempos modernos e contemporâneos, mas é mais recorrente no período antigo e medieval, quando por vezes pode haver um significativo imbricado de épocas e autores que atuaram na produção de um texto depois tornado texto definitivo. Tomaremos como exemplo o conjunto das diversas narrativas bíblicas. Textos como o *Samuel* ou o *I e II Reis* apresentam, além de seu autor principal – que por sinal já construiu sua narrativa baseando-se em documentos mais antigos – mais dois ou três autores posteriores e outros tantos compiladores. Desta forma, trata-se de um discurso que sofreu alterações e interpolações[77]. Assim sendo, um historiador não pode se pôr a refletir seriamente sobre uma narrativa bíblica sem indagar pelos seus *lugares de produção do discurso*, caso contrário sua leitura será pouco menos ingênua que a de um fiel devoto que se ponha a meditar sobre o texto sagrado em uma manhã de culto dominical.

Um exemplo prático poderá ilustrar o problema. O livro *Samuel*, que nos fala dos reis Saul e Davi, tem por objeto o período anterior ao do livro seguinte – *Reis* – que no tempo do texto conta a história a partir de 970 a.C., com Salomão e seus sucessores. A certa altura da narrativa sobre Samuel encontramos a seguinte profecia sobre Salomão, que é posta na boca do profeta:

> "É desta forma que o rei vos governará: tomará os vossos filhos e os porá nas suas carroças, e fará deles moços de cavalos, e correrão adiante dos seus coches, e os constituirá seus tribunos, e seus centuriões, e lavradores dos seus campos, e segadores de suas messes, e fabricantes de suas armas e carroças. E fará de vossas filhas suas perfumadeiras, e cozinheiras, e padeiras. Tomará também o melhor dos vossos campos, e das vossas vinhas, e dos vossos olivais, e dá-los-á aos seus servos. E também tomará o dízimo dos vossos trigos, e do rendimento das vinhas, para ter o que dar aos seus eunucos e servos. Tomará também os vossos servos e servas e os melhores jovens, e os jumentos, e os empregará no seu trabalho. Tomará também o dízimo dos vossos rebanhos, e vós sereis seus servos" (1Sm 8,11-17).

Eis aqui uma profecia em que o profeta Samuel parece antecipar admiravelmente algumas medidas que de fato se verificariam no governo de Salomão, setenta anos depois, como o alistamento militar compulsório, o trabalho forçado nas grandes obras, e a tributação excessiva. Contudo, os estudiosos de textos vétero-testamentários têm poucas dúvidas em atribuir a profecia a uma interpolação de um dos dois autores posteriores do livro de *Samuel*, talvez aquele que escreveu já depois do exílio babilônico, cerca de quatrocentos anos depois do primeiro autor do livro. Neste caso, o trecho deixa de ser profecia para se tornar

---

[77] Sobre "interpolação", cf. BARROS, 2019. Uma "interpolação" pode ser definida como um texto ou fragmento de texto que é inserido em outro texto (ou junto a outro texto), *a posteriori*, completando o texto inicial (ou a série textual que já continha outras interpolações), tempos depois que a primeira redação ou o primeiro texto já havia sido concluído. O resultado é um texto aparentemente único, mas na verdade formado ou costurado por textos de muitos autores, cada qual proveniente de uma temporalidade distinta. Um grande número de construções textuais deste tipo nos é oferecido pela *Bíblia*, particularmente com o conjunto de textos que ficou conhecido como *Antigo Testamento*.

uma crítica à instituição da realeza, produzida depois de uma longa sucessão de fracassos que culminariam com o saque e destruição de Jerusalém por Nabucodonosor, em 587 a.C.

Percebe-se aqui que a identificação do lugar de produção de um texto – ou mesmo dos lugares de produção que podem se esconder no interior de um único texto, inclusive para além da sua autoria e certamente para além do próprio contexto interno exposto pela própria fonte – constitui uma operação analítica crucial, sem a qual as interpretações possíveis acerca de um texto podem chegar a distorções e deformações inconciliáveis com uma análise adequada. Já que mencionamos o caso dos textos bíblicos do Antigo Testamento – que, independente de seu investimento religioso pelos adeptos desta ou daquela religião, podem ser tratados como fontes históricas como todas as outras – é particularmente oportuno lembrar que temos nestes textos verdadeiras polifonias textuais, nas quais há diversas vozes e textos costurados ou entrelaçados, cada qual com o seu próprio lugar de produção.

Em um livro que precede a este, no qual desenvolvemos uma introdução ao uso historiográfico das fontes históricas[78], já trouxemos como exemplo os livros bíblicos do chamado *Pentateuco* para mostrar casos em que o mesmo texto, aparentemente unificado, é na verdade formado por autorias diversas ligadas a temporalidades ou espaços-tempos distintos. Portanto, são textos nos quais se entrelaçam, superpõem-se, ou então se sucedem em uma mesma sequência textual, diversos lugares de produção que precisam ser decifrados juntos pelos historiadores e analistas que pretendem analisar cientificamente o texto. Será oportuno retomar aquelas observações relacionadas a estes tipos de textos que podemos considerar como "fontes polifônicas".

A análise mais rigorosa destes cinco primeiros livros do Antigo Testamento – os quais constituem o conjunto textual que ficou conhecido em hebraico como *Torah*, e na terminologia cristã como *Pentateuco* – revela aos especialistas um peculiar entremeado de autores que escreveram em momentos bem diferenciados. Os estudiosos e exegetas bíblicos – assim como todos aqueles que têm se empenhado em ultrapassar a mera superfície de religiosidade à qual ficam adstritos os leitores comuns – costumam identificar, para cada um dos cinco textos

---

[78] *Fontes Históricas – Introdução aos seus usos historiográficos* (BARROS, 2019).

constituintes do *Pentateuco*, pelo menos quatro autores diferentes. Eles teriam vivido em momentos distanciados no tempo e foram batizados pelos analistas, pela ordem de antiguidade, de "javista" (J), "eloísta" (E), "deutoronomista" (D) e "sacerdotal" (P)[79].

De acordo com uma das linhas interpretativas aceitas, estes quatro autores – cujos textos e narrativas surgem entremeados, embaralhados e costurados nos livros do *Pentateuco* – teriam vivido respectivamente nos séculos X a.C., VIII a.C., VII a.C. e VI a.C. Há indícios que sugerem a possibilidade de que o autor "javista", por exemplo, tenha sido uma mulher da época do rei Salomão. Além disso os quatro autores também teriam vivido em espaços físicos distintos do antigo mundo hebraico (o norte ou o sul, e em regiões específicas). Por fim, podem ser identificadas algumas interpolações menores oriundas de outras autorias e produzidas em outros momentos, as quais serviram muito bem para ajudar a costurar os quatro autores principais.

Tomemos este exemplo para nossa reflexão sobre o "lugar de produção" nas fontes históricas. Ao contrário dos textos que possuem um único autor, não existe apenas um único lugar de produção neste tipo de textos polifônicos (textos construídos a muitas vozes, sendo que neste caso estas vozes estão superpostas em temporalidades distintas). Podemos dizer que existe, sim, um único "lugar de compilação" se considerarmos o manuscrito final que se estabilizou e deu origem às futuras cópias impressas. Uma compilação é uma reunião de textos diversos, tal como ocorreu com este grande conjunto textual que é a Bíblia. Os diversos textos que constituem a Bíblia, como por exemplo seu primeiro livro – o *Gênesis* – foram também compilados em algum momento específico, embora os materiais com os quais os seus últimos compiladores lidaram tenham sido oriundos de momentos diversos. O autor-compilador que promoveu a compilação final do *Gênesis*, por exemplo, foi provavelmente o autor-fonte que ficou conhecido como Sacerdotal (P). No entanto, ele não apenas acrescentou no resultado final trechos de sua própria autoria, como copiou e entremeou textos que recebeu de uma tradição anterior.

---

[79] O "P" que é habitualmente designado para representar a fonte sacerdotal vem do inglês (*The Priestly source*).

Isso faz dos livros do Antigo Testamento textos tão interessantes como desafiadores para a análise historiográfica, pois neste caso não podemos identificar um único autor, e tampouco um só lugar de produção. No *Gênesis*, por exemplo, os textos que podem ser atribuídos ao autor que passou a ser chamado de Javista (J), e ao que ficou conhecido como Eloísta (E), têm mesmo uma reentrância maior do que o texto do último dos quatro autores, o Sacerdotal. Às vezes o Javista e o Eloísta aparecem entremeados no *Gênesis* (ou o eloísta sobre o javista, pois o primeiro refez algumas narrativas do segundo). Outras vezes eles aparecem costurados: uma narrativa escrita pelo Javista sucede uma narrativa que foi identificada como tendo sido escrita pelo Eloísta. Outras vezes surge o meticuloso trabalho textual do Deuteronomista, uma terceira voz que se esconde no interior deste texto bíblico, e que também tem o seu próprio lugar de produção em um outro espaço-tempo (no caso o século VII a.C.). Já o Javista – talvez uma mulher que viveu na corte do rei Salomão – está ancorado no seu próprio espaço-tempo (o reino de Judá, no sul da espacialidade hebraica, durante o século X a.C.). Enquanto isto, o Eloísta teria sido um autor do século VIII a.C. que teria vivido na Samaria, ao Norte. De sua parte, o Deuteronomista talvez não tenha sido nem mesmo um único autor, mas sim uma escola de autores unificada por um estilo único. Por fim, o Sacerdotal (P), o último dos principais autores do Pentateuco, começa a escrever suas narrativas nos tempos do exílio judaico na Babilônia (550 a.C.).

É claro que cada uma destas situações, ou lugares de produção, tem as suas próprias implicações. Uma mulher da corte de Salomão no século X – vamos adotar a hipótese de Bloom e Rosenberg (1992), que assim concebe o autor javista – teria necessariamente uma visão de mundo bem distinta de um sacerdote que começa a escrever suas contribuições para o resultado textual do Pentateuco a partir do século VI a.C. e no exílio babilônico. Este último possui seu próprio estilo literário, uma perspectiva teológica específica e um vocabulário singular, embora construa habitualmente as suas seções narrativas a partir de materiais que à sua época já existiam consolidadamente, geralmente decalcando-as da autora "javista" (que, por sinal, já havia recolhido os seus próprios enredos de uma tradição oral preexistente). Além disso, escrever do exílio, a partir da perspectiva de um povo dominado que vive em terra estrangeira, é uma circunstância bem distinta de escrever de uma bem situada posição na corte de um poderoso rei.

Alguns lugares de produção diferenciados, conforme podemos ver, confrontam-se no interior dos antigos textos vétero-testamentários. Temos aqui autores – e na verdade distintas temporalidades e espacialidades físicas e sociais – que se alternam, entrelaçam-se, superpõem-se, recobrem-se uns aos outros. Aproximar-se de um texto destes para um estudo sério não é algo banal. Trouxe o exemplo da Bíblia – um caso bem mais complexo que a maioria dos textos no que se refere ao "lugar de produção" – apenas para ilustrar a importância de se compreender bem o lugar espacial, temporal e social de um autor, se realmente desejamos compreender em maior nível de profundidade um texto por ele escrito.

Poderíamos considerar também exemplos de multiplicidade autoral ou de duplo lugar de produção em textos da Idade Média, como é o caso do célebre poema-alegoria *Roman de la Rose*, escrito na França em dois momentos bem diferenciados: 1230 e 1275. Trata-se de um poema alegórico sobre o Amor, em duas partes, sendo que a primeira parte foi composta por Guilherme de Lorris em 1230, dentro de um espírito inteiramente sintonizado com a concepção do Amor Cortês. Já a segunda parte foi composta em 1275 por Jean de Meung, refletindo uma concepção radicalmente diferente, já que deprecia o amor idealizado da primeira parte e investe em uma concepção mais sensualizada e mesmo cínica acerca da relação amorosa entre homens e mulheres. Temos aqui uma modalidade textual mais rara em que uma parte do texto contradiz frontalmente a outra, sem esconder esta intenção, e até nutrindo-se dela.

Era também muito comum nos tempos medievais um outro tipo de ocorrência na qual as temporalidades não tanto se sobrepõem no texto final sob a forma de diferentes vozes que se entrelaçam, cada uma vinda de um "lugar de produção" distinto (tal como ocorre com alguns dos textos bíblicos do *Antigo Testamento*), ou tampouco se sucedem uma à outra em sessões diferenciadas que são claramente demarcadas uma em relação à outra (tal como ocorreu com o *Romance da Rosa*, referido anteriormente). A situação que comentaremos agora é a da chamada "interpolação". Uma interpolação, tal como já foi mencionado em nota anterior, é um texto ou fragmento de texto que um autor posterior insere (interpola) dentro de um texto que já existe. Esse autor posterior – que aqui chamaremos de "interpolador" – pode fazer isso sem declarar que o fez; ou então, ao contrário, pode anunciar bem claramente a sua interpolação, apresentando-a diretamente ao seu leitor.

As condições para a possibilidade de ocorrência de interpolações em um texto aparecem com bastante frequência quando estamos diante de uma "refundição", uma operação que era bem típica do trabalho textual desenvolvido pelos antigos cronistas da "era dos manuscritos" (Antiguidade e Idade Média), mas que também não deixa de se fazer presente no período moderno, já na "era dos impressos", ou mesmo de adentrar a peculiar "era dos textos digitais", já a partir de novas práticas e formatos. No próximo item, examinaremos a prática cronística da refundição, considerando que ela trará para o centro da nossa discussão alguns dos principais aspectos pertinentes ao entrelaçamento dos "lugares de produção" nas fontes históricas. O item também favorecerá uma especial tomada de consciência acerca de alguns dos problemas que devem ser considerados pelos historiadores para fontes típicas da "era dos manuscritos".

4.6 Refundições e interpolações na "era dos manuscritos"

Para entender o que é "refundição" – um recurso muito comum nos antigos conjuntos de textos manuscritos – traremos neste momento o exemplo dos chamados "livros de linhagens", fontes de natureza genealógica que provêm de Portugal e da Espanha do período medieval. Comecemos com algumas palavras sobre a especificidade deste gênero textual tão específico.

As genealogias, de modo mais geral, são fontes discursivas que se propõem primariamente a expor ou listar sequências familiares completas de indivíduos, com um ascendente e seus desdobramentos em descendentes através de uma sistemática sucessão geracional, além de listar também os sucessivos casamentos e filhos oriundos destas uniões matrimoniais entre diversas famílias. Todos nós já nos deparamos, em algum momento da vida, com uma "árvore genealógica": uma espécie de esquema no qual a família extensa vai sendo organizada através de sucessivas gerações através de nomes que se ligam uns aos outros por linhas de filiação (descendência) ou afinidade (casamentos). Por exemplo, poderíamos ter na figura abaixo uma seção de uma destas "árvores genealógicas":

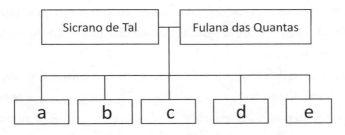

Figura 3: Seção de árvore genealógica

"Sicrano de Tal" e "Fulana das Quantas", ao se casarem em certo momento de suas vidas, tiveram cinco filhos – "a", "b", "c", "d", "e" – , e alguns destes, ao contraírem relações conjugais de diversos tipos, irão gerar seus próprios filhos e assim dar encaminhamento a uma certa descendência que depois dará curso a novas ramificações e também ampliará o esquema familiar. O delineamento de esquemas genealógicos em forma de "árvore" (ramos que partem de um tronco e se desdobram em novos ramos) é uma prática muito comum entre aqueles que se interessam em levantar a sua história familiar. Por outro lado, também poderíamos ter textos genealógicos em forma de relato. É igualmente comum, por exemplo, o texto genealógico que, a partir da evocação primordial de um antepassado comum, começa a relatar a sua descendência: "Pedro Costa Silva casou-se com Maria Paes e tiveram como filho Marcos Paes da Silva. Este, ao casar-se com Arlete Moraes, teve cinco filhos, entre os quais João da Silva, que veio a casar-se com Marieta Pinto de Andrade gerando como filho primogênito Sicrano de Tal, o mesmo mais tarde viria a se casar com Fulana das Quantas etc. etc."

Este tipo simples de texto, que se dispõe a apresentar em frases mais ou menos estereotipadas as sequências esquemáticas de uma árvore genealógica, já constitui uma genealogia propriamente dita. Entrementes, existem modelos de textos genealógicos mais complexos, alguns lançando mão de descrições de aspectos físicos e detalhes biográficos dos personagens citados nas sucessões familiares, ou mesmo narrando episódios anedóticos ou aventuras nos quais estes personagens se envolveram. Este modelo mais complexo de genealogia – um gênero textual híbrido que mescla a mera lista genealógica com a crônica – pode inclusive se ampliar não apenas para abarcar uma única família, mas todo um grupo social como a nobreza (esse é o caso dos chamados "nobiliários"), ou então para contar a história dos reis e rainhas ligados às dinastias que se sucederam no poder monárquico de um país.

Da Idade Média ibérica, vindos de países como Portugal e Castela, chegaram até nós alguns nobiliários ou "livros de linhagens" – genealogias que se propunham a expor sucessões linhagísticas relacionadas às diversas famílias da nobreza ibérica e que, no entremeado destas exposições de casamentos e filiações, apresentavam também narrativas envolvendo heróis e traidores familiares. As narrativas que aparecem nos livros de linhagens são dos mais diversos tipos e tamanhos, indo desde os comentários muito simples e pequenos que explicam a origem de um nome ou sobrenome, até anedotas depreciativas, relatos míticos, narrativas históricas relacionadas a eventos que efetivamente aconteceram, narrativas que se aproximam da criação literária, aventuras relacionadas a um personagem familiar que se quer exaltar, pequenas sagas envolvendo gerações de uma mesma família, informações sobre doações de nobres a mosteiros, narrativas exemplares que revelam pretensões didáticas e confluem para uma espécie de "moral da história", e assim por diante. Os tamanhos dos relatos inseridos entre as meras descrições de nomes e listas de casamentos e descendências são variados, indo dos curtos comentários de duas ou três linhas a longas narrativas de muitas páginas.

Antes de prosseguir, vou dar um exemplo concreto para esclarecer melhor esta forma textual peculiar que se funda na alternância entre a "listagem genealógica" e um "modo narrativo" que relata casos ou eventos relacionados aos personagens mencionados na descrição genealógica propriamente dita. Depois disso, retornarei às questões que nos interessam mais particularmente para o desenvolvimento de uma reflexão sobre a prática da cópia de manuscritos, das refundições e das interpolações. Consideremos o trecho abaixo, extraído de um dos livros de linhagens da Idade Média ibérica:

> "Este dom Rodrigo Gonçalvez era de vinte annos, e com seu poder foi em muitas fazendas, e diziam por el as gentes que nunca virom taes vinte annos. [...Prossegue por uma enumeração e nomeação dos descendentes de Dom Rodrigo Froiaz e de Dom Rodrigo Gonçalvez de Pereira, seu neto, donde descendem os 'Pereiras', chegando por fim a dom Rodrigo Gonçalves...]
> Este dom Rodrigo Gonçalvez foi casado com dona Enês Sanches. *Ela estando no castelo de Lanhoso, fez maldade com uu frade de Boiro, e dom Rodrigo Gonçalvez foi desto certo. E chegou e cerrou as portas do castelo, e queimou ela e o frade e homees e molheres e bestas e cães e gatos e galinhas e todas as cousas*

> vivas, e queimou a camara e panos de vistir e camas, e non leixou cousa movil. E alguus lhe preguntarom porque queimara os homees e molheres, e el respondeo que aquela maldade havia XVII dias que se fazia e que nom podia seer que tanto durasse, que eles nom entendessem algua cousa em que posessem sospeita, a qual sospeita eles deverom descubrir.
> Depois, foi este dom Rodrigo Gonçalvez casado com dona Sancha Anriquiz de Porto Carreiro, filha de dom Anrique Fernandez, o Magro, como se mostra no titulo XLIII, dos de Porto Carreiro, parrafo 3º, e fez em ela dom Pero Rodriguez de Pereira e dona Froilhi Rodriguez. Este dom Pero Rodriguez de Pereira lidou com dom Pero Poiares, seu primo..." [e assim por diante...] (LL 21G11)[80].

O trecho em itálico corresponde a um segmento narrativo que interrompe o discurso genealógico simples – mera descrição de nomes, casamentos e descendências. Dito de outra forma, uma narrativa emblemática e impactante foi interpolada no modo genealógico propriamente dito, ao qual retornamos logo depois. Com o pequeno relato que foi interpolado em sua descrição de ascendentes e descendentes familiares, o genealogista deixa por um instante de registrar exclusivamente as relações de parentesco para passar a narrar um pequeno caso que envolve o último indivíduo mencionado na lista genealógica.

Pela narrativa, sabemos que o nobre em questão fora traído pela esposa, mas que também se vingou exemplarmente – não apenas dos amantes adúlteros, como também de uma pequena população talvez conivente com a transgressão. A narrativa funciona em múltiplas direções. Antes de qualquer coisa, confirma a honra do nobre vingador, ajudando a delinear a sua personalidade e reafirmando o seu valor no universo simbólico linhagístico – isto ao mesmo tempo em que deprecia a honra da esposa adúltera, e talvez de seus eventuais filhos e netos (que, aliás, não são mencionados na sequência genealógica). Como o nobre em questão foi casado uma segunda vez, segundo a descrição genealógica que se segue, vê-se algo valorizado este novo ramo linhagístico por contraste com o primeiro ramo, manchado pela antepassada adúltera. Ora. Este ramo que parte do segundo casamento é precisamente aquele que vai desembocar na família dos "Pereiras", patrocinadora de um refundidor do *Livro de Linhagens* que, em 1382, introduz no texto a narrativa interpolada.

---

[80] O trecho foi extraído do *Livro de Linhagens do Conde Dom Pedro*, genealogia sobre a qual falaremos mais adiante e cuja abreviatura usual é LL. O n. "21" refere-se à seção do livro (o título XXI), e "G11" à localização mais específica.

Por aí é possível vislumbrar algo das motivações enaltecedoras e depreciativas de que pode vir carregado um relato como o que acabamos de examinar, mormente quando inserido em uma sequência genealógica específica. Os livros de linhagens eram lidos pelos membros da nobreza e da realeza; a distinção de um personagem, por isso, tinha um valor social relevante. Por outro lado, esta narrativa justifica, talvez, uma violência praticada por um nobre contra toda uma aldeia (uma violência que terá efetivamente ocorrido ou uma violência que se coloca como passível de ocorrer no mundo imaginário). Mas, sobretudo, a narrativa transmite aos seus leitores-ouvintes um *exemplum* – oferecendo um padrão de moralidade que fixa parâmetros cavaleirescos e que estabelece interditos de várias espécies[81].

Sobre o último aspecto, quero ressaltar que – ainda que nos dias de hoje uma vingança tão impiedosa pudesse ser questionada e evocada como aspecto negativo em relação àquele que a praticou – na época de produção desta fonte histórica foi exatamente a descrição deste episódio o que foi escolhido para ilustrar o caráter de um nobre que defendeu a sua honra até às últimas consequências. "Não deixar nada vivo" – depois de perceber que tinha sido traído pela esposa e que, na aldeia sob o seu domínio, ninguém o alertou para o que estava acontecendo – não foi considerado pelo cronista como um ato propriamente brutal, mas sim como um legítimo gesto de defesa da própria honra: algo que devia ser valorizado. Este aspecto nos alerta mais uma vez para a importância de se compreender o "lugar de produção" de uma fonte para o correto entendimento da mensagem por ela encaminhada. Ao analisar um texto, temos de compreender os valores vigentes na época, na sociedade e no grupo social que conformam o seu lugar de produção.

Voltemos, por ora, às questões que nos interessam mais diretamente, e consideremos novamente o conjunto de textos que habitualmente compõem um livro de linhagens. Como fontes de autoria anônima, mas escritas a muitas mãos (uma

---

[81] Os *exempla* (plural de *exemplum* em latim) – ou os chamados "exemplários", que eram grandes coletâneas de exemplos sob a forma de fábulas, lendas, anedotas, relatos ou ainda historietas apresentadas como verdadeiras – constituíam um gênero literário de intenções pedagógicas que existiu desde a Antiguidade e que se tornou extremamente comum na Idade Média, particularmente a partir do século XIII. Apenas para citar algumas coletâneas históricas classificáveis neste gênero, podemos lembrar o *Libro de lós Gatos*, de Odo de Cheriton (1220) [KELLER, 1958] ou o *Orto do Esposo*, de autor desconhecido da Idade Média portuguesa (séc. XIV) [MALLER, 1956]. Por outro lado, os *exempla* podiam ser inseridos em obras e discursos de natureza variada, como os tratados políticos, as pregações religiosas, ou as próprias genealogias.

vez que a feitura completa de um livro de linhagens se estende no tempo por mais de uma geração), os livros de linhagens proporcionam exemplos bastante significativos de diálogos intertextuais, com múltiplas vozes entremeadas no mesmo texto, bem como confrontos polifônicos, por vezes explícitos. Observemos mais de perto estas fontes e o que elas nos têm a dizer acerca das estratégias textuais e operações documentais típicas da época – tais como as cópias ou apropriações de fontes similares, as refundições do mesmo conjunto documental e as práticas de interpolações.

Lembremos, inicialmente, que estas fontes pertencem efetivamente à "era dos manuscritos". A imprensa só seria inventada dois séculos mais tarde – ao menos se considerarmos que um invento só tem maior significação no momento em que passa a produzir efeitos sobre a sociedade – e os livros destes tempos medievais tinham de ser escritos e desenhados a mão[82]. Muito habitualmente, os monges de variadas ordens religiosas costumavam ser encarregados desta tarefa – pois todos sabiam ler e escrever, ao contrário do que ocorria com grande parte da população. Alguns mosteiros até mesmo se especializavam em sistematicamente produzir ou copiar livros e manuscritos, não tão somente ou necessariamente religiosos, o que ocorria através de um meticuloso trabalho nos seus *scriptoria*[83].

Serviços de escrita ou de elaboração de livros laudatórios em relação a grandes famílias nobres também podiam se dar como forma de retribuição a patronos que ajudavam os mosteiros e ordens religiosas a se manter. Sabe-se, aliás, que o mosteiro beneditino de Santo Tirso foi responsável por pelo menos uma das refundições de um dos mais conhecidos nobiliários portugueses do período medieval:

---

[82] É interessante observar que, entre a "era dos manuscritos" e a "era dos impressos" – esta iniciada em 1439 com a invenção do dispositivo de impressão e consolidada em 1455 com a publicação da *Bíblia* editada por Gutenberg –, ainda ocorrerá uma certa mediação estilística concernente ao padrão de feitura de livros, apesar do enorme salto tecnológico que se deu com a invenção da imprensa no que se refere à produção material de exemplares de livros. Assim, os *incunábulos* – livros impressos na primeira fase da imprensa com tipos móveis – ainda procuravam imitar os manuscritos, e somente a partir de 1500 os livros impressos começam a adotar o seu padrão visual mais moderno. A retomada da possibilidade de escrita digital de letras em formato gótico e outros padrões manuscritos, a partir do final do século XX, recoloca um interessante diálogo entre a "era do texto digital" e a "era dos manuscritos".

[83] *Scriptoria*, em latim, é o plural de *scriptorium* – que pode ser definido como uma oficina onde os monges trabalhavam na produção, cópia e restauração de livros, ou de interesse da Igreja, ou atendendo a encomenda de grandes casas da nobreza ou mesmo da realeza.

o *Livro de Linhagens do Conde Dom Pedro*. Este livro foi produzido entre 1340 e 1344, mas contou com refundições posteriores que o ampliaram e reatualizaram, providenciando a inclusão de novos nomes de nobres com suas descendências e também narrativas adicionais sobre eles. Para o caso do *Livro de Linhagens do Conde Dom Pedro*, houve uma refundição que foi realizada entre os anos de 1360 e 1365, e outra elaborada entre 1380 e 1383. Por fim, uma quarta redação do livro corrigiu algumas rasuras e suprimiu algumas poucas narrativas (pois a refundição, se de um lado podia *acrescentar*, também podia *excluir* trechos de uma obra atualizada, embora fosse mais comum que ocorresse antes a adição de interpolações que a exclusão de trechos). A cópia desta última refundição foi a que chegou aos historiadores de hoje, através de dois manuscritos que estão na Biblioteca da Ajuda e na Torre do Tombo, em Portugal.

Não é propriamente nossa intenção detalhar o percurso desta grande fonte genealógica e narrativa – o *Livro de Linhagens do Conde Dom Pedro* – o qual evoluiu do texto original de 1340 para três refundições e algumas cópias das quais pelo menos duas sobreviveram até nossos tempos. Apenas recuperamos o percurso desta fonte medieval para mostrar duas situações que eram muito comuns na "era dos manuscritos": a "cópia", na qual o escrivão busca reproduzir fielmente o texto original (às vezes cometendo erros involuntários), e a "refundição", na qual o escrivão se dá ao direito de ampliar o material, juntar-lhe outras narrativas e até mesmo inventar algumas, às vezes sob a forma de uma interpolação cuidadosamente bem encaixada em uma sessão que já havia no texto original. A refundição também permite a criação de novas seções, tal como ocorreu com o título XXI deste livro de linhagens, uma seção inteira que tem sido atribuída ao segundo refundidor – possivelmente um monge interessado ou motivado em exaltar a família nobre dos Pereiras, que se beneficia de muitos trechos laudatórios neste manuscrito[84]. Aqui podemos ver que uma "refundição" permite e mesmo favorece estes tipos de operações textuais, e, de fato, o próprio conceito envolvido nesta prática deriva de uma imagem inspirada na "refundição de moedas", dando-se a entender que o refundidor é livre para acrescentar novos materiais e conteúdos ao conjunto textual que já existe.

---

[84] A narrativa exposta anteriormente, enaltecedora da defesa extremada da honra por um dos nobres pertencentes a esta linhagem, é um dos exemplos que podem ser evocados.

Com relação ao "livro de linhagens" do qual presentemente tratamos, há situações em que se percebe claramente que um refundidor posterior interpolou comentários ou novos segmentos textuais em uma narrativa já estabelecida no documento original. Pode-se concluir isto através de indícios vários, como a menção a batalhas que não ocorreram na primeira versão do texto, citações de novos personagens que somente surgiram depois, utilização de palavras ou expressões que não poderiam existir no original, e assim por diante. Com as refundições que o beneficiaram, o próprio texto linhagístico converte-se em espaço para múltiplos enfrentamentos sociais e para tensões implícitas, mormente nos casos em que o refundidor propõe-se a corrigir uma injustiça cometida por um relato anterior contra este ou aquele nobre. É com esta intenção, por exemplo, que o refundidor de 1383 introduz – em referência a uma narrativa que se tornara bem conhecida através de outros livros de linhagens – uma nova versão do mesmo caso, cuidando de precedê-la pelo seguinte comentário, escrito em bom português arcaico:

"E nós fesemos muito, em nosso tempo, pera saber a verdade deste feito, si passara assi como aqui é escrito. E achamos [...] que esto fora apostila de mal dizer, porque eles ouviram dizer a seus padres e a muitos que forom daquel tempo, que a esto forom presentes, como adeante diz, que o feito passara assi..." (LL 35A1).

A partir daí, o refundidor do livro introduz uma nova narrativa, que pretende corrigir o comentário anterior, aquele que havia motivado o remendo, e, com isso, termina por reclassificar o nobre depreciado no primeiro relato em herói aos olhos dos seus sucessores e leitores da obra. Esta situação explícita de um autor que entra por dentro do texto que está copiando, recompilando ou editorando, para introduzir declarativamente os seus próprios comentários ou inserir trechos narrativos cuja autoria não é disfarçada, era bem mais rara, na era dos manuscritos, do que a situação mais velada dos autores que se insinuam sob a aparência de um narrador único[85].

De todo modo – estejamos diante de uma interpolação oculta ou de uma inserção textual assumida abertamente – em uma e outra destas situações verifica-se a ocorrência do lugar de produção duplicado, polifonizado, desdobrado

---

[85] A "era dos impressos", aliás, também trouxe consigo, para o centro da prática da escrita, a figura do autor. De certo modo, também temos aqui uma "era da autoria". O livro tornado produto, reprodutível, desde a invenção da imprensa, também é preferencialmente um livro escrito por um certo autor.

por dentro de si mesmo, tal como já vimos para o caso dos textos bíblicos e das fontes medievais atrás mencionadas.

Conforme pudemos ver até aqui, um livro antigo ou medieval da "era dos manuscritos", tal como o *livro de linhagens* que trouxemos a título de exemplo, costuma sinalizar para muitas práticas no que concerne a suas formas e possibilidades de relacionamentos com outros textos. O "Quadro 2" registra, visualmente, algumas destas possibilidades. Em primeiro lugar, um texto manuscrito pode ser um texto que recorre a outros – ou como fontes de inspiração, ou como fontes de informação, sem esquecer outros diálogos intertextuais que podem se relacionar à forma, ao estilo, ou ao vocabulário empregado. As antigas crônicas – assim como as obras de historiografia de antes e de hoje – costumavam retomar informações ou relatos que já haviam sido produzidos antes. Uma diferença sutil, mas essencial, é que as obras historiográficas tendem a assinalar muito claramente as suas fontes de informação, o que posteriormente se tornou até mesmo uma obrigação da chamada historiografia científica. A historiografia, desde os tempos antigos, faz da citação uma virtude, um recurso para se legitimar como conhecimento que é bem fundamentado, e não mera opinião daquele que escreveu o texto. Já as crônicas, principalmente as dos tempos antigos e medievais, costumavam retomar simplesmente informações obtidas de obras anteriores, sem a obrigação de nomeá-las.

Quadro 3: Um texto e seu outro

Há todo um trabalho que precisa ser feito por especialistas para recuperar as fontes de uma obra que não as indica. De todo modo, um primeiro diálogo que pode ser surpreendido entre documentos ou textos de épocas distintas é o uso do mais antigo como "fonte" para o segundo – citada ou não citada. Há ainda as ocasiões em que um texto busca no outro não um ponto de apoio, mas um objeto de crítica. Essa forma de relação textual é antiga, e continuou em vigor durante a "era dos impressos". Um texto que critica outro que lhe antecedeu tende a explicitar o objeto de sua crítica; quando não o faz, é porque supõe que o leitor irá compreender aquilo que está sendo criticado.

Algumas das formas de relacionamentos entre textos que mencionamos até aqui foram comuns na "era dos manuscritos" e na "era dos impressos", e têm sido ainda comuns na "era dos textos digitais". Se quisermos pensar em algo que era muito comum na "era dos manuscritos", mas bem mais raro na "era dos impressos", será oportuno situar a "cópia" de textos como a grande singularidade da era dos manuscritos, por motivos óbvios. Somente a invenção da imprensa – a possibilidade de se produzir mecanicamente e em larga escala muitos exemplares de um mesmo texto – permitiu que a prática da cópia fosse deslocada para segundo plano, tornando-se traço distintivo de uma época textual que já tinha passado e dado lugar a outra. Embora isso pareça ser evidente, e o é em muitos aspectos, precisamos compreender o que é a prática da cópia de manuscritos em todas as suas implicações. A primeira delas é a distinção entre produzir um livro e reproduzir um livro.

Se o recurso a informações, ou mesmo a pequenas passagens extraídas de fontes antigas, não altera a instituição de um texto como material novo, já a "cópia" corresponde simplesmente ao ato de reproduzir um texto tal como ele se apresentou no original, em todos os seus detalhes. Tal como já assinalamos, a partir da era dos impressos a prática de copiar um manuscrito para produzir um novo exemplar do mesmo – que era tão necessária para que os textos circulassem minimamente na Antiguidade e na Idade Média – tornou-se obsoleta, pois a imprensa introduzida na Idade Moderna passou a permitir que um texto seja beneficiado por um processo de editoração que produz simultaneamente um número muito grande de exemplares. Isso tem implicações para a análise historiográfica de fontes textuais.

Quando um historiador examina um livro impresso – seja como fonte produzida no período moderno ou como texto para diálogo bibliográfico – ele sabe que aquele exemplar é (ou foi) exatamente igual a um número muito grande de outros que saíram da mesma edição. No entanto, quando um historiador examina um livro manuscrito, sabe que aquele exemplar que tem nas mãos é único: pode ter sido copiado de outro, como era tão comum na era dos manuscritos, mas pode conter pequenos erros de cópia cometidos pelo escrivão que se responsabilizou, na época, pela reprodução manuscrita do livro. Contra isso, deve-se estar atento. Além disso, há outro aspecto importante. Na era dos impressos, tornou-se possível imprimir e produzir em série textos criados na era dos manuscritos. A Bíblia foi o primeiro exemplo de produto impresso na Idade Moderna com ampla distribuição, mas logo os autores antigos e medievais estariam nas mãos dos leitores modernos de livros impressos. A reflexão essencial para o historiador, desta forma, não é tanto se o livro que está sob seus olhos é um manuscrito, um impresso ou um hipertexto – embora esse aspecto também traga implicações importantes consigo – mas sim qual foi a condição daquele livro na sua época. Dito de outra forma, precisamos situar o texto na sua própria "unidade de época". Mais uma vez, a questão fundamental relaciona-se ao lugar de produção da fonte examinada.

Fechando nosso pequeno esquema sobre as diferentes possibilidades de relacionamentos entre textos na "era dos manuscritos", chegamos ao já abordado recurso da "refundição". Esta, tal como vimos nos exemplos atrás evocados, é algo bem distinto da simples cópia de manuscritos. Trata-se de um texto que vai sendo construído por várias gerações de autores, pois um autor parte de um livro que já existe e a ele acrescenta algo. Ou, então, o refundidor une dois livros ou mais materiais textuais que estavam antes separados e dispersos, e a partir deles constrói uma nova amálgama textual, uma composição baseada na superposição de textos, ou uma sequência de textos cuidadosamente bem costurados. Depois disso, um novo refundidor, no futuro, poderá fazer o mesmo, acrescentando textos de sua própria lavra ou de outros autores. A refundição, desta maneira, termina por constituir um entremeado de textos. Por conseguinte, também implica um entremeado de "lugares de produção". Os três casos que vimos aqui – os textos bíblicos do *Antigo Testamento*, o *Roman de La Rose*, e os *livros de linhagens* da Idade Média Ibérica – constituem bons exemplos desta antiga prática que oferece uma alternativa, no tempo, ao universo mais moderno das autorias mais bem definidas, no qual as demais reapropriações textuais costumam ser aspeadas e citadas com maior precisão.

5
Sociedade, Autoria e Identidades

5.1 Aspectos objetivos: a autoria e sua posição social

A época – instância que discutimos em vários dos seus desdobramentos no item anterior, sempre procurando mostrar o caráter construtivo desta elaboração historiográfica – é apenas uma primeira luz geral, por assim dizer, que se pode espalhar em um texto que foi historicamente produzido por um autor a ser analisado, ou em qualquer fonte histórica a ser constituída, ainda que ela não apresente autoria explícita. Por ora, vamos nos fixar exemplificativamente nas fontes autorais, e considerar os aspectos e linhas de força que incidem sobre um autor diante de seu texto.

Para além da época ou das "unidades de época" em que podemos vislumbrá-lo, um autor está inserido necessariamente em uma sociedade – uma sociedade nacional, por exemplo, e uma sociedade mais específica, local e pertinente ao seu dia a dia, pronta a atingi-lo mais diretamente. Pode estar igualmente inscrito em uma instituição, uma classe social, uma categoria profissional, uma família. Ao lado disso, certa situação econômica e posição política podem ser evocadas para o seu delineamento. Um autor, por fim, relaciona-se com determinada construção identitária, elaborada por si mesmo e pelos outros, a qual se refere aos grupos nos quais ele pensa estar incluído ou nos quais os outros o incluem, bem como a aspectos diversos com os quais esse autor se identifica ou é identificado por outros. Dada a sua complexidade, vamos chamar a este conjunto de aspectos identitários de um "acorde de identidades", e disso falaremos oportunamente. No "Quadro 3", procuramos reunir alguns aspectos que podem ser considerados quando procuramos compreender um autor em sua época, na sociedade que o envolve e nas circunstâncias que o afetam.

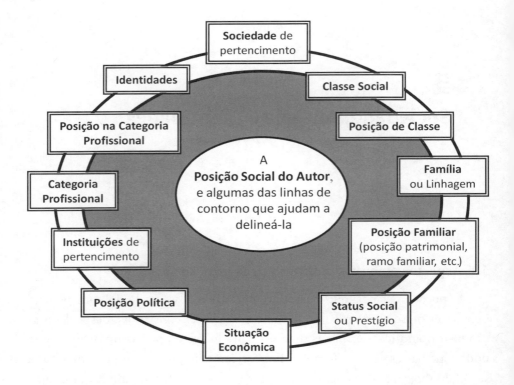

Quadro 4: Um autor, e as linhas de força que o circundam

Dizíamos anteriormente que falar em um "homem medieval" ou em um "homem renascentista" – para o recorte europeu – pode ser um delineamento bastante útil para situar inicialmente o autor de um texto, ou de uma fonte histórica cuja análise pretendemos empreender com vistas a abordar um problema histórico. Contudo, este lineamento inicial logo tende a se dissipar, ao menos em alguns de seus contornos, no momento em que começamos a dirigir o olhar para as especificidades regionais e para os recortes espaçotemporais mais restritos que podem estar potencialmente inscritos no longo espaço-tempo medieval ou nos dois séculos renascentistas. Se considerarmos inicialmente as unidades nacionais ou políticas, a "sociedade medieval ibérica" irá diferir em diversos aspectos da "sociedade medieval francesa". E pode-se dizer que, dentro da ideia mais alargada de uma "sociedade medieval ibérica", Portugal se distinguirá de Castela através de peculiaridades que singularizam cada uma destas sociedades nacionais da Idade Média. Em um momento posterior de aprofundamento, será talvez possível identificar as distinções fundamentais entre o Portugal do século XIII e o

Portugal do século XIV (pressupondo que adotemos estas unidades seculares como parâmetros). Por fim, se quisermos estudar um problema histórico para o qual esta operação seja pertinente, não será possível estabelecer distinções mais claras e significativas entre a região da Beira e a região do Minho?

Para evocar um outro exemplo, podemos falar em homens e mulheres renascentistas. Mas é bem diferente viver em uma das grandes monarquias centralizadas que começam a se formar e se consolidar nos primeiros séculos da modernidade, ou viver em uma das cidades-estado da Itália renascentista. Estas últimas estão implicadas em um jogo de tensões políticas, sociais e econômicas – em uma posição dentro do continente europeu – bem distinta daquelas que temos com Portugal, Espanha, França ou Inglaterra no mesmo período. Cada um destes países, por outro lado, difere dos outros, em sua história, condições geográficas e na sociedade que se estabeleceu neste lugar-tempo. Ao dizermos que certo autor apresenta como um traço importante a sua sociedade de pertencimento, o país ou a unidade política que lhe dá cidadania vem logo à mente. A nacionalidade é não só um elemento forte de identidade, mas implica muitas coisas a um só tempo. A própria língua é uma delas – e já se disse que cada língua produz um mundo diferenciado para aqueles que nela se expressam ou que nela aprenderam a pensar e enxergar o mundo. Ser nacional de um país, habitualmente, é ser cidadão deste país; implica direitos, mas também deveres, e possivelmente impostos, e em muitos períodos e lugares obrigações militares. Ser cidadão de um país implica ter sobre si uma sociedade disciplinar de controle. Além disso, ao cidadão de um país os demais países interpõem a barreira de suas fronteiras e de seus próprios sistemas de controle. Dependendo das relações internacionais em movimento, o natural de um país sofrerá preconceitos ou hostilidades em alguns países, e talvez seja bem acolhido em outros.

As sociedades nacionais estendem seu manto sobre suas populações, e afetam os diversos produtores de textos, seja de que gêneros textuais estes forem. A eficácia e viabilidade de trabalhar com o recorte nacional são sempre relativas, obviamente, ao problema histórico examinado. O lugar-tempo nacional também se torna menos ou mais operacional conforme a unidade nacional em questão, e o momento considerado (coordenada tempo). Na Espanha contemporânea, quando passar à Catalunha, à Galiza, aos Países Bascos? Quantos Brasis – ou quantas Américas portuguesas – havia no período colonial? Mesmo hoje, em um

Brasil unificado sob uma única unidade nacional, quantos Brasis temos, e em relação a que problemas ou temas de análise? Dois autores podem ser brasileiros, e isso certamente será um traço importante tanto de suas identidades como de suas condições objetivas (ambos estarão sujeitos a uma mesma legislação nacional, aos mesmos mecanismos de controle populacional, ao mesmo sistema de impostos, e assim por diante). Ser um autor nordestino, entretanto, distingue-se de ser um autor do Sudeste. Dentro deste último recorte, será diferente ser do Estado do Rio de Janeiro ou do Estado do Espírito Santo. Ser natural ou residente na cidade do Rio de Janeiro é diferente de ser habitante de uma pequena cidade do interior fluminense.

Por outro lado, para além destas distinções mais mapeáveis ao primeiro olhar – as quais logo vêm à mente por constituírem unidades nacionais, administrativas ou geográficas com as quais lidamos mais habitualmente – é imprescindível considerar que qualquer sociedade comporta uma multiplicidade de ambientes internos. Podemos por exemplo refletir sobre as distinções entre o meio rural e o meio urbano, ou, se quisermos retomar o exemplo do recorte medieval, entre a corte régia e as cortes senhoriais da França do Norte. Ademais, lugar de um autor não está apenas configurado no interior de uma sociedade histórica e espacialmente localizada, mas também dentro de um ambiente social ou de um campo de forças que caberá ao historiador definir a partir do exame das muitas coordenadas que o determinam. As "instituições" constituem um aspecto importante. É diferente escrever de uma universidade medieval, da corte de um monarca centralizador, de uma corte senhorial, da instituição eclesiástica, ou da masmorra. Todos estes ambientes se inserem a princípio dentro de uma sociedade medieval mais ampla, mas começam a se opor no momento seguinte da investigação historiográfica.

Da mesma forma, um mosteiro conforma-se a partir de uma determinada posição dentro da instituição eclesiástica, a qual é radicalmente distinta da posição defendida por uma abadia cisterciense. E dentro de cada abadia ou mosteiro, deveríamos em um segundo momento isolar a posição institucional do monge comum e do abade. De todo modo, quando um eclesiástico se expressa através de um texto, não está inteiramente sozinho, e, em certos casos, não está nem um pouco sozinho. O exemplo vem de cima. O Sumo Pontífice, ao emitir uma Bula Papal, não expressa propriamente a sua opinião (não necessariamente), mas fala em nome da Igreja. Tudo o que o Papa possa vir a dizer em um discurso público, ou a escrever em um texto que será publicado como bula papal, provavelmente foi discutido antes por uma equipe de assessoria, ou foi objeto de aconselhamento. Neste ponto, é importante ressaltar que "ser católico" é um elemento de identidade que pode ter maior ou menor impacto na constituição complexa de um autor; mas pertencer formalmente à instituição "Igreja Católica", e ocupar um cargo ou função nesta instituição, é algo que traz implicações bem diferentes da mera catolicidade (pertencimento à religião católica).

Os exemplos de pertencimentos objetivos a instituições poderiam se multiplicar. No Brasil da primeira metade do século XIX, por exemplo – e mesmo em outros períodos –, era algo determinante pertencer à Maçonaria. A ligação a esta instituição trazia implicações subjetivas importantes, mas sobretudo implicações objetivas. Havia um peso da Maçonaria na política, por exemplo, que precisa ser considerado pelos historiadores que estudam este período. Uma parte significativa dos homens de Imprensa, por exemplo, era formada de maçons. Cruzar a categoria profissional-funcional do jornalista com a do pertencimento ou não à Maçonaria pode ter implicações decisivas na análise. Havia rivalidades entre jornais maçons e jornais não maçônicos, e diferentes ligações dos jornais maçons com a política do Império.

Além de pertencer eventualmente a instituições que o pressionam indelevelmente ou interferem no seu discurso, um autor pode participar de um determinado circuito de posições estéticas, filosóficas ou metodológicas que contrasta, em maior ou menor medida, com as posições de um contemporâneo pertencente a uma outra corrente de pensamento. Assim, dentro do pensamento iluminista francês do século XVIII, iremos encontrar subcorrentes várias, umas defendendo um maior ou menor grau de empirismo dentro da investigação científica, outras com uma maior influência do racionalismo cartesiano; umas inteiramente materialistas, outras deístas; e, dentro deste último grupo, algumas que podem ser definidas como deístas clericais e outras que se apresentam como deístas explicitamente anticlericais. No pensamento de Voltaire (1694-1778), por exemplo, temos uma clara primazia do empirismo, enquanto que em Montesquieu (1689-1755) já identificamos um maior esforço de síntese entre o empirismo e o racionalismo cartesiano. Nos materialistas empíricos como Condillac (1715-1780), o ateísmo é explícito, ao passo que Voltaire já expressa algo como um deísmo anticlerical.

Para além disto, deveríamos identificar a "posição de classe" de cada um destes iluministas franceses; distinguir, por exemplo, o "barão" Montesquieu do Voltaire "descendente da pequena nobreza" ou do Diderot (1713-1784), filho de um simples cuteleiro[86]. Trata-se de fazer isto não meramente para acrescentar um dado bibliográfico, mas para entender estas posições sociais como possíveis fatores interferentes na produção do discurso de cada um dos seus autores. A "posição social" não deve ser compreendida ingenuamente, como um dado isolado e absoluto que aprisiona o autor dentro de um determinado ponto da hierarquia social. É preciso pôr o extrato social a dialogar com os objetivos do autor quanto à sua inserção na hierarquia social. Ele pode ser conformado com seu extrato social, ou crítico com relação a ele; neste último caso, pode ter desenvolvido ao longo de sua vida determinadas pretensões de inserção em um ambiente social que a princípio lhe foi vedado, ou pode engajar-se em uma revolução.

A classe ou segmento social é apenas uma categoria generalizante, que o historiador deve utilizar ou criticar conforme as suas próprias necessidades. Um nobre do final da Idade Média, por exemplo, deve ser avaliado não apenas a partir do extrato a que pertence (subcategorias dentro do estamento "nobreza"), mas também de sua "posição econômica" (havia nobres abastados e nobres empobrecidos), de sua "posição linhagística" (havia linhagens de alta a baixa estirpe), de sua "posição dentro da linhagem" (um homem podia pertencer a uma linhagem por linha bastarda), de sua posição dentro do universo familiar (ser um primogênito em certas sociedades medievais era radicalmente diferente de ser um "filho segundo", já que era o primeiro que recebia a herança). É a todo este conjunto de coordenadas sociais que chamaremos de "posição social" de um indivíduo.

Há épocas em que o pertencimento a uma família – ou mesmo a uma linhagem – é determinante em relação tanto a questões sociais objetivas como em relação a aspectos identitários que afetam o indivíduo. O exemplo da nobre-

---

[86] O cuteleiro é o profissional que fabrica ou vende instrumentos de corte – das facas, punhais e adagas às espadas e machados. Na Idade Média, havia uma grande valorização profissional da arte da cutelaria – uma prática essencialmente artesanal que era vista como fundamental para uma sociedade guerreira na qual a espada ocupava uma importante centralidade. Há um declínio da projeção social desta profissão à medida que se adentra a modernidade. Com a revolução industrial, a valorização profissional da cutelaria começará a declinar bastante, já que os artigos de corte e perfuração começam a ser produzidos por indústrias especializadas.

za medieval, acima citado, é típico. Na Idade Moderna, certas famílias tiveram profunda influência política ou econômica, e isso também ocorre no mundo contemporâneo. Em certos extratos sociais, por outro lado, o fator "família" pode ser bem menos relevante. Ao historiador cumpre determinar quando este fator é importante ou não para o delineamento do lugar de produção de uma fonte.

Outro aspecto importante a ser considerado é a inserção profissional do autor de um texto. Podemos considerar esta questão em dois âmbitos. Quando estamos falando em textos que circulam nos meios privados – como as cartas e diários –, ou de textos que circulam em circuitos profissionais ou institucionais específicos, tais como relatórios, correspondência empresarial ou outras, é evidente que cada autor tem a sua profissão, distribuída no espectro muito variado das possibilidades profissionais (ou de suas ausências em relação a este aspecto). Por outro lado, há o autor cujos escritos alcançaram a esfera da circulação pública e que, no período moderno e contemporâneo, tornaram-se também um produto de mercado. Ainda aqui existe a dimensão da profissão, como possibilidade a ser considerada. O "grande autor", que vive exclusivamente dos rendimentos obtidos de sua atividade como escritor de livros, é na verdade uma exceção. A maior parte dos autores tem profissões. Um autor pode estar ligado a qualquer meio profissional, literalmente. É muito comum encontrarmos entre os autores que não vivem exclusivamente de seus escritos, no recorte moderno ou contemporâneo, os professores, jornalistas, cientistas, pesquisadores pertencentes aos mais diversos campos, artistas ou celebridades que adquiriram notoriedade, políticos, mas também profissões diversas.

De um modo ou de outro, seja em se tratando dos autores cujos escritos se tornaram públicos, seja com relação aos autores de textos da vida comum, a profissão do criador de um texto é um elemento importante para definir o lugar de produção deste texto. Por vezes, o fator profissão implica um vocabulário específico, certos modos de ver o mundo. Devemos considerar aqui, igualmente, a formação do autor. Ainda que não tenha se profissionalizado em determinada área, um autor pode ter tido a sua formação em uma área específica, ou mesmo em um conjunto de áreas. Mesmo que não conscientemente, esta formação provavelmente aparecerá no texto produzido por este autor, às vezes involuntariamente, sempre indelevelmente, e eventualmente com toda a consciência. A experiência de um médico pode aparecer na hora em que ele escreve um romance; ou a do físico na hora em que ele se dedica a criar um poema. Há também períodos em que se expressa uma formação humanista, como entre os italianos renascentistas do início da modernidade ou entre os filósofos iluministas do século XVIII.

Tudo o que foi dito aqui, com relação à caracterização ou compreensão do autor de um texto, é imediatamente aplicável também para os personagens que aparecem no texto deste autor – sejam estes indivíduos reais ou inventados, no caso de um ficcionista. Não devemos aceitar necessariamente as opiniões de um autor para com os homens que ele toma como objeto de sua reflexão (o que Voltaire pensa de Rousseau, por exemplo). Antes, devemos proceder ao nosso próprio levantamento – se possível utilizando outras fontes – para depois pôr em diálogo a personagem que construímos e a personagem que foi construída pelo autor.

5.2 Aspectos subjetivos: acordes de identidades

Mencionei as "identidades" como último item importante para se ter um bom traçado da posição social de um autor. A Identidade – conjunto de certas características próprias a partir das quais podem ser diferenciados tanto indivíduos como grupos sociais, e que podem ser percebidas por estes sujeitos ou grupos como elementos que os definem diante dos outros – é desde si mesma um fator muito complexo. Como o que nos interessa neste ensaio é a identidade social, vamos abordá-la como o sentimento de pertencimento de um indivíduo em relação a certos grupos sociais nos quais ele se vê incluído, ou em relação a certas categorias que o definem, sejam impostas ou assumidas conscientemente. Neste sentido mais específico, há muitos aspectos subjetivos envolvidos na constituição de uma identidade, mas também temos muitos efeitos objetivos decorrentes dos traços identitários, além de ser necessário considerar que certas formas objetivas de pertencimento, nem sempre decorrentes de escolhas do sujeito (como as nacionalidades e as etnias), podem ser assimilados como fortes traços de identidade[87].

---

[87] Depois voltarei a este ponto. Por ora, para dar exemplos, posso lembrar que certos aspectos que foram apresentados no item anterior como elementos objetivos que ajudam a definir a posição social de um autor – tal como a nacionalidade, a filiação a alguma instituição, o enquadramento desde o nascimento em uma etnia ou em uma casta, uma profissão, e tantos outros – podem ser ou não assimilados como traços identitários. Um sujeito pode ter um trabalho como meio de vida (uma profissão) mas não se identificar propriamente com ela, apresentando-a como algo que o define. Pode ter legalmente e formalmente a nacionalidade de um país, mas não se identificar com ela. Pode pertencer objetivamente a muitas instituições: mas com quais se identificará efetivamente,

Para tentar apreender devidamente as complexidades identitárias, vou evocar uma metáfora extraída da prática musical, e que nos permitirá falar em um "Acorde de Identidade". Na Música, um acorde é um som formado por diversos outros sons, todos tecendo relações entre si e ressoando uns sobre os outros, além de conservarem – cada um deles – sua própria relação e função dentro do todo, que é o próprio acorde. Em um acorde, não temos apenas um aglomerado de sons, mas também um conjunto de relações entre sons, pois a qualquer hora podemos apurar os ouvidos e atentar para a relação que se estabelece entre uma nota e outras do acorde (na teoria musical, chamamos a esta relação entre duas notas de "intervalos").

Tenho utilizado a imagem do acorde em diversas ocasiões para evocar diferentes combinações complexas nas quais os seus elementos interferem ativamente uns sobre os outros[88]. Esta imagem tem sido tão eficaz para a minha compreensão da complexidade humana, que frequentemente recorro a ela, e acredito que o conceito de acorde também pode nos ajudar a compreender melhor as identidades que constituem um autor, ou o pensamento e sensações de pertencimento de um ser humano de maneira geral, independente de ele ser um autor de textos ou não. Antes de mostrar esta aplicabilidade, todavia, quero que o conceito de acorde fique muito claro, pois disso dependerá a sua eficácia e operacionalidade.

Figura 4: Representação gráfica de um Acorde

Podemos visualizar através de uma pauta de cinco linhas, como a que foi acima desenhada, a representação de um acorde musical. Cada círculo superposto a outro nesta figura é a representação de uma "nota musical" (um som diferente),

---

de um ponto de vista identitário? Nascido em uma etnia, isto pode ser para ele apenas um dado objetivo, mas não um traço forte de identificação. Oportunamente, voltaremos a esta discussão, que já de si é bastante complexa.

88 BARROS, 2011-d, p. 9-67. • BARROS, 2017, p. 101-126.

e todas elas juntas formam o acorde como uma totalidade. Esta representação gráfica, muito usada entre os músicos nas suas partituras musicais, constitui uma boa expressão visual para nos aproximarmos daquilo que ocorre quando temos um acorde, que é basicamente a possibilidade de muitas coisas estarem acontecendo ao mesmo tempo, e umas ressoando sobre as outras, como se tivéssemos um grande feixe de notas que conflui para um único resultado mas sem que cada nota perca, ela mesma, a sua própria identidade.

A pauta musical tradicional de cinco linhas tenta captar ou representar a simultaneidade de sons agrupando estas notas que soam sincronicamente em uma vertical única[89]. Ao lado da eficácia deste recurso visual, devemos sempre compreender que o acorde é um fenômeno sonoro, independente da representação que lhe atribuamos em uma folha de papel. A representação de acordes na pauta musical, e de melodias formadas por notas musicais em sucessão, foi apenas um recurso que os músicos inventaram e desenvolveram historicamente para comunicar, uns aos outros, a música que deve ser executada.

No caso dos acordes, entrementes, deve-se entender que, na realidade musical efetiva, as notas não se manifestam propriamente "uma por cima da outra", como a figura sugere, mas sim uma "por dentro" da outra. Imagine que pintássemos em uma folha de papel um círculo azul, e sobre ele depois pintássemos um cír-

---

[89] Neste tipo de pauta musical, as notas são representadas por círculos brancos ou negros, com ou sem hastes de algum tipo – conforme a sua duração no tempo da música – e são dispostas mais acima ou mais abaixo conforme a sua "altura", que é aquilo que define que nota é essa em uma escala e se ela é uma nota aguda ou grave. Outra coisa importante é que, na pauta musical, o tempo vai avançando da esquerda para a direita. Quando temos uma sequência de notas, uma depois da outra e em diferentes alturas, isso significa que estas notas estão soando em sucessivos momentos no tempo, tal como ocorre com uma melodia qualquer. Mas quando temos várias notas alinhadas em uma única vertical – ou seja, em um único momento no tempo ou em um mesmo ponto da pauta musical – é sinal de que está ocorrendo uma simultaneidade de notas: todas soando juntas de uma só vez, ao mesmo tempo. Uma melodia está relacionada a uma sucessão de notas; mas uma harmonia – ou um acorde – está relacionada a uma simultaneidade de notas. Por fim, podemos também ter uma sucessão de acordes, que é representável em uma pauta com vários alinhamentos verticais de notas que se sucedem uns aos outros, conformando a base harmônica de uma composição musical. [Situo estes comentários em notas de pé de página porque eles não constituem nenhuma novidade para os músicos, que lidam diariamente com esta linguagem. Os leitores que não possuam nenhuma formação em teoria musical, contudo, poderão precisar destas introduções à linguagem musical para compreender melhor o que será proposto a seguir.]

culo verde. Nesse caso, uma cor interferiria na outra e teríamos uma nova cor resultante. Uma nova cor superposta a esta dupla combinação já produziria um novo resultado. Talvez um sistema muito complexo de cores superpostas pudesse produzir visualmente uma sensação mais adequada de que, no acorde, os sons entram uns por dentro dos outros – ou, em termos acústicos, uns ressoam dentro de outros. Em nossa cultura musical, contudo, a pauta musical de cinco linhas, e o recurso destes pequenos círculos que simbolizam as notas musicais e indicam as suas alturas, terminaram por constituir o melhor artifício gráfico que foi encontrado para a representação da sucessão e simultaneidade de sons que são postas em movimento em uma música.

Por ora, o que precisamos entender é que um acorde é um som compósito formado por vários sons que soam simultaneamente, uns interferindo nos outros e todos terminando por produzir uma coisa nova. De fato, tal como bem sabem todos aqueles que praticam a música, não é possível, senão rudimentarmente, representar um fenômeno musical e sonoro: só podemos senti-lo, depois de apreendê-lo através de nossos recursos auditivos. Só é possível perceber isto, esta realidade pungente que é o fenômeno sonoro, capaz de agregar simultaneamente realidades diversas que se presentificam em um único movimento, quando ouvimos ou tocamos música.

Se, na teoria e na prática musical, o "acorde" pode ser de fato entendido como um conjunto de notas musicais que soam juntas e assim produzem uma sonoridade compósita, devo lembrar, adicionalmente, que a noção de "acorde" não aparece exclusivamente na Música, embora aí tenha a sua origem. O conceito de "acorde" também fundamenta campos diversos da criação humana, o que já revela mais uma vez o imenso potencial interdisciplinar deste conceito. A noção e o uso prático de acordes, junto a todo um vocabulário que foi importado da música, aparecem por exemplo na Enologia – ciência e arte que estuda todos os aspectos envolvidos na produção e consumo do vinho. Um bom vinho é formado por notas que se harmonizam para formar o seu acorde de sabores. De igual maneira, a noção de acorde também está na base da arte da elaboração de perfumes, e, neste caso, o acorde passa a corresponder a uma mistura de aromas que, combinados, equivalem à informação total que termina por ser captada pelo olfato humano quando este entra em contacto com um perfume aplicado à pele. Deste modo, o acorde olfativo também é constituído de notas[90]. Além disso, existem acordes cromáticos, como bem demonstraram os pintores impressionistas e pontilhistas, e também a arte da produção de alimentos utiliza os conceitos de acorde e de harmonia com vistas a representar as diferentes combinações de ingredientes e o seu resultado final.

Cada um destes campos – a arte da perfumaria, a enologia, a culinária, a pintura – beneficiou-se do conceito de acorde através de uma atitude interdisciplinar que proporcionou a cada um destes campos a introdução e o desenvolvimento de toda uma nova perspectiva e de um novo vocabulário que inclui, para além do conceito de acorde, a ideia de harmonia, notas, consonância, e outras palavras mais que primordialmente eram encontradas apenas na prática musical. Sustento que os historiadores e cientistas das humanidades, de modo mais geral, também ganhariam muito se passassem a utilizar o conceito de acorde para a compreensão de fenômenos complexos, e este, como veremos logo a seguir, é o caso das identidades.

Tal como ocorre com os indivíduos cuja identidade é formada por diversos fatores que se combinam, no acorde musical os diversos sons que os constituem soam juntos: estão amarrados em um único momento, e por isso ressoam um no outro formando uma identidade sonora nova. O acorde, visto desta maneira, corresponde a uma simultaneidade de sons, a um feixe transversal de notas musicais que passam a interagir umas com as outras de modo a formar uma coisa nova (e, na verdade, muitas coisas novas). Quando escutamos um acorde, simultaneamente podemos prestar atenção no todo (na totalidade acórdica), em cada nota específica que o constitui, e em cada relação singular que se estabelece entre duas ou três notas no interior do acorde (ou seja, podemos escutar setorialmente as relações entre as notas e grupos de notas no interior do acorde). O acorde, ao promover relações de todos os tipos, é um portal de percepções integradas.

Depois desta pequena digressão musical, podemos voltar agora à nossa reflexão sobre a posição social do autor de um texto. Além de estar interferido

---

[90] Basicamente, a combinatória de aromas com vistas à produção de um perfume trabalha com três grupos de notas: as "notas de fundo", que são constituídas pelos fixadores que mantêm o perfume por mais tempo, fazendo-o perdurar por sete ou oito horas; as "notas de corpo" (ou "notas de coração"), constituídas por moléculas que perduram quatro ou cinco horas antes de se volatilizarem; e as "notas de topo" (ou "notas de cabeça"), responsável pelo primeiro impacto do perfume.

por muitas instâncias objetivas que lhe oferecem limites e potencialidades – a nacionalidade, a classe social, a família, a própria sociedade que o circunda – um indivíduo também é constituído por uma série de identidades, aspectos com os quais ele se identifica, ou com os quais os outros o identificam. As identidades sempre se relacionam a grupos com os quais um indivíduo se identifica ou nos quais ele se vê incluído de alguma maneira. Esta identificação de um sujeito com diferentes modos de ser ou de estar ajudam-no a se autodefinir, a formar uma imagem de si mesmo. O inverso também ocorre, pois os outros indivíduos ou a sociedade como um todo também projetam imagens dos indivíduos ou dos grupos com os quais se convive.

Quando pensamos em identidades, pensamos em um movimento complexo de inclusões e exclusões. "Ser católico", ou "ser muçulmano" pode fazer parte da identidade de um indivíduo, assim como se sentir francês ou brasileiro. Neste último caso, não se trata somente da nacionalidade objetiva, conferida por um título oficial de cidadania em decorrência de se ter nascido em determinado território nacional ou de se ter como pai e mãe dois indivíduos nascidos em determinado país. A nacionalidade só faz parte da identidade de um indivíduo (e não apenas de uma definição objetiva de seu estatuto geopolítico) quando esse indivíduo se identifica com ela, o que de resto não é difícil de ocorrer.

O que quero ressaltar, por ora, e que deixará claro por que a imagem do acorde será útil para nossos propósitos, é o fato de que ninguém é identitariamente uma coisa só. A identidade se relaciona a "como nos vemos", e a "como os outros nos veem"; e talvez, ainda, a "como gostaríamos que os outros nos vissem". Em nenhuma destas operações – "como nos vemos", ou "como os outros nos veem" – somos uma coisa só. Um indivíduo pode ser brasileiro (identificar-se com a brasilidade, mais do que ter a cidadania brasileira), ser negro (reconhecer-se como negro em uma sociedade que lhe obriga ou proporciona a possibilidade de se enxergar conforme este tipo de pertencimento), e, no que concerne a suas escolhas religiosas, ser umbandista. Talvez este indivíduo se identifique como progressista ou conservador, ou se perceba como um homem de esquerda. Pertencente objetivamente ao gênero masculino, talvez se identifique com esta ou com aquela orientação sexual. Para uns, esta orientação terá um peso muito objetivo; para outros, diante do seu meio social ou das convicções herdadas ou desenvolvidas pelo indivíduo, poderá haver uma tensão, ou poderá ocorrer mesmo a rejeição identitária em relação ao gênero oficial com o qual o indivíduo foi designado ao nascer. Com relação ao campo do trabalho, um indivíduo pode ter, circunstancialmente, uma profissão; mas até que ponto se identificará com ela? Diante de todas as complexidades que se entrelaçam, não é tarefa fácil traçar o esboço identitário de um indivíduo; e este esboço será sempre isso: um esboço, uma experiência de compreensão do outro.

Um acorde de identidades seria um conjunto significativo de elementos que nos ajudam a compreender determinado indivíduo inserido em uma sociedade; ou, ainda, um conjunto de elementos que ajudaria um indivíduo a compreender a si mesmo. Não seria apenas um aglomerado de aspectos, mas também um conjunto de relações entre os diversos elementos. É diferente "ser negro" e "ser artista", concomitantemente mais separadamente, de "ser um artista negro". Neste último caso, uma nota entra dentro da outra, ambas se interferem mutuamente, estabelece-se uma relação. Em um acorde, as duas situações podem ocorrer. Podemos entender que em uma determinada identidade "negro" e "artista" são elementos desligados, e em outro acorde de identidades estes dois aspectos já podem formar uma relação: a negritude interfere na arte musical do indivíduo, e o fazer artístico interfere na sua negritude.

Além disso, como em um acorde musical, algumas notas podem ter mais peso do que outras na sonoridade final. Na música, se faço soar no meu instrumento três notas de uma só vez, posso tocar com maior intensidade uma delas, e desta maneira ela irá se sobressair em comparação com as outras duas notas[91]. Em um "acorde de identidades", traçado com a intenção de compreender a complexidade subjetiva de um indivíduo, talvez também exista uma nota que se sobressaia em relação às outras, ou talvez existam cinco notas com pesos (intensidades) diferentes. O analista que examina uma personalidade autoral irá construir o seu "acorde de identidades" relativo ao indivíduo examinado de uma determinada maneira;

---

[91] A intensidade, na música, é o que confere ao som aquilo que cotidianamente chamamos de volume. Nos instrumentos musicais, em geral, as diferentes intensidades – estes diferenciais que fazem um som ser mais forte ou fraco – são produzidos por diferentes pressões sonoras. Ao apertar com maior ou menor força a tecla de um piano, ou ao pressionar menos ou mais o arco de seu violino, um músico pode obter uma gradação de intensidades que vai do pianíssimo ao fortíssimo. Vale lembrar que, na Acústica, a intensidade refere-se à percepção da *amplitude* da onda sonora. Se o comprimento de uma onda define a sua *frequência* ou altura musical, já a amplitude da onda (que aparece como uma verticalidade na representação gráfica da onda) é o que define a intensidade do som (se ele será forte ou fraco).

outro analista produzirá outro acorde na sua tentativa de decifrar esta mesma alma diante das suas subjetividades e das condições objetivas por ela vivenciadas (sua sociedade, nacionalidade, classe social, família, profissão, gênero sexual e outros fatores). O "acorde de identidades" permite contrapor a aspectos objetivos alguns traços que se relacionam ao plano da subjetividade.

Evidentemente, é uma tarefa difícil compor "acordes de identidades" com a intenção de compreender indivíduos a serem analisados. É preciso perceber quando um aspecto é apenas um elemento secundário, e quando se torna um traço de identidade (uma nota de um acorde). A prática de um esporte, por exemplo, pode fazer parte da vida de alguém, por motivos vários que vão do entretenimento à busca de uma condição adequada de saúde, ou de uma forma de sociabilidade. Quando, entretanto, um indivíduo passa a se ver como um desportista, ou quando passa a ser visto como tal? Como analistas, como situar a prática de um esporte em relação à caracterização de um indivíduo? Muitos tocam instrumentos musicais, ou praticam a pintura. Dentre estes, contudo, alguns se considerarão artistas – mesmo que não ganhem a vida como artistas. E dentre os que ganham a vida como artistas ou competindo em determinada modalidade esportiva, talvez haja aqueles que o fazem profissionalmente, mas não se identificam em particular com suas práticas e profissões a ponto de as considerarem como elementos importantes das imagens que constroem para si mesmos (e, portanto, como analistas, talvez possamos deixar estes traços fora dos seus "acordes de identidades", considerando suas profissões apenas como dados objetivos).

"Ser mulher" – "sentir-se mulher", e vivenciar isso como um traço de identidade efetivamente importante, e não somente como uma categoria biológica com suas claras implicações objetivas – pode vir acompanhado identitariamente (ou não) de ter também uma perspectiva "feminista". Uma combinação como esta – se identificada como um "intervalo" importante na caracterização de uma autora ou personagem analisada – pode constituir um aspecto significativo de um acorde de identidades.

Uma posição política assumida diante de determinadas condições ou circunstâncias objetivas é uma posição política – um aspecto importante a ser considerado quando analisamos um autor e seu texto – mas até que ponto essa posição política faz parte de uma identidade? Quantos, entre os que participaram de maneiras diversificadas do regime nazista, identificavam-se como nazistas? O julgamento de Nuremberg mostrou alguns indivíduos para quem, de fato, a perspectiva nazista constituía um traço forte de identidade. Outros não. O Nazismo para eles havia sido uma circunstância. "Estiveram" nazistas, mas não "eram" nazistas. Isto, evidentemente, não subtrai a responsabilidade social pelo que fizeram. Mas ajuda a compreender a dinâmica entre os fatores objetivos e circunstanciais que podem ou não entrar em interação com a dinâmica identitária. "Estar na música", mas não ser parte propriamente da harmonia musical. Como uma apojatura.

Entraríamos em seguida em um âmbito mais obscuro: o jogo de temperamentos que pode ser tão importante para definir uma individualidade e, a partir daí, compreender as ações e atitudes do sujeito diante das situações que viveu. Certas características subjetivas poderão ser mais apreensíveis a partir de um estudo do trajeto biográfico de um indivíduo. De todo modo, precisamos observar o limiar em que já começaremos a falar de características pessoais – o que se refere a um outro território de considerações – e deixamos de falar mais propriamente de identidades. As identidades, tal como já foi pontuado, referem-se à noção de pertencimento a certos grupos formados também por outras pessoas. Como foi assinalado, ninguém pertence ou interage com um único grupo, e para nos aproximarmos da identidade de um certo sujeito ou de um determinado setor de população deve ser sempre considerada uma confluência de pertencimentos. As identidades, além disso, também se constroem por oposição.

5.3 Exemplo de identidade complexa: a Revolta Malê

Para fundamentar a proposta de operacionalização dos "acordes de identidades" em um exemplo mais prático, vamos considerar uma situação histórica bem específica. Vamos considerar um período bastante conturbado da História do Brasil, no qual ocorreram muitas revoltas contra o poder estabelecido, e investigar o protagonismo de um grupo social bastante singular. Nossa intenção será a de compreender este grupo, e os indivíduos a eles ligados, na sua complexidade identitária, e verificar se a percepção dos elementos que configuram a sua identidade pode ser favorecida pelo uso da imagem conceitual do "acorde".

Os líderes da célebre *Revolta dos Malês* – desfechada por indivíduos escravizados e por alguns libertos na Bahia do Brasil-Império, em 1835 – eram "negros".

Em que pese a atual crítica científica ao uso do conceito de raça, as sociedades modernas passaram a visualizar os indivíduos de diferentes tons de pele negra, como categoria racial mais ampla, a qual havia sido criada pelo próprio tráfico que havia sido instituído na modernidade escravagista. A categoria "negro", ou a noção de pertencimento à raça negra, depois seria reapropriada pelos próprios africanos escravizados e libertos, no período de enfrentamento da escravatura, como signo de uma unidade maior, apta a ajudá-los a enfrentar o colonizador--escravizador, e mais tarde os efeitos desta situação histórica em uma sociedade desigual e racista[92]. Por ora, atenhamo-nos ao exemplo proposto. Além de "negros", os líderes revoltosos dos levantes malês eram também "islâmicos". E eram, por fim, "malês" – uma designação que se refere a um complexo étnico relacionado à África sudanesa, o qual havia aderido há várias gerações à religião islâmica[93].

A partir desta tríade consonante, os malês nunca aceitaram se ver como escravos ("malê", no idioma africano hauçá, significava "professor" ou "senhor")[94]. Viam-se, sim, como seres livres que haviam sido escravizados e que tinham o direito e a responsabilidade de lutar para reaver a sua liberdade, e mesmo o controle da sociedade na qual viviam. Sabiam ler e escrever em árabe; portanto, identificavam-se também com esta cultura. Os colonizadores que os forçaram à diáspora atlântica, trazendo-os escravizados da África sudanesa desde o século XVIII, tentaram lhes impor o catolicismo – nota que os "malês" não aceitaram de maneira alguma em seus "acordes de identidades", senão como estratégia

---

[92] Em um livro anterior, *A Construção Social da Cor* (BARROS, 2009), abordei os aspectos históricos e sociais que estão envolvidos nesta forma de perceber os seres humanos que os reparte conforme a aparência – neste caso enfatizando a "cor da pele". A percepção de pessoas como negras ou brancas, entre outras, é uma construção histórico-social. Uma construção com repercussões objetivas, é claro, mas uma construção – uma "construção social da cor".

[93] Na verdade, os *malês* ficaram muito conhecidos no Brasil por esta designação, de forma mais genérica, embora fossem provenientes de etnias afro-islâmicas diversas, como a dos *haúças* e outras. Sua escravização era decorrente da venda, aos portugueses, daqueles que eram vencidos em guerras tribais na África. Ironicamente, o principal povo que movia guerras contra as etnias malês era o dos *fulas*, que também eram islamizados. A mais emblemática das grandes guerras tribais entre povos negros islamizados da África ocidental ocorreu em 1804, iniciada pelo xeque Usman Dan Fodio (1754-1817), líder islâmico dos fulas. Uns e outros – malês e fulas – terminavam por serem vendidos aos portugueses quando eram derrotados nas guerras tribais pelos seus inimigos. Adversários na África, em solo baiano se tornariam aliados sob a nota identitária do islamismo rebelde.

[94] Já em iorubá, idioma dos povos nagô, a palavra *imale* remete diretamente a muçulmano. A este propósito, é oportuno ressaltar que, além dos malês, os nagôs participaram ativamente do levante.

dissimulada. Contra esta identidade religiosa católica eles resistiram de todas as maneiras, e esta mesma resistência é mais um aspecto de sua própria identidade. Uma das formas de luta para não abrir mão de sua verdadeira identidade islâmica era a "resistência espiritual", que podia estar oculta em uma dissimulação religiosa que se destinava a enganar o colonizador opressor[95].

O exemplo dos malês nos mostra um emaranhado acórdico de muitas notas que confluem harmonicamente para produzir uma identidade compósita. Como em um acorde musical, neste caso as notas entram umas por dentro das outras, interferem-se mutuamente, criam intervalos especiais no interior do conjunto, além de uma relação de cada nota com a própria totalidade acórdica. O islamismo, por exemplo, era uma nota tão importante neste "acorde de identidades", que os malês decidiram eclodir o seu principal levante, em 1835 (pois ocorreram outros), durante uma das festas que precedem o fim do *Ramadã*, mês islâmico dedicado ao jejum ritualístico[96].

Além do islamismo, e concomitante a este, a oposição direta ou velada ao catolicismo também constituía um aspecto demarcável da identidade dos líderes revoltosos do levante malê, assim como também o era a oposição aos escravos que aceitavam passivamente a sujeição aos seus opressores[97]. "Revoltar-se", por isso – na hora certa e coletivamente – era outra nota importante do seu acorde de identidades. Os malês não se suicidavam, não se ajustavam (a não ser por dissimulação), e fugir para longe também não era o seu projeto. Planejavam tomar o

---

[95] Os mestres islâmicos chamavam a esta forma de luta de "guardar-se". Externamente, os malês podiam se mostrar convertidos, mas internamente conservavam-se islâmicos, e costumavam trazer também sinais físicos de sua identidade muçulmana, como pequenos cavanhaques. Além disto, ao morrer enterravam-se com rituais próprios. É oportuno lembrar que, após o fracasso e a repressão da revolta malê de 1835, foi promulgada uma medida especial que obrigava os senhores de escravos islamizados a convertê-los ao catolicismo em seis meses, sob pena de multa.

[96] Além da principal revolta malê, deflagrada em 24 de janeiro de 1835, ocorreram mais nove levantes malês entre 1807 e 1835. Cf. BARROS, 2009-b, p. 47. A principal obra de profundidade sobre as revoltas malês, um clássico sobre o tema, é o livro *Rebelião Escrava no Brasil – a história do levante dos malês em 1835*, de João José Reis (1986).

[97] Fontes textuais-materiais que revelam a oposição ao catolicismo como um traço de identidade importante eram os amuletos que os malês portavam, nos quais escondiam pequenos pedaços de papel contendo trechos do Corão, escritos em árabe, com mensagens muito significativas que se destinavam a evocar proteção divina. Por exemplo: "Ajude-nos contra aqueles que rejeitam a fé!" Alguns destes amuletos foram apreendidos após a repressão ao levante, e hoje constituem fontes materiais importantes para o estudo do levante.

poder, e constituir uma nova sociedade, tal como haviam feito os negros haitianos em sua revolta simultaneamente pela libertação e pela constituição de um país independente que se tornaria a primeira república gerida por descendentes de africanos (1791-1804).

Um aspecto importante é que o pertencimento africano era um traço importante da identidade malê, o que – além de opô-los aos brancos colonizadores nascidos no Brasil – também não os situava em uma identidade muito amigável em relação aos negros e mestiços aqui nascidos. No Brasil Império, aliás, já se havia formado e consolidado uma nova identidade muito em voga, que era a dos *crioulos*, escravizados negros que haviam nascido no país (e que se distinguiam identitariamente tanto dos africanos como dos mestiços nascidos deste lado do Atlântico). Os crioulos, por exemplo, não participaram da Revolta dos Malês, o que já diz muita coisa. A "africanidade" dos malês parece configurar um aspecto importante de sua identidade, o qual se tensiona contra a condição mais genérica de "ser negro", no sentido de que sua revolta não pretendia se anunciar propriamente como um movimento libertador para todos os escravizados.

Um dado objetivo que dialoga ainda com o acorde "malê" de identidades era o predomínio, entre eles, da função de "escravos de ganho", pois possuíam conhecimentos e habilidades que os senhores não desejavam subaproveitar no mero trabalho braçal das fazendas. Além de serem bilíngues e da capacidade de ler e escrever em árabe, dominavam a matemática e eram portadores de habilidades não muito comuns no restante da escravaria. Por isso, funções que requeriam habilidade ou conhecimento – como a de alfaiates, artesãos, marceneiros, ferreiros ou douradores de imagens – podiam se abrir a eles como possibilidades, assim como o trabalho de professores. Luísa Mahin, uma liberta que contribuiu para a articulação do movimento malê, era quituteira, e nesta ocasião já havia tido um filho que se tornaria o célebre advogado abolicionista Luís Gama (1830-1882). Há indícios de que também um deputado e conselheiro do Império – o médico Salustiano Ferreira Souto (1814-1877) – esteja relacionado com os malês, já que foi enterrado com seus rituais típicos[98].

---

[98] O Conselheiro Souto era negro nascido em Vila Nova da Rainha (Bonfim), sendo filho de Antonio Ferreira Souto e de Maria Joaquina de São José, que teria sido uma das lideranças islâmicas no movimento malê.

Os malês, portanto, traziam um nível de instrução bastante considerável. Alinhando a habilidade, instrução e potencial revoltoso deste grupo escravizado que ambicionava construir uma nova sociedade – e não meramente fugir para quilombos ocultos na mata – o acorde "malê" terminou por se mostrar aos senhores de escravos e às autoridades repressoras dos levantes como algo bastante ameaçador, sendo por isso que muitos dos malês, após o fracasso do último grande levante, terminaram por ser deportados para a região do Benin, na África ocidental[99].

Na verdade, sem pensar evidentemente nos termos de "acordes de identidades" – mas de fato já percebendo pragmaticamente a importância de gerir os aspectos identitários dos africanos escravizados que foram transferidos para a colônia portuguesa pela diáspora negra –, os traficantes, senhores de escravos e autoridades provinciais já vinham de muito desenvolvendo estratégias para misturar identidades africanas com vistas a evitar os eventuais riscos de uma consonância identitária muito elevada em um mesmo local. Como sinal da preocupação de evitar o perigoso acúmulo de muitos africanos de uma determinada procedência em uma mesma capitania, existe uma carta escrita em fins do século XVIII por Dom Fernando José de Portugal (1752-1817), então governador da Bahia, que alerta o seu interlocutor para o fato de que não convinha juntar em uma mesma capitania um número preponderante de africanos oriundos da mesma nação ou estoque, sob o preocupante risco de que disto "facilmente podem resultar perniciosas consequências". O jogo das identidades, como se vê, constituía já desde então uma força histórica particularmente relevante[100].

---

[99] Quanto aos quatro principais líderes do levante, foram enforcados. Além disso, muitos dos revoltosos foram presos, e outros tantos foram açoitados.

[100] A carta do governador da Bahia – futuro vice-rei entre 1801 e 1806 – é citada por Nina Rodrigues (1932) e por Gilberto Freyre (1933), sendo que este último também cita um observador francês chamado Adolphe D'Assier – autor de um livro de 1867 que buscou retratar o Brasil – e que teria elogiado "a perspicácia da política portuguesa nos tempos coloniais, importando negros de nações diversas e até antagônicas" (D'ASSIER, p. 1.867. • FREYRE, 2002, p. 484). Por outro lado, também o naturalista inglês George Gardner, que esteve na Bahia em 1836 e escreveu *Travels in the Interior of Brazil*, parece sugerir uma relação entre a tendência à insubmissão da escravaria baiana e o fato de que "quase a população inteira daquela província é originária da Costa do Ouro" (GARDNER, 1846). O naturalista acrescenta que os africanos predominantes na escravaria baiana tinham "energia mental superior" devido às suas "íntimas relações com os mouros e árabes".

O exemplo histórico dos malês nos mostra um grupo multiétnico que possuía já por si mesmo uma identidade compósita. Além e aquém dos traços que mais acima discutimos, e que compõem o perfil *malê* básico, há outro aspecto particularmente interessante na composição desta identidade. Como etnia ou designação criada na própria diáspora para dar a compreender ou agregar africanos relacionados a determinados circuitos de proveniência e com características muito próprias, a "identidade malê" terminava por se superpor (mas sem eliminá-las) a outras identidades ainda tribais, originárias da própria África. Esta discreta superposição de identidades tribais, aliás, não era nada incomum no Brasil escravista, e podemos encontrar esta possibilidade de abarcamento de etnias originais africanas por uma identidade étnica mais ampla também em várias outras situações, tal como ocorreu com etnias de mediação como a dos nagôs[101]. Havia ainda as "etnias" ou identidades criadas pelos próprios portos euro-africanos ligados ao tráfico (podemos chamá-las de "etnias do tráfico"), as quais terminavam por agregar africanos de origens muito diversas sob designações como *congos, angolas, benguelas* ou *cabindas*[102]. Por ora, contudo, vamos nos restringir apenas ao exemplo dos malês, que já é de si bastante complexo.

Digamos que um escravizado fosse um *malê* (o que implicava ser islâmico, africano, negro, opositor ao catolicismo, guerreiro em luta pela sua própria liberdade). Isso não impedia que fosse muitas outras coisas. Para começar, os escravizados que aceitaram a identidade malê como uma forma de se autodefinir – e que assim eram vistos por outros (inclusive pelos senhores e pelos escravos não islamizados) – costumavam conservar bem vivas as suas identidades africanas de origem. A heterogeneidade étnica, desta forma, convivia com a homogeneidade religiosa proporcionada aos malês pelo islamismo. Alguns principais líderes das

---

[101] Sobre os *nagô*, assim observa o historiador baiano João José Reis: "Os nagôs, por exemplo, pertenciam a diversos grupos iorubás que viviam em vasta região do sudoeste da atual Nigéria. No Brasil, viraram todos nagôs, identidade à qual se amoldaram sem esquecer origens mais específicas" (REIS, 1996, p. 13). Por vezes a documentação traz à tona as verdadeiras etnias de origem que são abrangidas por estas "etnias de mediação", das quais a nagô é um dos principais exemplos. Assim, uma vez que os nagôs da Bahia também se envolveram ativamente na rebelião malê de 1835, foram depois submetidos a interrogatórios e, tal como ressalta ainda João José Reis, "perguntados sobre suas origens pelas autoridades, com frequência se diziam nagô-ba, nagô-oiô, nago-jabu, significando que vinham de subgrupos iorubás de Egba, Oyo e Ijebu" (REIS, 1996: 27).

[102] Sobre isto, cf. BARROS, 2009-b, p. 88.

revoltas malês vieram, por exemplo, dos *haúças* – etnia mais propriamente africana, originária de um território localizado na região do Sahel, na África ocidental[103].

Chegando a este ponto, podemos sintetizar mais rapidamente os elementos que interagem com a identidade malê. "Africano", "negro" e "islâmico" constituem três notas independentes (não é preciso ser africano para ser negro, e nem o contrário, da mesma forma que um grande número de povos ou indivíduos islâmicos não são negros nem islâmicos). Estas três notas, que isoladas podem ter a sua própria significação e independência, podem se unir no interior de um acorde. Já "malê", que também é uma nota identitária, depende das outras três. Mas é ainda possível encontrar africanos negros islamizados que não são malês (a exemplo dos fulas). Os haúças, por fim, constituem uma nova especificidade sintonizada com esta confluência. A rigor, eles conformam uma identidade bem encaixada dentro da identidade malê, e a compartilham com outros grupos análogos (outras etnias originárias da África).

Para além desta peculiar composição de notas tribais em combinações mais complexas, um indivíduo pertencente a um destes grupos abarcados pela identidade malê podia ainda agregar notas pessoais ao seu próprio acorde. Neste caso, sabe-se lá que notas identitárias a mais poderíamos identificar para um sujeito malê específico, pois neste caso precisaríamos descer do grupo social ao patamar do próprio indivíduo, o que não poderá ser feito nos limites de nosso texto. É oportuno lembrar que os malês e nagôs das diversas etnias que participaram do levante de 1835 tanto foram sujeitos históricos ativos – que estavam lutando para dirigir a história para uma nova direção – como também foram produtores de alguns textos que hoje podem ser tomados como fontes históricas. Os nagôs tinham o costume de registrar os acontecimentos, e muitas de suas anotações da época constituem, hoje, fontes históricas importantes para compreender aqueles acontecimentos. Depois de reprimida a revolta, os inquéritos e relatórios policiais também produziram novos registros e discursos sobre a Revolta dos Malês. Fora isso, a polícia apreendeu outros tantos objetos e textos pertencentes aos revoltosos. Todo este conjunto – e mais a narrativa dos acontecimentos pelos jornais de vários matizes políticos e sobretudo os autos dos processos que foram abertos – constitui

---

[103] O Sahel é uma extensa faixa de 5.400km de extensão, com largura variando entre 500 e 700km, que se situa logo abaixo do deserto do Saara e ao norte da savana sudanesa, cortando o continente do Atlântico ao Mar Vermelho.

hoje um *corpus* documental bastante significativo para o estudo do levante malê de 1835. Neste conjunto, os textos e registros produzidos pelos malês e nagôs podem se beneficiar da análise identitária que propus até aqui.

Por ora, o que pretendi mostrar com o exemplo histórico das identidades envolvidas na Revolta dos Malês de 1835, e que pretendo continuar a mostrar com as considerações que desenvolverei a seguir, é que a aplicação do conceito de "acorde" ao exame das identidades complexas proporciona algumas possibilidades que são de fato bastante ricas, tanto para a análise de fontes históricas como para a análise de fatos e de sujeitos históricos. Com isso, quero dizer que um acorde de identidades pode se referir tanto aos sujeitos que fazem a história (campo processual de acontecimentos) como aos sujeitos que escrevem textos e produzem fontes de todos os tipos. Poderia acrescentar, ainda, que os acordes identitários podem ser também aplicados aos indivíduos que escrevem a História (os historiadores)[104]. Há ainda alguns aspectos bem interessantes a observar no que se refere a esta perspectiva. Para aprofundar a abordagem nessa nova direção será preciso avançar, em seguida, em mais algumas considerações musicais.

5.4 As dissonâncias e movimentos nos acordes de identidades

Em minha explicação inicial sobre as características e potencialidades dos acordes, ao destacar sua função na harmonia musical mais ampla deixei de mencionar um aspecto bastante interessante que agora posso retomar. Na harmonia – que pode ser compreendida tanto como a arte de lidar musicalmente com os acordes como a disciplina que busca compreender estas possibilidades – as dissonâncias encontram um lugar especial. Uma *dissonância* é uma tensão produzida entre duas notas, uma espécie de discordância entre dois sons que parece provocar uma instabilidade quando escutamos o intervalo musical por ela produzido. A dissonância pode ser compreendida como uma contradição entre duas notas, por assim dizer. A *consonância*, ao contrário, produz a sensação de estabilidade. Ocorre que a sensação de dissonância (ou consonância) é relativa, e o acorde que pode soar dissonante em um certo contexto, ou em determinado ambiente harmônico (uma tonalidade, por exemplo) pode ser sentido como

---

[104] Essa perspectiva foi trabalhada no quarto volume da coleção Teoria da História, que recebeu o título de "Acordes historiográficos" (BARROS, 2011-d).

consonante em outro ambiente harmônico. De todo modo, o importante para a nossa discussão é que a harmonia é a arte de lidar esteticamente com as dissonâncias e consonâncias[105].

Para a nossa discussão sobre os "acordes de identidades", podemos argumentar que um sujeito inserido em uma sociedade não apenas tem a sua subjetividade composta por várias identidades (um acorde), mas também que estas identidades por vezes podem ser contraditórias entre si, apresentando tensões não resolvidas. Em poucas palavras: um acorde de identidades pode conter dissonâncias. A aplicação da perspectiva musical à análise histórica e social ajusta-se perfeitamente, neste caso, às situações que podemos perceber cotidianamente na vida social e na formação da configuração de subjetividades de um indivíduo. De fato, o caráter contraditório de certas configurações identitárias pode ser perfeitamente representável pela imagem do acorde que produz dissonâncias.

Por vezes, podemos até mesmo entrever (ou entreouvir) notas contraditórias disputando o mesmo território ou patamar de identidades. Com relação à "nacionalidade" – consideremos, neste momento, apenas este pequeno patamar – a Espanha contemporânea e a Catalunha podem constituir notas tensionadas no acorde de identidades de um mesmo indivíduo. Ou pode se dar que a nacionalidade espanhola seja somente um dado objetivo na posição social de um autor ou personagem examinado, demarcando a cidadania política que ele detém por ter nascido neste multinacional Estado Espanhol, e que o "pertencimento à Catalunha" é que seja uma nota efetiva do seu acorde de identidades. Alguém pode ser espanhol, mas se identificar somente com a Catalunha; ou pode se identificar com estas duas instâncias em um mesmo nível de intensidades. Este exemplo, e outros que poderiam ser dados, mostra que as identidades podem ser também

---

[105] Na teoria musical, uma explicação mais completa para a consonância entre dois sons remete à coincidência de alguns dos seus harmônicos (sons internos, que estão ocultos no interior de cada som). Embora o ouvido humano não possa perceber isto diretamente, toda nota musical já traz dentro de si uma espécie de acorde oculto, que corresponde à sua série harmônica. De acordo com as diferentes intensidades destas notas internas, e conforme os diferentes formatos das ondas sonoras por elas produzidas, originam-se os diferentes timbres – estes sim, perceptíveis pelo ouvido humano, que consegue distinguir um dó produzido por um violino de um dó produzido por uma flauta ou por qualquer outro instrumento. A continuidade desta explicação, contudo, iria nos levar muito longe, para muito além de nossos objetivos neste momento. Para aprofundar, cf. BARROS, 2011-d, p. 15-16. Para uma explicação acústica, cf. LOUREIRO & PAULA, 2006, p. 87-91.

compostas de aspectos contraditórios, e que a imagem do "acorde de identidades" pode ser um recurso para representar estas contradições.

De um cidadão negro que habita uma comunidade ou sociedade nacional na qual preponderam políticas racistas que, na prática, o reprimem e tolhem suas oportunidades sociais efetivas, espera-se a princípio que ele não seja politicamente conservador. No entanto, a "negritude" – o orgulho de ser negro – e a perspectiva política ou social conservadora, podem eventualmente coabitar o acorde de identidades de um mesmo indivíduo. Não é o que esperamos, mas pode ocorrer. O que explica esta dissonância, se é que ela pode ser explicada? Quem sabe se uma outra nota do "acorde de identidades" – talvez o pertencimento a uma certa expressão religiosa com ressonâncias conservadoras – não seria o "som" que completa uma tríade? Teríamos aqui o elemento catalisador que aproxima duas outras notas que somente se combinam às custas de muita tensão? Ou o conservadorismo teria se agregado a este ou àquele acorde de identidades pessoais motivado pela inserção do indivíduo em certa família, ou pela influência recebida de outros indivíduos que a ele se ligaram afetivamente. Qual o papel do oportunismo ou das estratégias de ascensão social, das circunstâncias que levaram duas notas dissonantes ou contraditórias a se entrelaçarem em um intervalo acórdico? Cada caso precisa ser investigado a partir das próprias fontes. De todo modo, as contradições de fato ocorrem – não é difícil observar – em boa parte das configurações identitárias com as quais podemos nos deparar na própria vida cotidiana. A imagem do acorde também pode representá-las.

É igualmente importante dar a perceber que os acordes de identidades não são dados de uma vez e nem permanecem estabilizados durante toda a vida de um indivíduo, ou tampouco durante toda a sua inserção em uma sociedade. As identidades se formam e se conformam, algumas de suas notas resolvem em outras, e os acordes identitários se transformam, o que também ocorre na música. Em uma obra musical, os acordes podem se suceder uns aos outros, se for o caso, mas também podem conservar notas comuns entre si. Essa sucessão de acordes, aliás, é o que compõe a harmonia de uma música, às vezes como base para uma melodia que se desenvolve sobre ela. Quero destacar, portanto, que o uso da imagem do acorde para compreender a dinâmica das identidades também contempla a possibilidade de entender as identidades em seu movimento.

Gostaria de argumentar que há períodos da história e lugares em que certas identidades parecem se sobressair mais do que outras na configuração da imagem social do indivíduo. Já em outros espaços-tempos as identidades parecem mais múltiplas e intercambiantes, mais móveis e mais instáveis, e muitos sociólogos e historiadores têm percebido as últimas décadas do século XX e as primeiras décadas do novo milênio como um destes momentos, talvez favorecido pela rapidez das mudanças tecnológicas e pela facilidade e imediatez das telecomunicações, que disponibilizam para todos os indivíduos interconectados um universo diversificado e planetário de possibilidades[106]. De minha parte, acredito que em qualquer período histórico encontraremos dificuldades de considerar um indivíduo como identitariamente único e imobilizado na sua vida social, embora nas sociedades mais antigas o maior peso da tradição proporcione uma harmonia de fundo mais estável. De todo modo, e em um caso e outro, a imagem do acorde de identidades também proporciona aqui uma perspectiva útil. Também podemos considerar que um sujeito pode assumir distintas identidades (ou acordes identitários) em ambientes diferentes e em momentos diversos. As notas, por fim, podem se destacar com diferentes intensidades em lugares distintos, umas ressoando mais enquanto outras recuam, conforme as mudanças nos distintos ambientes sociais frequentados pelo mesmo indivíduo.

Dito isto, para a questão que nos interessa mais diretamente neste livro – a qual se relaciona ao objetivo de oferecer um caminho interessante para a análise dos lugares de produção das fontes históricas – a imagem do "acorde de identidades" mostra-se bem operacional. Tal recurso teórico-metodológico, por outro lado, é tanto aplicável ao estudo de autores de textos cujos "lugares de produção" precisamos decifrar, como para a análise de personagens históricos diversos mencionados nestes textos ou perceptíveis em fontes de todos os tipos. Ou seja, se as fontes históricas são escritas por seres humanos – complexos e possivelmente contraditórios – a própria história (campo de processos e acontecimentos) é ela mesma habitada por homens e mulheres complexos e contraditórios. O recurso aos "acordes de identidade" é aplicável tanto à análise dos seres humanos como produtores de textos como à análise dos seres humanos como objetos e sujeitos da história.

---

[106] Cf. Zygmunt Bauman (2005), Stuart Hall (2006) e David Harvey (1993).

Posto isto, o esboço de "acordes de identidade" é apenas um dos procedimentos que constituem uma boa análise, seja de fontes históricas (textuais ou de outros tipos) ou de objetos históricos (processos e acontecimentos). Dizer isso é considerar que precisamos sempre compreender a configuração identitária de um sujeito – um autor de textos, por exemplo – situando-o na história (mais ampla) e na sua própria história individual ou trajetória de vida. Em poucas palavras, precisamos analisar as circunstâncias que o envolveram, particularmente no momento em que ele escreveu um texto que agora tomamos como fonte histórica. Além disso, conforme veremos no próximo item, nenhum texto existe isoladamente. No momento de sua criação um texto sempre dialoga com outros, e depois de sua elaboração continua a dialogar com outros textos, indefinidamente.

5.5 Textos que interferem no texto (intertextualidades)

Não apenas a época, a sociedade e a posição social do autor, junto ao seu acorde de identidades, interagem para definir o lugar de produção de um texto. Para este também confluem outros textos, uns utilizados conscientemente pelo autor, outros interferindo em sua escrita mesmo sem a sua perfeita compreensão disto, ou, em alguns casos, mesmo sem nenhuma consciência intertextual. Chamamos a este fenômeno de *intertextualidade*, aqui entendida como o diálogo, ou a relação dialógica, que se estabelece entre vários textos. O lugar de produção de um texto é também formatado pelo intercurso de outros textos.

Para começar, quando um autor escreve um texto que pode ser enquadrado no interior de certo gênero textual, está dialogando necessariamente com as convenções e modos de fazer pertinentes a este gênero. Um poeta, ao escrever versos – frases curtas e paragrafadas que rompem com o fluxo contínuo do discurso em prosa, agrupando-se depois em unidades mais amplas que são as estrofes – estará em intertextualidade com todos os que escreveram poesia antes dele, e que ajudaram a constituir e a consolidar este gênero literário. Ao rimar, estará dialogando com um certo padrão de poesia. Possivelmente, cada poeta leu outros poetas e talvez traga influência de alguns daqueles que leu. Isso pode ocorrer implicitamente, mas pode ocorrer que ele cite – nomeando-o ou não – outro poeta ou um certo poema. Essa é uma forma de intertextualidade mais direta.

Poderíamos seguir adiante. Aquele que escreve cartas adota certas convenções que são próprias do gênero epistolar: a localização, a datação, a assinatura, certos tipos de evocação de abertura e modos de se despedir.

Entrementes, há outras intertextualidades mais diretas: aquelas em que um autor cita o outro, verbalmente, ou pronuncia uma frase deste autor anterior que seja suficientemente conhecida e que dispense até mesmo a citação. Pode ser que, mesmo sem citar um texto ou outro autor, o escritor de um texto deixe-se influenciar por estes. Um romancista aprendeu a escrever romances lendo outros romancistas. Um historiador, sociólogo ou antropólogo assimilaram certos conceitos típicos de suas disciplinas, ou de alguns setores teóricos no interior de suas disciplinas, e ao utilizá-los – citando ou não suas referências primordiais – estão estabelecendo um diálogo intertextual com outros autores que habitam o âmbito teórico de seus campos de saber.

Há textos que praticamente não têm muito sentido sem a prática da intertextualidade. Certos tipos de notícias de jornais contemporâneos, como os noticiários políticos, são habitualmente construídos citando discursos, falas e atos dos agentes que interferem no campo político. Citar falas ou pronunciamentos é típico deste gênero textual. No discurso científico, também está consolidada a prática de citar os cientistas anteriores que se debruçaram sobre o mesmo problema, seja para refutá-los, para corrigi-los, adaptá-los, ou partir de suas descobertas, aportes metodológicos e invenções teóricas. Por fim, o próprio uso cotidiano de uma língua é atravessado, na sua miríade de discursos, por intertextualidades de todos os tipos[107].

As intertextualidades podem se perder no tempo, mas ainda assim é possível que especialistas em análise textual e filólogos as recuperem parcialmente. Voltaremos ao exemplo das narrativas bíblicas. Tomemos os livros de *I e II Reis*, que é um dos livros constituintes do *Antigo Testamento*. À parte a já mencionada constatação de que algumas destas narrativas bíblicas possuem diversos autores, muitas vezes situados em temporalidades distintas – uns interpolando novos trechos de discurso naqueles textos ou passagens que já haviam sido

---

[107] No livro que antecede a este – *Fontes Históricas – Introdução aos seus usos historiográficos* (2019) – trouxe alguns exemplos de famosas frases que hoje são pronunciadas emblematicamente, mas que na verdade são intertextualidades que remontam a personagens históricos ou antigos textos. Tornou-se corriqueira a frase "a sorte está lançada", pronunciada pela primeira vez por Júlio César ao atravessar o Rubicão como uma declaração de guerra a Pompeu (BARROS, 2019).

produzidas por autores anteriores, outros empreendendo modificações mais ou menos substanciais – deve-se considerar ainda que alguns daqueles relatos foram produzidos a partir de fontes preexistentes. Podemos pensar em documentos anteriores, crônicas perdidas, dos quais se valeu certamente o primeiro redator do livro dos *Reis*. Assim, conforme uma leitura atenta destes antigos textos, pode-se perceber que são mencionados explicitamente no livro dos *Reis* – quase à maneira de um historiador que cita suas fontes – alguns desses livros perdidos: o *Livro dos Atos de Salomão* (1Rs 11,41), possivelmente escrito durante o reinado de Salomão entre 970 e 931 a.C., o livro dos *Anais dos Reis de Israel*[108] e o livro dos *Anais dos Reis de Judá*[109], posterior ao cisma que em 931a.C. dividiu os reinos do norte e do sul. Estas datas de livros perdidos foram obtidas por especialistas que analisaram muitos aspectos – como vocábulos, modos de expressão, menção a costumes e rituais que só passaram a existir em certa época, ou a outros que deixaram de existir em certo momento, referências históricas e assim por diante. Não é o caso de discutir estes aspectos em maior detalhe, pois aqui só queremos evocar um exemplo. Outras fontes não mencionadas no livro dos *Reis* também são perceptíveis, pois deixaram marcas intertextuais, como as fontes do *ciclo de Elias* e do *ciclo de Isaías*, possivelmente escritas não mais no ambiente das cortes mas dos profetas[110].

Esta grande variedade de "textos por trás do texto" pode nos dar uma ideia do material a partir da qual o primeiro redator escreveu o livro dos *Reis*. Essa complexa rede intertextual nos coloca diretamente diante do problema de que nenhum autor escreve um texto a partir do nada. Frequentemente ele trava diálogos com textos anteriores: ou de maneira explícita – como foi o caso que acabamos de discutir – ou de maneira implícita, por vezes até sem que o próprio autor se dê conta disto. Um homem, já dizia um provérbio árabe, "é muito mais filho de seu tempo do que de seus próprios pais", e neste sentido está sempre em permanente diálogo com sua época. Mas uma época também está em permanente diálogo com as suas anteriores, e isto também se inscreve no diálogo intertextual de um autor.

---

[108] Citado dezoito vezes, entre 1Rs 14,19 e 1Rs 15,31.

[109] Citado quinze vezes entre 1Rs 14,29 e 2Rs 24,25.

[110] DELORME, 1969, p. 445.

Para certos documentos ou fontes históricas textuais, é somente depois de examinar estes autores ocultos que se inscrevem nos textos dos autores principais – sobretudo no caso de obras de pretensões historiográficas – e de nos conscientizarmos acerca das demais épocas que se insinuam por debaixo da sua época, que podemos refletir sobre o autor ou autores explícitos. No caso do primeiro e principal redator de *Reis*, para continuar o nosso exemplo, assinalamos que ele escreve contemporaneamente à Reforma Deuteronomista de Josias em 631 a.C., provavelmente de um meio sacerdotal[111]. A reforma deuteronomista apresenta como dois aspectos fundamentais o rigor quanto às questões da *unicidade de culto* e da *unicidade do lugar do culto*. A luz geral que atravessa o livro de *Reis* é esta: a sucessiva avaliação de todos os reis – de Salomão ao exílio – conforme o grau com que eles se afastam ou se aproximam destes dois preceitos fundamentais. Ou seja, um rei é tanto pior quanto mais facilmente permite a pluralidade de cultos ou o enaltecimento de outros lugares de culto que não Jerusalém. Desta forma, a referência-padrão é o rei Davi, unificador do culto e conquistador de Jerusalém, e o antimodelo é Jerobão, que mais permitiu a pluralidade de cultos e incentivou a diversidade de lugares santos[112]. Portanto, o que faz o primeiro redator de *Reis* é se apropriar de toda uma série de textos anteriores e produzir deles uma nova leitura, consoante os seus próprios interesses (de sua época, sociedade, instituição). Seu novo texto é gerado a partir do diálogo entre o momento em que ele mesmo se inscreve e aquela série de textos anteriores. E a contribuição final a este diálogo é acrescentada pelos dois redatores posteriores do livro, um durante e outro depois do exílio babilônico, que já reformulam a primeira redação em função da catástrofe de 586 a.C.

O exemplo bíblico discutido acima mostra os tipos de intertextualidades que eram típicos da "era dos manuscritos". Quando adentramos a "era dos impressos", começam a se afirmar certas tendências a explicitar mais as intertextualidades, e mesmo indicar com maior precisão as edições livrescas dos textos ou os lugares das fontes, quando não estão editadas (arquivos, por exemplo), particularmente em certos campos discursivos como o das ciências de todos os tipos. Um movi-

---

[111] Em que pese uma grande controvérsia a respeito, baseamo-nos nas conclusões de autores como: DE VAUX, R., 1958. • PFEIFFER, 1941. • SNAITH, 1944.

[112] BALLARINI, 1976, p. 169.

mento nesta direção, a rigor, já começa com a escolástica medieval, no qual uma série de práticas autorais e editoriais são introduzidas, embora ainda relacionadas ao padrão manuscrito. Dialogar explicitamente com certos autores – principalmente aqueles considerados basilares – torna-se muito comum. Contudo, ainda acompanhando o ambiente de práticas textuais típico da Idade Média, há um cuidado menor em explicitar intertextualidades, ao menos quando comparado com o padrão que se estabelece com a civilização dos impressos. Ainda não estavam disseminadas práticas como a de colocar entre aspas os trechos extraídos de outros autores – ou seja: as intertextualidades diretas existiam, mas suas fronteiras eram pouco explicitadas através de recursos gráficos – e mesmo o autor de um texto nem sempre estava particularmente interessado em explicitar de maneira inconfundível o que era uma contribuição dele mesmo.

Para os historiadores – aptos a tratar os textos e outros materiais como fontes históricas que permitem inferir análises sobre os indivíduos e as sociedades que os produziram – estas sinalizações de autoria e de assimilação explícita de intertextualidades são elementos importantes, que permitem situar um texto com maior precisão no seu lugar de produção, agora não mais apenas social mas também autoral, o que abre espaço para novas possibilidades de análise. Toda esta revolução nos modos de produzir textos e de assinalar intertextualidades beneficia o trabalho dos historiadores, oferecendo possibilidades de maior precisão na identificação do lugar de produção de suas fontes. Outrossim, a prática da intertextualidade, conforme já vimos, é tão antiga quanto o primeiro texto um dia escrito, e procedimentos diversos de indicação intertextual ou de interferência em um texto podem ser identificados em produções muito antigas.

O recurso às notas de rodapé, por exemplo, remonta à Antiguidade. Encontramo-lo tanto como forma de um compilador de uma obra interferir em um texto prévio que está editando (ou em uma criação da tradição oral que está pondo por escrito), como em autores que as usaram para dialogar consigo mesmo, reabrindo caminhos alternativos no interior do seu próprio texto sem afetar o fluxo do texto central. Heródoto, por exemplo, costumava utilizar as notas de rodapé para comentários que hoje chamaríamos de "notas eruditas", estendendo comentários alternativos que de outra maneira quebrariam o fluxo narrativo. O uso das notas de rodapé segue adiante com a civilização grega, e também foi amplamente praticado na Antiguidade Chinesa. De certo modo, temos com este tipo específico de notas de rodapé, que são usadas para desdobrar o próprio texto, algo distinto da intertextualidade, mas igualmente importante: a intratextualidade, uma prática que permite ao autor criar textos dentro de textos, e que modernamente, na sociedade digital, cumpre uma função análoga à dos hiperlinks[113].

Além dos procedimentos que já de longa data constituem de muitas maneiras a complexa dimensão da autoria, e que desde já oferecem aos historiadores um vasto campo de análise, é oportuno lembrar ainda que, a partir do século XVIII, a própria moderna constituição da figura do autor – situando-o no interior de uma profissão ou função mais ou menos definida, e elevando-o ao patamar de um personagem que pode evocar a seu favor toda uma nova legislação de direitos autorais – coloca em cena um agente histórico que pode ser analisado pelos historiadores em si mesmo. Ou seja, se a autoria pode vir a ser uma das dimensões constitutivas das fontes históricas, a própria figura do autor é ela mesma um objeto historiográfico de peculiar interesse, constituindo o campo da chamada História Intelectual[114].

Por outro lado, é importante se ter em conta que nem todos os textos que se colocam em circulação em uma sociedade são discriminados pelo nome de um autor; além disso, há o autor que se torna uma função-pública, como aqueles que se tornam escritores conhecidos cujos livros serão vendidos e postos em circulação, e há o autor de um texto em nível privado, como aqueles indivíduos comuns que escrevem cartas assinadas, uns para outros, diários para a sua própria prática pessoal, relatórios para circularem no ambiente de suas profissões específicas, e assim por diante. Para os historiadores, estes indivíduos e agentes também são autores, em seu próprio nível de produção textual e voltados para uma "recepção leitora" mais específica. Seus textos também são fontes históricas importantes, aos olhos dos historiadores – dependendo do problema histórico que se tenha em vista, podem até mesmo ser mais importantes.

---

[113] Também é já bem antigo o uso das notas de rodapé para promover mediações intertextuais de vários tipos. Assim, na tradução de textos mitológicos ou religiosos de outras culturas, os homens de letras ligados à Igreja Medieval costumavam usar algo similar às notas de rodapé para traçar correspondências entre as divindades de diferentes povos. As notas, desta maneira, possibilitavam a tradução de diferentes culturas entre si, elevando a intertextualidade a um patamar intercultural. Por outro lado, o uso moderno das notas de rodapé intensifica-se a partir do século XVIII, conectado ao desenvolvimento da Erudição.

[114] Na Inglaterra, o *Copyright Act* é instituído em 1709.

Por ora, os exemplos evocados até aqui nos bastam. Estamos a ponto de completar um rastreamento dos diversos fatores que fundam o lugar de produção de um discurso: *Espaçotemporalidade*, situação da *autoria* no que se refere à sua posição social (coletiva, cultural, institucional, estética, econômica, familiar, profissional etc.) – além de toda uma *intertextualidade* que circunda o autor e seu texto. Tudo isto posto em uma relação interativa, que cabe ao historiador decifrar e interpretar à luz das *circunstâncias* de produção do discurso, conflui para a produção, reapropriação, circulação e perpetuação de um texto. Entrementes, o último fato é de certa forma aquele que abarca ou interpenetra todos os outros. Vamos denominá-lo, no decorrer do próximo item, de "demandas sociais". Um texto, é o que sustentaremos, torna-se possível na sua produção individual e na sua reapropriação coletiva porque certas demandas sociais o favoreceram.

5.6 Demandas sociais

Um texto não surge apenas porque o seu *autor* – situado socialmente em determinado *lugar-tempo* – existe como possibilidade. Tampouco as *circunstâncias* de produção e reapropriação dos textos, se em parte os possibilitam e neles deixam as suas marcas, constituem tudo o que autoriza a expressão e afirmação de um texto, a sua assimilação e o seu formato final. O mesmo se pode dizer da intertextualidade, compreendida como um conjunto de redes em diferentes planos que se entrecruzam neste ponto imaginário que configura uma realização textual. Todos estes fatores são decerto essenciais, e mesmo fundamentais (com exceção da autoria, que pode ou não ocorrer dependendo do tipo de texto que estejamos considerando), e se integram de maneira complexa no esforço múltiplo que permite a emergência de um texto e sua continuidade. Teríamos uma visão incompleta, entretanto, se não assinalássemos que os textos se tornam socialmente possíveis porque há *demandas sociais* que para isto concorrem.

Poderíamos chamar as "demandas sociais" de "campo social", se fosse o caso, pois elas constituem um universo de forças, tendências e predisposições que interagem de maneiras diversas e criam um ambiente de probabilidades favorável à emergência e projeção social de algumas possibilidades textuais. No esquema abaixo (Quadro 5), integramos este fator final (as "demandas sociais"), conforme a discussão que será proposta neste próximo item, e sintetizamos o que já vimos até aqui em cinco fatores que, juntos, demarcam a possibilidade de um texto. Ressalto mais uma vez que o fator "autoria" é opcional, pois o universo das fontes históricas com as quais lidam os historiadores também pressupõe as possibilidades de textos que não apresentam um autor designável (como os documentos cartoriais, por exemplo, ou os processos criminais, que constituem um entremeado de textos de múltipla procedência, e assim por diante).

Quadro 5: Cinco fatores que tornam possível uma realização textual

As "demandas sociais", conforme veremos a seguir, constituem um campo de muitas forças, pressões e tendências – algumas em contradição com outras – que de certa forma criam o clima ou preparam o cenário para a possibilidade de um texto ou de uma tendência textual. Os medos e desejos predominantes em uma sociedade, as expectativas que estão no ar em determinado momento, as necessidades impostas pelos acontecimentos, as questões cruciais ou corriqueiras da época, os pequenos e grandes impasses, as possibilidades econômicas, as tradições e os desmembramentos das inovações recentes – há um vasto conjunto de elementos, difícil de enumerar em vista da sua diversidade, que parece favorecer ou abrir caminho para certas realizações textuais em determinado momento historicamente localizado. Para nos aproximarmos desta ideia, vamos considerar a situação dos textos que apresentam autoria, apenas para facilitar o raciocínio.

Um *autor*, tocado por certas *intertextualidades* e motivado ou autorizado por certas *circunstâncias*, pode escrever um texto. Este surgirá em um *lugar-tempo*, sem o qual não poderia existir. No entanto, esse texto poderá permanecer para sempre oculto aos olhos de uma sociedade. Muitos textos, ainda que magistrais, permaneceram escondidos em gavetas, ou depois de elaborados foram entregues "à crítica trituradora das traças". Isso mostra que certas condições podem tornar possível a escrita de um texto, mas ainda não significa que este se projetará, minimamente que seja, em uma sociedade, ou que encontrará sequer um único e verdadeiro interlocutor, tal como ocorre na correspondência entre dois amigos. Isolado de uma rede social, mínima que seja, e de alguma projeção coletiva ou função na sociedade, o texto permanece como fato singular – como realização de um autor, certamente, mas sem uma dimensão social que permita que se complete o seu circuito de produção e recepção. O que dá aos textos a possibilidade de ter uma existência social – ou seja, de serem lidos por outros para além de seu próprio autor, ou de cumprir alguma finalidade quando se trata de outros tipos de textos – é a combinação de fatores que demanda pela sua existência[115].

Falemos de textos mais complexos. Para simplificar, vamos nos ater aos textos mais explicitamente autorais – embora o raciocínio possa ser aplicado para as mais variadas realizações e criações humanas. A princípio, os textos autorais que os historiadores podem tomar como fontes podem se mostrar como criações de indivíduos, mas eles teriam permanecido como sementes que não encontraram o seu solo – e que jamais teriam ultrapassado a pequena esfera imediata do seu autor, alcançando um verdadeiro ambiente social – se não houvesse demandas sociais para que ele tivesse sido criado. Se há um autor e uma demanda social, e

---

[115] Em um caso, vou me referir a textos criativos ou discursivos de todos os tipos – como romances, ensaios, bulas papais, ou o que mais seja. Em outro caso, poderei me referir a textos como aqueles que fazem parte de uma rotina ou do modo de funcionamento de uma sociedade, como as certidões de nascimento, processos criminais etc. Um processo criminal é produzido porque existem crimes e a decisão coletiva de uma sociedade de puni-los ou repará-los, oferecendo ao indivíduo uma oportunidade de defesa e à sociedade o ruidoso espetáculo ou a confortante transparência da justiça (demandas sociais mais amplas), e também porque foi cometido este ou aquele crime em certo momento, o qual gerou um processo específico (uma demanda social mais singular, localizada).

as circunstâncias permitem, um texto surge e se instala em uma rede intertextual, ao mesmo tempo em que encontra o seu leitor e adquire um significado social[116].

Posto a circular, pode ser que um manuscrito permaneça um texto herético, o qual perturbará ou não a Igreja oficial. Pode ser que corra de mão em mão em uma pequena sociedade secreta; ou que seja lido no circuito mais singelo de uma vizinhança. Talvez circule nos circuitos mais restritos que estavam previstos para ele, em se tratando de uma realização textual da época dos manuscritos. Ou pode ser que alcance, já na era dos impressos, grandes tiragens em sua própria época, ou que atinja outros tempos, transformando-se em um passado para sempre presentificado pelo interesse que lhe for atribuído pelas sucessivas gerações. Pode mesmo ocorrer a situação, de fato não muito incomum, de que um texto autoral permaneça praticamente desconhecido de seus contemporâneos, mas se transforme em surpreendente *best-seller* na geração seguinte, sob novas demandas sociais.

A vida social de um texto – sua multiplicação em cópias manuscritas ou exemplares impressos, sua difusão para uma multidão de leitores, seu encontro de apenas uns poucos interlocutores ou mesmo de um só – está relacionada ao que designei mais acima como "demandas sociais". Se pretendemos analisar historiograficamente um texto – e, antes disso, compreender efetivamente o seu "lugar de produção" – devemos nos perguntar também pelas condições e demandas sociais que o tornaram possível, provável, desejável, exequível, capaz de desfechar um circuito social de produção e recepção. Há uma série de elementos – de mínima e de grande envergadura – que tornam um texto possível nas suas duas pontas (a produção e a recepção). É verdade que algumas destas demandas sociais entram por dentro do autor, mesmo sem que ele perceba. Mas elas existem independentes dele, ser humano específico, individualizado, entretanto capaz de se alinhar a elas. Por ora, vamos ao exemplo de grandes obras.

De Nicolau Maquiavel (1469-1527), um autor que examinaremos a título de exemplo no próximo capítulo, podemos dizer que ele reunia em si mesmo certas capacidades que o habilitavam a se tornar autor da obra *O Príncipe* (1513), ou a produzi-la na sua especificidade. As circunstâncias também tornaram possível

---

[116] Circunstâncias muito específicas envolvendo um autor e outros agentes podem proporcionar tanto o surgimento de um texto quanto a sua publicação, divulgação, preservação, e assim por diante. Enquanto isto, as "demandas sociais" – referentes ao campo social como um todo – também interferem nestes vários níveis.

que ele a escrevesse. Como uma obra que procura ensinar a arte da boa governança, este texto também reunia condições de encontrar seu lugar em uma grande rede intertextual já habitada por outras realizações que se orientaram por objetivos análogos, tal como os "espelhos de príncipe" que haviam florescido na Europa medieval. Na verdade, esta *rede intertextual*, estas *circunstâncias*, e este *autor* chamado Maquiavel se combinam para possibilitar a emergência desta obra neste *lugar-tempo* que foi a Itália renascentista, e o texto não existiria sem a combinação destes quatro fatores. Este tratado, entretanto – fundador daquilo que poderemos chamar de "realismo político" –, poderia ter permanecido desconhecido da sociedade ou do circuito social ao qual se voltou, ou poderia mesmo ter sido ignorado pelo leitor privilegiado ao qual ele se dirigiu em dedicatória (o governante Lorenzo de Médici). O que possibilitou a projeção social desta obra, em sua própria época e em outros tempos? Perguntar isso é inquirir as demandas sociais que preparam o cenário para a projeção social de um texto. Uma análise cuidadosa deve ser feita para ao menos tangenciarmos uma adequada compreensão sobre o conjunto de fatores que tornou o "realismo político" um campo de reflexões promissor[117].

Se eliminarmos um autor, mas conservarmos certo caldo intertextual, as circunstâncias apropriadas, e, sobretudo, as demandas sociais que instigaram, favoreceram ou exigiram o advento de determinada realização textual, certamente não teremos o mesmo texto, mas possivelmente haverá um bom substituto para ele – uma obra que talvez atenda a expectativas sociais similares, ou um texto que cumpra funções análogas. Existe a velha pergunta, tema de tantos filmes e obras de ficção: se fosse possível voltar no tempo e eliminar um tirano, até que ponto isto mudaria efetivamente o curso da história, sem que as demandas sociais providenciassem um substituto para uma tarefa análoga à que foi por ele desempenhada? O livro *Mein Kampf* (1923) precisou de Adolf Hitler para ser criado, bem como de suas circunstâncias. Mas o próprio líder da Alemanha Nazista – Hitler ou outro qualquer que poderia tê-lo substituído de uma maneira ou de outra em sua ausência – foi ele mesmo produzido por certas "demandas sociais".

---

[117] Voltaremos a uma reflexão de maior profundidade sobre o "lugar de produção" de *O Príncipe* no próximo capítulo.

A questão é polêmica. De todo modo, não precisamos tanto dela, senão para chamar atenção para o fato de que os textos não se projetam nas sociedades que os abrigaram, ou que deles se apropriaram, meramente por causa de seus autores, de suas circunstâncias e da sua rede de intertextualidades. Se a escritora britânica J.K. Rowling (n. 1965) não tivesse se dedicado à literatura infantojuvenil, certamente não teríamos a série dos sete romances protagonizados por Harry Potter (1997-2007). Não obstante, é possível (não obrigatório, mas possível) que as demandas sociais que possibilitaram a edição e o extraordinário sucesso desta série favorecessem o surgimento de uma obra diferente, mas que cumprisse funções análogas junto ao público-leitor infantojuvenil. Questionar as demandas sociais é parte importante da análise historiográfica de um texto.

A História Intelectual e a História da Literatura – mas também os historiadores que utilizam os romances clássicos de épocas anteriores para compreender as sociedades que os viram nascer – poderiam lançar perguntas importantes ao lugar de produção do *Dom Quixote de La Mancha* (1605), de Miguel de Cervantes. A obra oferece a oportunidade de lançar um olhar específico sobre a Espanha da época de Cervantes, mas proporciona ainda a possibilidade de investigar como esta época, ou parte daqueles que nela viveram, avaliou o imaginário da cavalaria que era tão típico de uma época anterior, atentando para o fato de que o romance de Cervantes é uma obra satírica, capaz de criticar a sociedade retratada, mas também a sua própria sociedade contemporânea. O *Dom Quixote* de Cervantes (1547-1616) merece prosseguir inspirando questionamentos historiográficos variados sobre o seu autor, sobre suas intertextualidades, suas circunstâncias de produção, e, sobretudo, sobre as demandas sociais que favoreceram a impressionante projeção desta obra junto ao público leitor da época. Por outro lado, também se poderia indagar pelas demandas sociais que asseguram a sua extraordinária continuidade como um dos livros mais lidos de todos os tempos[118]. Como objeto de estudo ou como fonte histórica para compreender a Espanha da virada para o século XVII, o *Dom Quixote* segue inspirando análise historiográficas.

Um gênero textual também parece surgir mais recorrentemente porque chegou a sua hora: porque já se afirma um ambiente favorável à sua recepção.

---

[118] Alguns meses depois de sua primeira edição, em 1604, *Dom Quixote de La Mancha* já atinge a sua segunda edição. Pesquisas hoje, no século XXI, mostram-no como o livro mais vendido de todos os tempos.

Vejamos um exemplo mais concreto. Compreendida como o gênero especulativo que lida imaginativamente com temáticas relacionadas à invenção tecnológica, à mecanização da vida humana, às sociedades do futuro ou à existência de vida extraterrestre – entre outros temas que articulam a literatura e a reflexão sobre a ciência – a "ficção científica" surgiu quando autores dotados de uma imaginação adequada para a exploração do gênero se associaram às demandas sociais favoráveis à sua difusão. O *Frankenstein* inventado em 1816 por Mary Shelley (1797-1851), as obras de Júlio Verne (1828-1905) na segunda metade do século XIX, ou as realizações de H.G. Wells (1866-1946) na transição do século XIX para o século seguinte, atestam a demanda por este novo tipo de literatura no contexto de instalação e desenvolvimento das sociedades industriais.

Por outro lado, se a Europa industrializada em formação já estava pronta para este novo gênero literário – que tematizava tanto a tecnologia como as suas implicações sociais –, já a experimentação isolada deste campo temático na *História Verdadeira* (II e.C.), escrita ainda no Império Romano por Luciano Samósata (125-181), revela a possibilidade de evocar a temática das viagens espaciais como "paródia" que se coloca contra a rede intertextual dos "relatos de viagens", os quais o autor romano queria satirizar em vista do seu uso indiscriminado de acontecimentos fantásticos e míticos como fatos verídicos[119]. Percebe-se, aqui, que esta obra surge para atender a uma outra função, mais crítica que especulativa, e que não existiam ainda demandas sociais para o florescimento da ficção científica propriamente dita, apesar da imaginação fértil revelada pelo autor.

Alguns séculos depois, será ainda com uma função marcadamente filosófica – agora destinada a refletir sobre a relatividade da vida humana e sobre a variedade de pontos de vista – que o iluminista francês Voltaire (1694-1778) coloca em cena um gigante descomunal que habita Sirius e que um dia chega ao planeta Terra, no pequeno livro *Micrômegas* (1752)[120]. Esta última obra, à parte a temática fantástica de superfície, logo revela o espírito que a anima – iluminista,

---

[119] SAMÓSATA, 2012 [original: II e.C.]. Sobre a *História Verdadeira*, de Luciano Samósata, cf. CABRERO, 2004. • LAIRD, 2003.

[120] Este conto filosófico de Voltaire já surge por si mesmo em intertextualidade com as *Viagens de Gulliver* (1726) de Jonathan Swift (1667-1745), que também abordam a relatividade dos pontos de vista produzidos a partir de diferentes escalas em três surpreendentes sociedades, respectivamente habitadas por anões, gigantes e cavalos inteligentes e falantes.

comparatista, relativista – principalmente quando a comparamos com outras obras do mesmo autor. O Voltaire de *Micrômegas* é o mesmo autor das *Cartas Inglesas* (1734), uma obra cujo objetivo também foi o de proporcionar um novo olhar sobre as coisas a partir do deslocamento para um outro ponto de vista. Da Inglaterra, país no qual se encontrava exilado, Voltaire conseguiu enxergar melhor a França, e, concomitantemente, criticá-la com bastante veemência ao confrontá-la comparativamente com a sociedade inglesa. Da altura de um gigante extraterrestre que chega à Terra em uma fábula imaginária, ele pretende nos fazer compreender a relatividade de todas as escalas e pontos de vista.

Voltando ao nosso ponto, as primeiras obras isoladas que utilizam as viagens espaciais como pretexto para a sátira, ou como caminho para a especulação filosófica mais localizada, podem ser contrapostas às obras para as quais a reflexão sobre o desenvolvimento científico e seus efeitos na sociedade e na expansão dos horizontes humanos ocupam o próprio cerne da motivação literária. Destas últimas – as obras autênticas de ficção científica – compreende-se que tenham surgido na época em que surgiram: o mundo em que se estabelece a sociedade industrial. O extraordinário incremento do gênero e a sua continuidade justifica-se no decorrer do século XX, chegando ao século XXI sempre incorporando à imaginação literária as novas temáticas relacionadas às tecnologias que vão surgindo em ritmo cada vez mais acelerado. Ao mesmo tempo, os problemas sociais típicos de cada sociedade e de cada um dos dois últimos séculos vão adentrando a ficção científica, diversificando-a, desdobrando-a em novos subgêneros, sofisticando seus modos de lidar com o diálogo entre sociedade e tecnologia – em uma palavra, adaptando este gênero surgido em um mundo de constantes e aceleradas transformações tecnológicas, de modo a atender às novas demandas sociais.

Ao lado da grande demanda que fez surgir e se fortalecer um novo gênero literário – logo replicado com extraordinário sucesso no Cinema – cada obra de "ficção científica" em particular, na literatura ou no Cinema, atende de sua parte a demandas sociais muito específicas, a expectativas de seus leitores e espectadores, a oportunidades oferecidas pelo contexto que as viu serem produzidas. Vamos evocar, exemplificativamente, o famoso filme *Blade Runner* – duas vezes vertido para o cinema a partir de sua obra literária de inspiração, o romance *Será que os Androides Sonham com Ovelhas Elétricas*, de Phillip Van Dick (1968). Centraremos estes rápidos comentários na versão fílmica de 1982, cuja trama se passa em uma

Los Angeles futurista. A cidade tem seu submundo formado por ruas estreitas e poluídas que são habitadas por uma população que se reparte em etnias e dialetos, ao mesmo tempo em que, mais acima, mostra-se o contraponto de prédios de centenas de andares e de uma sofisticada tecnologia. Este é certamente o espaço imaginário de projeção de alguns dos grandes medos americanos da época em que o filme foi produzido: a poluição, violência, escassez alimentar, opressão tecnológica, presença de migrantes vindos de outros países, a ameaça da perda de uma identidade propriamente "americana", os desastres ecológicos que no filme aparecem sob a forma de uma chuva ácida com a qual têm de conviver os habitantes deste futuro imaginário.

Os *replicantes* – androides criados pelos homens do futuro – expressam com sua revolta os temores dos homens e mulheres de hoje diante de uma tecnologia que pode sair do controle, bem como os receios da sociedade diante da criatura artificial que um dia pode vir a ameaçar o seu criador humano – tema que, de resto, sempre foi caro à ficção científica já clássica. A Los Angeles de *Blade Runner* está também inserida em um mundo dominado e controlado por uma megacorporação: aparecem nos labirintos discursivos de *Blade Runner* os receios diante de um futuro no qual a empresa capitalista passa a assumir o papel de Estado e a ter plenos poderes sobre a vida e a morte de todos os indivíduos – o que, em última instância, traz à tona o temor diante da possibilidade da perda de liberdade individual e nos remete à intertextualidade com muitas outras obras de ficção científica, a começar pelo célebre livro *1984*, de George Orwell (1948). Para além disto, as relações entre os homens e a memória – na qual se apoiam para a construção de sua identidade individual e que, no entanto, lhes é tão inconsistente – são trazidas a nu na famosa cena que se refere a uma replicante que não possui sequer a consciência de ser uma replicante (isto é, não humana), e que se depara subitamente com a cruel realidade de que a memória que foi nela implantada não corresponde a nenhuma vivência efetiva[121].

---

[121] No filme *Blade Runner* (1982), os replicantes não possuem memória, visto que já nascem prontos, preparados que são para durarem apenas quatro anos. No caso da replicante mencionada (Rachel), tratava-se ainda de um caso especial: ela era uma replicante que havia sido programada para pensar que era humana, e por isso possuía uma memória implantada que acreditava corresponder rigorosamente a vivências efetivas (o que era reforçado por fotografias que ela possuía e que acreditava serem fotos suas de infância). O filme deixa no ar, aliás, a possibilidade de que o próprio Deckard (o caçador de androides) poderia ser ele mesmo um replicante que também

As relações com Deus e a Morte por fim, aparecem na parábola que dá forma geral ao filme através de um enredo no qual os replicantes procuram obstinadamente os seus criadores na esperança de prolongarem a própria vida, e que traz como um de seus desfechos mais dramáticos a cena da Criatura que termina por assassinar o seu Criador, evocando as intrincadas relações psicológicas que permeiam desde sempre as relações entre o homem e Deus através das realidades religiosas por ele mesmo engendradas na história real. Por fim, *Blade Runner* levanta em diversas ocasiões um questionamento típico desta época que já começava a entremear o real e o virtual e que, para além disto, começa a ensejar perturbadoras reflexões filosóficas sobre a desconstrução do sujeito, esta desconstrução tão típica da pós-modernidade e que vem abalar fortemente as certezas do ser humano contemporâneo em relação à sua própria existência objetiva[122]. Eis, portanto, um exemplo, entre tantos que poderiam ser dados, de que toda a ficção está sempre impregnada da realidade vivida, seja com a intenção ou sem a intenção de seu autor, e de que cada obra funda-se em um lugar de produção que se acha motivado por demandas sociais mais amplas e por demandas sociais mais específicas, além de se inserir em uma rede de intertextualidades e de trazer os toques pessoais daqueles que a criaram como autores mais específicos.

Quero agregar mais uma pequena reflexão, aproveitando o mesmo exemplo. Suponhamos que, em decorrência de alguma circunstância, não tivesse sido conseguido o financiamento para a equipe de agentes criadores que concebeu *Blade Runner* – ou que o autor que escreveu o romance que lhe deu origem, Phillip Van Dick, não tivesse tido sucesso em convencer seu editor a publicar sua obra, novamente em decorrência de uma série de circunstâncias, e por isso nunca tivesse existido o argumento original que iria ser retomado pelo Cinema. Sem as circunstâncias, ou mesmo sem os autores, certamente não teríamos o filme

---

acreditava ser humano, tal como a replicante Rachel. Como saber, enfim, se as memórias que possuímos são realmente nossas, correspondentes a experiências efetivas que um dia foram vividas por nós? Tal é a reflexão percorrida nas cenas de *Blade Runner* que evocam as relações dos diversos personagens – humanos ou replicantes – com a Memória. Para este propósito, cumpre lembrar que Ridley Scott procurou dotar seu filme de uma série de ambiguidades, permitindo que dele surjam diferentes leituras. / Sobre o filme *Blade Runner*, e seu posicionamento no seio de debates sobre o pós-modernismo, cf. BUKATMAN, 1997.

[122] Neste sentido, *Blade Runner* prenuncia uma discussão sobre o verdadeiro estatuto da "realidade" que mais tarde seria a temática de base de outro grande marco do Cinema Americano, o filme *Matrix* (1999), dirigido por Lilly e Lana Wachowski.

Blade Runner na sua especificidade. Todas as questões ou demandas sociais que atrás enumeramos, entretanto, ainda estariam no ar, como expectativas a aguardar realizações que as atendessem. Embora o filme *Blade Runner* não pudesse existir, então, como realização específica, não é difícil imaginar que outros filmes explorariam as mesmas temáticas de alguma maneira[123].

A fugacidade e artificialidade da memória, a tecnologia da clonagem, a robótica, a criação da inteligência artificial e a projeção de realidades virtuais são questões que rondam o conjunto de preocupações humanas desde as últimas décadas do século XX. *Matrix* (1999), embora tenha sido o mais célebre dos filmes que exploraram a ideia de que podemos estar vivendo em uma falsa realidade – um receio angustiante que se tornou possível a partir do momento em que os seres humanos contemporâneos perceberam que podem ser produzidas realidades virtuais e inteligências artificiais – não foi o único filme que explorou esta incerteza. Posso citar no mesmo ano e lugar (a Hollywood do último ano do segundo milênio) pelo menos três outros filmes que se entregaram criativamente a esta reflexão, sintomaticamente com datas de lançamento muito próximas[124].

Avançando mais um pouco em nossa linha de reflexão sobre as "demandas sociais" de uma criação autoral, quero registrar que, ao tomar um texto ou um filme como fonte histórica, o historiador precisa em um primeiro momento se acercar do conjunto de demandas sociais que favoreceram a produção desta

---

[123] Por coincidência, ou talvez sincronicidade, é do mesmo período de *Blade Runner* o primeiro filme da série *O Exterminador do Futuro* (James Cameron, 1984) – o qual também aborda a temática da criação de criaturas tecnológicas que um dia estiveram a serviço do homem e que depois se rebelaram (no caso, não mais androides, mas computadores que assumiram o controle mundial e implacáveis robôs que também se voltaram contra os seus criadores). Enquanto isso, na Literatura, a temática encontra realizações bem anteriores, com algumas das obras de Isaac Asimov, a exemplo de *Eu, Robô* (1950), clássico da ficção científica que foi posteriormente convertido para o cinema sob a direção de Alex Proyas (2004).

[124] *13º Andar* (Josef Rusnak), *Cidade das Sombras* (Alex Proyas) e *EXistenZ* (David Cronenberg), todos levados às telas em 1999. Em 1995, alguns anos antes, também já havia sido trazida às telas a película *Estranhos Prazeres* (*Strange Days*, 1995), filme de Kathryn Bigelow (n. 1951) com argumento original de James Cameron (n. 1954). Por outro lado, a ideia de uma interação entre a realidade concreta e uma realidade fictícia já havia sido explorada por Woody Allen no filme *A Rosa Púrpura do Cairo* (1985). / Quanto à Literatura, uma das primeiras obras que exploram a ideia de um Ciberespaço simulado é o livro *Neuromancer* de William Gibson, escrito em 1985. Já aparece aqui a ideia de que o download de mentes reais para um espaço de informação poderia criar uma interação entre seres humanos concretos e uma realidade virtual. / Sobre realidades virtuais, cf. (1) BURDEA & COIFFET, 2003; (2) CADOZ, 1994; (3) RHEINGOLD, 1991; e (4) WOOLEY, 1992.

fonte. Analisar o lugar de produção já é parte da análise. No entanto, em geral os historiadores tomam as fontes históricas em vista de problemas específicos[125]. O conjunto de aspectos evocados acima, para o entendimento do filme *Blade Runner* como fonte histórica possível – no caso uma fonte para compreender a sociedade estadunidense do último quarto do século XX – deve ocupar este primeiro momento do trabalho historiográfico que tratamos como uma análise do "lugar de produção" da fonte histórica abordada. Qualquer aspecto acima evocado mereceria, em seguida, ser analisado mais detidamente como o problema central de uma pesquisa, entre outros tantos que também poderiam ser definidos. A abordagem do problema da manipulação genética pelos filmes de ficção-científica, por exemplo, ou os medos diante das catástrofes climáticas e das possibilidades totalitárias, o papel dos diferentes tipos femininos em *Blade Runner*, a solidão nas sociedades tecnológicas e altamente mecanizadas, a perda da identidade, estes e inúmeros outros temas poderiam configurar problemas historiográficos possíveis de serem analisados a partir desta fonte histórica, tomada isoladamente ou situada em uma série comparativa. A análise do lugar de produção de uma fonte histórica não encerra a pesquisa: é um dos seus momentos fundadores.

Gostaria de finalizar este item com dois últimos exemplos. Os nagôs que participaram da Revolta Malê de 1835 – comentada anteriormente – escreveram muitos textos e bilhetes pertinentes a este evento, para seu próprio uso e orientação. Suponhamos que a revolta tivesse sido vitoriosa. Talvez, então, estes pequenos textos em árabe viessem a se tornar documentos-monumentos de uma gloriosa Revolução Malê, e as crianças nascidas e educadas em uma Bahia que já seria outra – em um futuro imaginário – tivessem de estudar estes pequenos textos heroicos, que também atrairiam mais os historiadores dedicados ao seu estudo. Como a revolta fracassou, e se tornou caso de polícia, na época estes textos viraram peças de investigação e documentos agregados a processos criminais. Hoje, em uma sociedade que valoriza ou percebe que deveria valorizar os diversos grupos sociais – ou ao menos em uma sociedade que produz historiadores que atentam para estas temáticas – os bilhetes malês se transformaram em fontes históricas

---

[125] Confrontando o antigo adágio de que "sem documento não há História", um dia pronunciado por Charles Seignobos em seu Manual de História (1898), já dizia Lucien Febvre (1965): "Sem problema, não há História". Cf. BARROS, 2019, Capítulo I, item 4.

bem importantes. Em cada momento na história destes pequenos textos – da prova-crime à fonte historiográfica – surgiram demandas sociais específicas.

As demandas sociais não só tornam possível a produção de textos, mas também possibilitam a circulação e perpetuação de textos, ou mesmo a sua guarda em arquivos públicos. Pode ainda ocorrer o contrário: para evitar riscos de uma avalanche de solicitações senhoriais de indenizações pela abolição da escravatura, Rui Barbosa (1849-1923) decidiu ordenar a destruição de documentação escravocrata já durante o primeiro governo republicano[126]. Tal como já discutimos anteriormente, os textos não se encontram gratuitamente preservados nos arquivos e outras instituições de guarda. Eles lá estão porque também há demandas sociais que possibilitaram isto. A preservação de certos textos, e a destruição de outros, configuram escolhas complexas que foram definidas pela sociedade em diversos momentos.

Como último retoque importante para esta reflexão sobre os fatores que tornam um texto possível, quero lembrar que as categorias evocadas separadamente neste item – "lugar-tempo", "autoria", "intertextualidades", "circunstâncias", "demandas sociais" – na verdade interpenetram-se de todas as maneiras. É em um "lugar-tempo" que se acham entrelaçadas a autoria, as circunstâncias e as demandas sociais. Um autor também se faz, a si mesmo, através daquilo que ele já leu (intertextualidades). Todos nós – autores de textos ou atores sociais da própria história – estamos sujeitos às circunstâncias que afetam as nossas vidas; como agentes históricos, entrementes, também contribuímos para produzir as circunstâncias que afetarão os outros. Já as "intertextualidades" implicam um diálogo, voluntário ou involuntário, entre "autores". Por fim, se as "demandas sociais" preparam as possibilidades de emergência de certos textos, elas também não deixam de ter o seu papel na constituição dos próprios autores. A sociedade faz os seres humanos; estes escrevem textos sob certas circunstâncias. Tudo se ajusta ao seu lugar-tempo. Ao fim, todas as coisas se interpenetram.

---

[126] No dia 14 de dezembro de 1890, Rui Barbosa – então ministro da Fazenda do primeiro presidente da República do Brasil, Marechal Deodoro da Fonseca – assinou um despacho propondo a destruição dos livros de matrícula, controle aduaneiro e recolhimento de tributos que envolvessem pessoas que haviam sido escravizadas. A medida foi aprovada pelo Congresso Nacional em 20 de dezembro de 1890, não sem oposições.

5.7 O vasto universo das fontes não autorais

Os historiadores, tal como comentamos algumas vezes neste livro, não lidam tão somente com fontes autorais. Gostaria de abordar neste momento um amplo universo de textos não autorais e de fontes de outros tipos para as quais inexiste a possibilidade de se falar mais propriamente em uma "autoria"; o que, não obstante, não afeta que continuemos a ter um "lugar de produção" para cada uma delas. Quero frisar, antes de mais nada, que com a expressão "fontes não autorais" *não* estou me referindo às fontes (textos, por exemplo, mas também objetos de outros tipos) que não possuem uma "autoria nomeada". Conforme vou demonstrar logo abaixo, existe na história humana uma série indefinida de textos que de fato possuem autores, só que estes autores não quiseram ou não puderam se apresentar como autores. Pode se ter dado que ainda não houvesse a prática de nomear autores no seu circuito de produção cultural, ou então pode ter ocorrido que a informação da autoria tenha se perdido por algum motivo. Sustentarei que estes são casos de "autoria não nomeada", mas não propriamente de "ausência de autoria". Falemos um pouco sobre isto, antes de abordarmos os verdadeiros textos sem autores.

Em uma parte significativa da história textual concernente à "civilização dos manuscritos" – mas também em diversas ocasiões na "era dos impressos" – a humanidade produziu grande diversidade de textos sem autor definido, tal como as narrativas bíblicas do *Antigo Testamento* que trouxemos como exemplo uma ou duas vezes neste livro. Poderíamos ainda citar as narrativas egípcias sobre os faraós que podem ser lidas nas paredes das pirâmides, ou os manuscritos de antigas civilizações que registram as suas mitologias.

Uma das razões para a ausência de autoria em alguns destes casos é que – nesta época, e nesta sociedade – não fazia parte das práticas textuais de então, particularmente para estes gêneros de textos, a nomeação dos autores que os escreveram. Exemplo clássico é o da historiografia da era dos faraós. Nas paredes das pirâmides e templos, nos antigos papiros e estelas egípcias, fulgura uma forma específica de "historiografia" – um conjunto de narrativas hieroglíficas que registram os sucessos dos faraós, ao lado de passagens que oferecem descrições da civilização egípcia. Há tanto exemplos de textos sem autoria nomeada, como de textos nos quais constam os nomes dos escribas que foram encarregados das inscrições[127]. Um caso e outro, entrementes, não muda muito a situação destas inscrições no que concerne ao lugar de produção destas passagens historiográficas. Rigorosamente falando, temos aqui uma historiografia sem historiadores, se entendermos estes últimos sob a perspectiva de autores que assinam os seus "textos" historiográficos como obras plenamente suas e que já se estabelecem sobre um ponto de vista, tal como fez Heródoto na Grécia antiga, chamando a si a responsabilidade pelo que foi escrito[128].

Os escribas que anotaram a história do Antigo Egito eram funcionários a serviço dos faraós, da nobreza, dos alto-sacerdotes, e a decisão sobre o que iria ser escrito não lhes cabia, seja no caso de relatos não assinados como nos casos de inscrições que já expõem o nome do escriba real. Neste sentido, podemos dizer que aqueles que gravaram na pedra estes relatos não eram propriamente historiadores, e não é por acaso que boa parte da teoria da história insiste em situar o surgimento do gênero historiográfico propriamente dito somente na Grécia Antiga. Entretanto, mesmo nos casos das passagens egípcias sem menção dos escribas, podemos dizer que estes textos não têm uma autoria? Ou a autoria pode ser entendida como partilhada entre o senhor que determinou o que seria escrito e o funcionário que, em última instância, expressou esta narrativa encomendada de alguma maneira? E aqui, impõe-se a pergunta essencial: por não terem sido assinados – nem pelos funcionários escreventes nem pelos seus senhores – algumas destas histórias registradas nas paredes e monumentos egípcios deixam de ter autoria?

As razões que estão implicadas na ausência de assinatura autoral em antigas narrativas como as das histórias egípcias sobre as dinastias de faraós – ou tam-

---

[127] Dois exemplos importantes de textos historiográficos do Antigo Egito podem ser encontrados respectivamente nas célebres *Estelas de Kamés* (1550 a.C.), que apresenta relatos sobre as batalhas contra os hicsos assinados pelo cortesão Neshi, bem como nos *Anais de Tutmés III*, gravados nas paredes do Santuário da Barca, em Karnak. Estes já trazem o nome de Tianuni, escriba real de Tutmés III (faraó entre 1470 e 1425 a.C).

[128] Diz-nos François Hartog em seu ensaio *Os Antigos, o Passado e o Presente* (2003): "É com eles [os gregos] com Heródoto justamente, que aparece o historiador como figura 'subjetiva'. Sem estar diretamente ligado a um poder político, sem estar por este comissionado, Heródoto, desde a abertura, desde as primeiras palavras, marca, recorta, reivindica a narrativa que começa pela inscrição de um nome próprio: o seu, no genitivo ('De Heródoto de Halicarnasso, eis a história'), como já havia feito antes dele Hacateu de Mileto e como faria depois deles Tucídides de Atenas [...]". Mais adiante, conclui Hartog: "Os gregos foram mais os inventores do historiador do que da história" (2003, p. 13).

bém como as ainda mais antigas histórias produzidas por escribas nas antigas civilizações acádias – são muitas, e concernem às demandas sociais da própria época. Por outro lado, uma vez estabelecida a escrita, nada impediria a partir daí a existência de textos "assinados" – nos quais seus autores registram, para todos que os lerem, que tais textos foram escritos por indivíduos específicos. Ainda assim, pode-se dizer que a "função autor" – tal como a entendem o filósofo Michel Foucault (1969) ou o historiador Roger Chartier (2000) em seus estudos sobre o surgimento histórico da moderna "autoria"[129] – ainda estava longe de ser instituída e bem instalada na prática textual destas e de outras civilizações antigas, e menos ainda no que concerne a alguns gêneros textuais mais específicos, a exemplo de alguns tipos de textos sagrados, para os quais nomear seres humanos individuais como autores poderia implicar alguma desconfiança contra o potencial legitimador de sacralidade que se espera deste gênero textual.

O fato de um texto não vir assinado ou identificado por uma autoria assumida, por outro lado, não significa que o texto não tenha tido um autor, no sentido que aqui estamos considerando. Cada uma das narrativas do *Pentateuco*, tal como vimos anteriormente, tem na sua situação mais irredutível um autor (ou vários autores entremeados, em certas ocasiões). Estas narrativas foram postas por escrito por alguém, que as inventou, adaptou ou coletou – seja de fontes oriundas da tradição oral, seja de outros textos escritos, anteriores, em geral também sem autoria nomeada. O "anônimo", em todos estes casos, não é de modo algum um "não autor", mas apenas um autor do qual não sabemos o nome (e ao qual, se quisermos, podemos atribuir um nome operacional).

Há ainda os casos de textos que são atribuídos a um autor ilustre – como o rei Salomão, em alguns dos textos bíblicos – mas que provavelmente foram compostos por outros autores, para nós desconhecidos[130]. Os quatro mais antigos

---

[129] Os textos de Foucault e Chartier intitulam-se, ambos, "O que é um Autor?" O de Chartier é uma conferência de 2000 que retoma as questões originalmente propostas por Foucault. Seus interesses são os de deslindar os mecanismos consoantes os quais um texto, ou uma "obra", passam a ser identificados a um nome próprio. Trata-se, além disso, de verificar como foi instituída e reapropriada, no decorrer de uma história, aquilo que Foucault chamou de "função autor". Entre outras questões examinadas pelos dois autores, está ainda a possibilidade de distinguir a figura do autor daquele que escreve.

[130] A Idade Média europeia também conservou esta prática. As célebres *Cantigas de Santa Maria*, provavelmente não foram *todas* compostas pelo rei Afonso X, embora sua autoria tenha sido atribuída a este monarca ibérico da segunda metade do século XIII. Além disso, uma certa diversidade

livros sagrados do hinduísmo – os *Vedas* (2000-1500 a.C.) – também nos oferecem um exemplo de atribuição nominal improvável, neste caso não de autoria, mas sim da tarefa de compilação deste monumental conjunto textual. Assim, para a tradição hinduísta, os textos védicos são considerados incriados, mas tendo sido organizados a partir de uma grande tradição oral e textual por um grande compilador chamado Orishi Krishna Dwaipayana, mais habitualmente denominado Veda Vyasa[131].

É oportuno ressaltar que todo texto narrativo, em geral, é tipicamente autoral, haja ou não a identificação de um autor no seu manuscrito ou impresso original (ou, mais recentemente, no site que o disponibiliza na rede mundial de computadores). Quando lemos uma narrativa, podemos estar certos de que alguém a compôs, ou a adaptou de outras que ouviu. O caso da mitologia nos coloca em situações mais singulares, pois esta é formada por narrativas e descrições míticas cujas autorias já se perderam ancestralmente no tempo, além de estas narrativas mitológicas terem se beneficiado de tantas alterações, em vistas do meio de transmissão essencialmente oral no qual elas se baseiam, que já podemos dizer que temos aqui uma grande autoria coletiva. A interdisciplinaridade intercultural, e mesmo intercivilizacional, também desempenha um extraordinário papel na formação e desenvolvimento destas narrativas míticas.

O fato de que uma narrativa como aquelas que encontramos no *Antigo Testamento* possui um autor (ou mais de um autor) é perceptível quando atentamos para o meticuloso trabalho dos especialistas que conseguem identificar com alguma precisão as passagens que devem ser atribuídas a este ou àquele autor desconhecido, que eles tratam de nomear para seu uso próprio. Por exemplo, vimos que os cinco

---

de textos é atribuída a este rei de Castela, que era cognominado "o rei sábio", tais como o *Espéculo*, o *Livro de Astronomia*, o *Livro de Jogos*, as *Siete Partidas*, entre outras. Todas estas obras foram compostas nas oficinas do rei de Castela, certamente; mas até que ponto estas realizações textuais foram todas escritas pelo monarca hispânico, isto deve ser questionado.

131 "Vyasa", em sânscrito, significa "compilador" – ou algo como "editor" – de modo que vemos que a tradição hindu tende a nomear pela própria "função editor" um grande compilador que teria reunido este conjunto monumental de textos sagrados que se organizou nos quatro livros dos *Vedas*, cada um deles supervisionado por um diferente discípulo de Veda Vyasa, aos quais também se atribui um nome. Por outro lado, Veda Vyasa é ainda considerado o compilador de outros textos sagrados, como os Upanishads e os Vedanta-sutras, e como autor do grande poema épico *Mahabharata*. Hoje se estima que os Vedas contêm textos que foram se agregando ao conjunto entre 2000 e 1000 a.C.

livros do *Pentateuco* apresentam vários autores, e que há quatro deles que, devido à sua importância e recorrência nesta produção textual, foram nomeados pelos especialistas como Javista (J), Eloísta (E), Deuteronomista (D) e Sacerdotal (P). Estes nomes foram atribuídos pelos estudiosos que analisaram e ainda analisam estas várias narrativas bíblicas[132]. Obviamente, são nomes apenas operacionais, que não existem no texto. Não obstante a ausência de "autorias nomeadas", emerge destes textos, de fato, uma entidade autoral – sediada em um lugar, um tempo, uma sociedade, uma instituição, detentora de certas características individuais (caso não se trate de um autor coletivo ou de uma escola de autores, como se pensa ser o caso do chamado Deuteronomista). Ou seja, o fato de não haver um autor explicitado no texto não significa que não possamos perceber um autor oculto, delinear a sua presença, situá-lo em um lugar-tempo, e mesmo deduzir algumas de suas características, seja a partir de análises do próprio texto, no qual o autor deixou suas marcas, seja a partir do confronto deste com elementos extratextuais, obtidos de outras fontes e indícios.

É claro que nos textos antigos não teremos, independente da nomeação ou não de uma figura autoral, a figura propriamente *moderna* do autor (a "função autor" da qual nos fala Foucault). Há de fato um momento da história em que esse tipo mais moderno de autor se instala no texto, ocupando a posição de uma referência que lhe concede uma função de "autoridade" (mas também de responsabilidade) em relação ao texto que escreveu, com o que passa a ser desde então um indicador importante do texto, e não um mero detalhe dispensável. Da mesma forma, há um momento em que o autor (moderno) já pode se beneficiar de sua obra como algo de que detém direitos pelo fato de tê-la produzido.

De um lado, há direitos relacionados ao campo do prestígio: no que se refere aos textos ensaísticos e científicos, há o direito de ser citado, de ser reconhecido formalmente como aquele que escreveu primeiro sobre algo; ou então, em todos os tipos de textos, há o direito de ser reconhecido como aquele que escreveu de uma certa maneira, com determinada forma de expressão – e a obrigação do uso de aspas e as demais formas de citação indireta apresentam-se como recursos essenciais daqui por diante. De outro lado, passam a existir, para o autor (mas

---

[132] "Javista", por exemplo, foi o nome operacional atribuído ao autor de passagens nas quais Deus é referido como *Javé*; enquanto isso, outro dos autores ocultos do Pentateuco já chama a figura divina de *Elohim*, tendo sido por isso apelidado de "Eloísta".

também para o editor), direitos de auferir benefícios e rendimentos decorrentes do fato de que o seu texto será inserido em uma rede de mercado.

Em contrapartida, nem tudo são louros neste novo mundo autoral-editorial que se estabelece no adentramento da modernidade. Boa parte das normas que passam a regular a nova textualidade decorre também da possibilidade de – para se assegurar a possibilidade de prevenção ou de reparação contra os seus escritos – o autor passar a ser "vigiado, censurado, julgado e punido"[133]. A sociedade disciplinar estende suas malhas também sobre os leitores, controlando tanto a produção de impressos como a possibilidade de sua influência sobre o sempre crescente universo de leitores alfabetizados. Tudo isto combinado, pode-se perceber que existe de fato uma intrincada história do estabelecimento de uma "função autor", conforme a célebre discussão inaugurada por Michel Foucault (1969), e também uma história da inserção da figura do autor em uma espécie de profissão, em decorrência de sua articulação à instalação de um mercado editorial[134].

Posto isto, estivemos falando até aqui de "autorias não declaradas", "autorias ocultas", "autorias encobertas pela intertextualidade", "autorias evitadas pela não assinatura do texto", "autorias falsamente atribuídas", entre outras. Enquanto isso, os "textos não autorais" propriamente ditos são de outra ordem, e são estes que iremos discutir agora. Estes são aqueles em que não é possível deduzir a presença de um autor, ou nos quais não faz o menor sentido pensar nisso. Qual o autor, por exemplo, de uma certidão de nascimento? Quem é o autor de um determinado processo criminal, de uma escritura? Se pensarmos nos objetos de cultura material, podemos fazer ilações análogas. Deve-se perguntar pela autoria de um objeto artístico, mas que sentido haveria em indagar pela autoria de uma certa cadeira, entre as centenas de cadeiras que foram produzidas por uma determinada manufatura? É claro que não deixa de ser oportuno situar a manufatura, adequadamente nomeada, no centro do processo de produção de todas as cadeiras do mesmo tipo, mas a autoria propriamente dita somente se aplicaria aos objetos de

---

[133] CHARTIER, 2012, p. 37.

[134] Foucault localiza entre fins do século XVII e inícios do século XVIII a emergência da concepção burguesa de uma propriedade literária. Chartier recua esta genealogia ao início do século XVII, e destaca que ela, mais do que para beneficiar o autor, atende nesta ocasião aos interesses do editor. O direito do autor sobre sua obra, conforme demonstra Chartier, é também o direito de repassar sua propriedade para o livreiro-editor.

arte, que trazem a singularidade de uma produção única e as marcas específicas de um artista (de um autor). De modo similar, um romance – no qual é evidente a presença do autor – contrasta com as certidões de casamento, atestados de óbito ou com um contrato que celebra uma operação de compra e venda. O tabelião ou funcionário de cartório que lavra com seus carimbos a mediação do texto em uma escritura, ou o padre que pospõe a sua assinatura em uma certidão de batismo, são evidentemente apenas referências burocráticas.

No que concerne às fontes escritas, de fato a documentação corrente – tão necessária ao adequado funcionamento das sociedades humanas na sua variedade de atividades – traz-nos várias séries de textos para a qual não tem nenhum sentido se falar em autoria. Os historiadores também lidam com estes gêneros de textos como fontes históricas, o que passou a ocorrer particularmente a partir da segunda revolução documental da historiografia ocidental, por volta da terceira e quarta décadas do século XX, a exemplo do tratamento serial de documentação da história econômica ou da história demográfica[135]. É oportuno ainda ressaltar que, para certos documentos como as leis, ou a própria Constituição de uma República de um país como um todo, ou ainda os relatórios governamentais, editais e outros documentos deste tipo, costuma-se contornar a ausência de uma autoria mais bem definida com a atribuição do próprio país (ou ainda, do Estado, Município, ou de algum órgão do governo em um destes níveis) como um "autor" referível para estes vários documentos. Temos aqui uma estratégia de citação que se torna efetiva nestes casos.

Eventualmente, alguns tipos de documentos apresentam uma tensão entre o formato não autoral da documentação corrente e algum aspecto narrativo ou declarativo que já remete à autoria. É o caso, por exemplo, dos "testamentos" – principalmente os mais antigos, que costumavam incluir uma parte mais narrativa na qual o testador dirige-se à sociedade, faz ilações sobre os seus herdeiros e até formula seus últimos desejos e solicitações com relação a aspectos como o ritual funerário e as imposições a serem observadas para que determinados herdeiros

---

[135] Sobre esta segunda revolução documental da historiografia ocidental, cf. o 12º capítulo da obra que antecede este livro –*Fontes Históricas – Introdução aos seus usos historiográficos* (BARROS, 2019). Entre outras correntes da historiografia do século XX, foi particularmente importante o papel da primeira geração da Escola dos Annales no estabelecimento da exploração destes novos tipos de fontes.

façam jus à herança. Este gênero de documentos oscila entre a fórmula tipicamente não autoral de qualquer documento administrativo, que mais se destina a informar dados, e a narrativa pessoal, que entretece considerações já típicas de uma intervenção autoral. Temos ainda as situações nas quais ocorrem imbricamentos entre o "não autoral" de fato e o "autoral ocasional", como é o caso singular dos processos criminais – um conjunto documental que é de fato "não autoral" mas que inclui dentro de si alguns textos autorais nomeados, tais como depoimentos, pareceres, análises de peritos, sentenças do juiz, e assim por diante.

Importante é compreendermos que mesmo as fontes não autorais, como as documentações tradicionais de arquivo, possuem um lugar de produção, o qual também é delineado por suas "circunstâncias", "demandas sociais" e uma "intertextualidade" mínima que se expressa pelo menos no diálogo de seu formato fixo e de seu padrão escritural com o modelo previsto para aquele tipo de documento. Assim, se temos uma certidão de casamento emitida por um cartório, podemos estar certos de que há um modelo que foi seguido, e na verdade um modelo que já é seguido há muitas décadas com muito poucas alterações. O mesmo poderia ser dito sobre os processos judiciais, que além de seguirem os caminhos modelares previstos pela burocracia jurídica – ou mais propriamente os modos de escrita e organização típicos de um processo deste ou daquele tipo –, podem ainda encaminhar eventuais referências intertextuais a outros processos na argumentação de advogados e juízes (jurisprudência), referências diretas a fontes de todos os tipos como provas (que, aliás, devem estar inclusas no próprio processo), ou evocações a textos diversos como parte das seções argumentativas (argumentos de autoridade evocados nas intervenções dos advogados e promotores, por exemplo). A intertextualidade, enfim, está sempre presente, mesmo que minimamente, em qualquer tipo de documento.

As "demandas sociais" continuam a ser uma coordenada essencial na delimitação destes vários tipos de fontes não autorais. Se existe um processo criminal – que agora, como historiadores, podemos tomar como fonte histórica – isso se deve a alguns fatores. Em primeiro lugar, os processos existem em uma certa sociedade porque esta resolveu, através de suas ações coletivas e de sua complexidade histórica, estabelecer um sistema de justiça que se funda na ideia de punição ou reparação de crimes e outros tipos de infrações às normas estabelecidas. Os sistemas que instituem os processos jurídicos como prática existem como demandas sociais de sociedades que escolheram dar um direito de defesa aos seus infratores (ou pelo menos simular esta concessão de um direito de defesa), e que desejam assegurar uma espécie de transparência judicial, ou mesmo espetacularizá-la. Os processos existem porque há crimes e infrações, e os crimes e infrações existem, em certa medida, porque há um sistema de leis e de regras. A justiça, por fim, é uma grande demanda social que dá assistência ao interesse de manter uma sociedade bem-organizada, sob controle, articulando os interesses daqueles que a constituem com a garantia de um meio aceitável de resolver tensões e conflitos de interesses entre os seus membros.

Por outro lado, cada processo criminal específico é aberto, neste sistema, porque um crime foi cometido ou surgiu uma infração a ser reparada, ou mesmo um conflito entre dois interesses a ser resolvido. Deste modo, se a existência de processos jurídicos na vida corrente atende a demandas sociais mais amplas, em um plano mais geral, já cada processo específico, na sua singularidade, é decorrente de demandas sociais localizadas, e também das circunstâncias que a ele se referem. Quero lembrar ainda que os processos criminais, e uma diversidade de outras fontes de arquivo relacionadas à vida corrente, também são preservados para além da sua utilidade jurídica (certos crimes, por exemplo, prescrevem depois de um tempo) porque existe uma demanda social que favorece o arquivismo. Os documentos que estão em um arquivo morto de qualquer tipo – a documentação dos séculos XVIII e XIX que pode ser consultada em um arquivo público, por exemplo – lá estão porque houve uma decisão social, passando por muitas instâncias, na direção desta preservação documental (enquanto outros documentos foram descartados). Conforme se vê, existem também demandas sociais que regem a guarda ou o descarte de textos e outros tipos de fontes que conformam este vasto universo de fontes não autorais.

Poderíamos estender o raciocínio que desenvolvemos para a documentação jurídica para todos os tipos de fontes não autorais relacionados ao funcionamento corrente das sociedades. O registro cartorial de atividades diversas – gerando certidões de nascimento, certidões de casamento, atestados de óbito, registros de firmas, ou inúmeros outros tipos de documentos – tem como demanda social mais ampla a própria instituição de uma sociedade disciplinar, que precisa controlar a sua população de múltiplas maneiras. Enquanto isso, o nascimento de uma criança específica gera uma certidão de nascimento igualmente específica, na série indefinida das certidões de nascimento que existirão em uma sociedade para assegurar o controle estatal sobre a sua população e outras demandas.

Por que existem os censos? Em primeiro lugar, porque os Estados, ou as grandes unidades políticas, precisam ter informações seguras para administrar e mesmo controlar a sua população, ou por vezes para taxá-la através de impostos. A demanda de organizar politicamente a população, por exemplo, esteve na base das listas de cidadãos e bens que passaram a ser providenciadas na Roma Antiga pelos censores[136], e na Inglaterra medieval, já no final do século XI, o *Domesday Book* foi instituído como um grande cadastro que foi encomendado aos clérigos normandos por Guilherme o Conquistador (1028-1087). Uma de suas demandas principais era a de coletar informações sobre os proprietários de terras e gado, com vistas a calcular esse tipo de riqueza e possibilitar a taxação correspondente[137].

Os censos, que se tornaram prática recorrente e dotada de periodicidade nas sociedades modernas, em diversos países, também se adaptam às demandas sociais de sua época e de suas sociedades no que concerne às categorias nas quais são organizadas e produzidas as informações, e também no que concerne aos vocabulários empregados. A intervalos de tempo menos ou mais largos, costumam mudar as categorias sociais, raciais e profissionais nas quais precisa se encaixar a população, assim como podem mudar as categorias de gênero, o que tem se expresso nos termos de uma expansão de possibilidades. As novas identidades de gênero, e as informações sobre orientações sexuais, as quais podem ter sido ignoradas em censos anteriores, tendem a aparecer nos censos contemporâneos.

O exemplo é modelar. Todos os tipos de complexos documentais relacionados à estatística e coleta de informações precisam redefinir – de acordo com as novas demandas sociais que vão surgindo nos novos lugares-tempo – as suas próprias categorias de coleta de dados e classificação. De maneira análoga, o *CID – catálogo internacional de doenças* – um informador da medicina que é recorrentemente publicado – está sempre se redefinindo em relação ao que deve ser considerado

---

[136] O primeiro censo romano teria sido realizado já por Sérvio Túlio (578-535 a.C).

[137] BLOCH, 2001, p. 140. Guilherme I, o Conquistador, foi o primeiro rei normando da Inglaterra, governando de 1066 até sua morte em 1087. O *Domesday Book* – traduzível como *Livro do Julgamento* – foi o resultado de um grande levantamento de informações realizado na Inglaterra, a mando de Guilherme I, em 1086. A fonte está disponibilizada on-line pelo Arquivo Nacional Inglês (*The National Archives*).

doença, distúrbio, ou simples singularidade de comportamento. Algumas destas alterações são decorrentes de pesquisas científicas, mas muitas delas são decorrentes de pressões sociais diversas. As demandas sociais, enfim, estão sempre atuando, em todos os tipos de textos ou materiais que são produzidos e que, oportunamente, podem vir a se tornar fontes históricas para futuros historiadores.

Com estes exemplos, e muitos outros que poderiam ser dados, quero mostrar que o Quadro 5 – no qual sintetizei visualmente os cinco fatores que tornam possível uma realização textual – é também válido para as fontes derivadas da atividade corrente de uma sociedade, com exceção do aspecto "autoria". De fato, não há muito sentido em perguntar quem é o autor de um Censo (normalmente, se precisamos citar uma documentação censitária como fonte, usa-se o recurso de registrar como autor o país onde se situa o governo que organizou o censo). Também não há sentido em pensar em termos de autores para os documentos cartoriais de todos os tipos. No próximo capítulo, voltaremos a abordar, agora exemplificativamente, as fontes de natureza autoral.

Segunda parte

Analisando Lugares de Produção: dois exemplos na História das Ideias Políticas

6

O *Príncipe* de Maquiavel: sua produção e reapropriações

6.1 *O Príncipe*: sua época e seu lugar de produção

Vamos analisar, exemplificativamente, o lugar de produção da conhecida obra *O Príncipe*, de autoria de Nicolau Maquiavel (1469-1527)[138]. Esta obra é frequentemente examinada pelos cientistas políticos sob uma outra perspectiva, que não a historiográfica (habitualmente situando Maquiavel como um autor que dialoga sobre a política em sua dimensão realista, ao lado de outros de épocas diversas e inclusive dos tempos contemporâneos). Ao longo da história, os políticos profissionais e práticos também têm lido com frequência *O Príncipe*, e muitos tiveram esta obra escrita em 1513 até mesmo como um livro de cabeceira pronto a lhe oferecer conselhos para lidar com o mundo político de suas próprias épocas e como base para interagir com a sociedade sob a perspectiva do poder

---

[138] Para situar alguns dados biográficos iniciais sobre Nicolau Maquiavel, registramos inicialmente o seu nascimento na cidade italiana de Florença, em 1469, então uma república independente, como ocorria com diversas cidades da península italiana. Embora tenha se notabilizado como um político atuante em sua época e, sobretudo, como um precursor daquilo que hoje seria considerado a Ciência Política, Maquiavel também foi historiador, filósofo, músico e dramaturgo. A História Intelectual o situa como um dos fundadores do realismo político, em vista de Maquiavel ter pensado e abordado o Estado, o Governante, o Povo e a Política não como aquilo que estes deveriam ser, mas sim como aquilo que eles efetivamente seriam. Sua carreira política e diplomática inicia-se em 1498, quando assume aos 29 anos o cargo de Secretário da Segunda Chancelaria de Florença, durante o governo republicano de Soderini. Essa vivência foi importante, pois de suas observações sobre os políticos reais com os quais conviveu – e de sua prática como historiador político –, Maquiavel extraiu a base empírica que permitiria desenvolver seu pensamento realista sobre a Política. A esta dupla base empírica de seu trabalho, Maquiavel se refere logo de saída, na Dedicatória de *O Príncipe* (2000, p. 44).

e da estratégia de ação política. Napoleão Bonaparte (1769-1821), por exemplo, era um leitor recorrente de O *Príncipe*, e seu exemplar pessoal com anotações nas margens do livro chegou mesmo a ser publicado posteriormente (em 1816), transformando-se hoje em fonte histórica com duplo lugar de produção: o da própria obra no século XVI, e o de suas anotações no século XIX. Políticos e militares os mais diversos, e também homens de negócios, têm recorrido ao *Príncipe* de Maquiavel como um livro com o qual podem dialogar acerca de como obter e conservar o poder, como agir com seus comandados e subalternos, como tratar as massas e se prevenir contra suas possibilidades de comportamentos, ou como agir perante os aliados e adversários políticos ou com os concorrentes em sua área de atuação.

De nossa parte, contudo, a ideia é pensar *O Príncipe* de Maquiavel como fonte histórica, pois para os historiadores é isso o que esta obra principalmente é. A escolha desta obra muito conhecida nos permitirá verificar aspectos que indicamos como importantes para se pensar quando temos diante de nós uma fonte histórica textual ou de qualquer outro tipo – neste caso específico, uma fonte autoral, escrita por um indivíduo que assina a sua própria obra. A análise poderá ilustrar uma linha de ação que pode ser aplicada à análise de outros textos com seus autores, sejam eles escritores de obras em qualquer campo científico, profissional ou literário, sejam autores de textos privados como diários, cartas e de outros tipos.

Que perguntas podemos fazer acerca de um autor? O que indagar sobre as circunstâncias em que escreveu sua obra, sobre a inserção de sua obra em sua própria época e sociedade, e sobre sua posição diante de uma finalidade ou público-leitor a atingir? Como pensar, enfim, uma obra autoral do passado, distante ou recente no tempo que seja, como uma fonte histórica que apresenta um "lugar de produção" a ser compreendido no próprio ato da operação historiográfica?

Conforme vimos nos capítulos anteriores deste livro, devemos compreender, de saída, que o autor de uma obra como *O Príncipe* (como todos os autores) está sempre situado no intercurso de uma série de linhas de força. Pensemos, em um primeiro aspecto, a possibilidade de compreender Maquiavel e esta obra específica em uma certa "unidade de época". A data de produção da obra é bem conhecida: 1513, e também o seu lugar geopolítico de produção: a República de Florença[139]. Por outro lado, como livro que é disponibilizado em mais ampla circulação, a primeira data de publicação é 1532. Mas disto falaremos depois. Por ora, para situar Maquiavel em uma unidade de época adequada, devemos considerar, antes de tudo o mais, que Maquiavel é um homem da Itália Renascentista. Passando ao largo da questão sobre a existência ou não de uma "mentalidade renascentista" – ideia que somente deverá ser operacionalizada pelo historiador que incorporar o conceito de "mentalidade" em seu campo teórico – a verdade é que a cultura renascentista contribui com certo repertório de possibilidades discursivas para qualquer escritor de seu tempo, e isso não foi diferente com Maquiavel.

Os humanistas italianos acreditavam, por exemplo, estar vivendo um grande despertar cultural que atribuíam à redescoberta da Antiguidade. Nesta mesma operação, costumavam depreciar a Idade Média como uma "longa noite de mil anos", ou como uma "idade das trevas", ou ao menos como um período predisposto a mistificações e a uma supervalorização do outro mundo – uma idade da fé extremada que estava interposta entre dois períodos que valorizavam a razão e traziam centralidade à experiência humana neste mundo. Os renascentistas sintonizavam-se intertextualmente com os grandes nomes da Antiguidade Greco-Romana. Consideravam-se humanistas e valorizadores da Razão, uma imagem que bem mais tarde, no século XVIII, seria retomada mais uma vez pelos filósofos iluministas.

Esta imagem que os artistas e intelectuais renascentistas produziam acerca de si mesmos interfere naturalmente na produção de seus discursos, nos modelos a partir dos quais pretendiam construir a sua "modernidade" por oposição a uma Idade Média que julgavam obscura. A inspiração nos modelos gregos e romanos da chamada "antiguidade clássica" é clara entre os renascentistas, incluindo Maquiavel – um autor que, por ser italiano, costumava se inspirar especialmente nos romanos. É assim que da lavra de Nicolau Maquiavel e do mesmo período

---

[139] Apesar da publicação só ter ocorrido efetivamente em 1532, o momento aproximado de conclusão da obra é bem conhecido em decorrência de uma troca de correspondências na qual Maquiavel a menciona. Trata-se de uma carta de 10 de dezembro de 1513 a Salvador Vettore – um amigo que ocupava o cargo de Embaixador de Florença na República de Roma (MAQUIAVEL, 1989, p. 93). Nesta missiva, Maquiavel informa que "acabara de escrever um opúsculo intitulado *De Principatibus*", ao mesmo tempo em que fala das circunstâncias de produção da obra em sua propriedade em São Casciano.

de produção de *O Príncipe* (1513) temos os *Discursos sobre a primeira década de Tito Lívio* (1513-1521); da mesma forma, o modelo para a sua *Arte da Guerra* (1520) será o exército romano – cenas do inevitável e contumaz diálogo de um homem Renascentista com os antigos que tanto admirava.

O lugar de produção de diversas das obras de Maquiavel, portanto, pode ser enquadrado na modernidade renascentista, mas ao mesmo tempo sofre ressonâncias de outra época: a chamada antiguidade clássica. Este diálogo também transparece em *O Príncipe*. Quando divide as formas de organização do Estado em principados e repúblicas – e estas últimas nas possibilidades da forma *aristocrática* (uma minoria de governantes subordina uma maioria de governados), *democracia restrita* (quando se dá o contrário) ou *democracia ampla* (a coletividade se autogoverna) – Maquiavel vai buscar seus modelos comparativos em Esparta e Atenas para os primeiros casos, e na Roma posterior à instituição dos tribunos da plebe, para o último[140].

Quando reflete sobre o "herói fundador de estados", Rômulo é o exemplo evocado. Ou seja, independente das ideias que está discutindo, os exemplares de Nicolau Maquiavel são frequentemente selecionados e recolhidos da Antiguidade Greco-Romana. É, aliás, com os modelos de heróis da Antiguidade que Maquiavel põe em diálogo o seu herói moderno, inspirado em César Bórgia (1475-1507). Para além disto, *O Príncipe* oferece um diálogo entre o "mundo moderno", do qual Maquiavel teve a experiência direta da prática política, e os autores antigos, estudados pelo autor. Há uma passagem deliciosa da carta de Maquiavel a Francisco Vettori – na ocasião mesma em que ele anuncia a este correspondente que havia acabado de concluir o *O Príncipe* – na qual ele expressa de maneira irretocável esta sintonia de um humanista renascentista com os espíritos clássicos antigos:

> "À noite, de regresso a casa, adentro no meu escritório; e, à porta, dispo minhas roupas cotidianas, sujas de barro e lama, envergo as roupas de corte ou

---

[140] Esparta oferecia o modelo oligárquico propriamente dito. As grandes questões políticas eram decididas pela Gerúsia – um conselho formado por 28 homens de faixa etária superior aos 60 anos – e havia dois reis que compunham a Diarquia, cumprindo funções militares e religiosas. Atenas, depois das experiências monárquica e aristocrática, criou um modelo de democracia, mas da qual efetivamente, ao menos em certo momento, apenas participava 20% da população (masculina, livre, proprietária). A Roma dos tribunos da Plebe era considerada por Maquiavel um modelo histórico para uma democracia mais ampla.

cerimônia e, vestido com decoro, entro na antiga convivência dos homens do passado; acolhido por eles, bondosamente, nutro-me daquele alimento que é o único a mim apropriado e para o qual nasci. Não me causa vergonha falar com eles, e lhes indago as razões de suas ações, e eles humanamente me respondem; e por quatro horas não sinto nenhum aborrecimento, esqueço todos os desgostos, não temo a pobreza, não me perturba a morte: transfundo-me neles inteiramente"[141].

Poderíamos seguir avançando no esclarecimento sobre a contribuição das ideias renascentistas mais amplas – a nova visão do ser humano e do mundo, a emergência do indivíduo, ou tantas outras – na obra de Maquiavel. Mas saltaremos para um segundo interferente: o fato de que, antes (ou depois) de ser um homem renascentista, Maquiavel era um florentino do início do século XVI. A Florença era então um pequeno e conturbado estado, em delicada posição no jogo de xadrez das relações internacionais. De um lado, a península itálica – com suas pequenas potências independentes – tinha de se confrontar com o quadro continental de uma Europa dominada por monarquias que haviam se beneficiado de um peculiar centralismo político que emergira das antigas fragmentações feudais em países como Portugal, Espanha, França e Inglaterra. Por outro lado, havia a rede de potências italianas concorrentes, na qual se sobressaíam a República Florentina, a República de Veneza, o Ducado de Milão, O Reino de Nápoles e os Estados Papais. Economicamente, as cidades italianas já eram bem menos atuantes do que um dia haviam sido com sua bem urdida prática comercial[142]. Frente aos grandes poderes estatais centralizados que vigoram no continente europeu, a península itálica apresenta-se relativamente desarmada nos planos político e militar, particularmente em decorrência do anacronismo de sua organização em cidades-estados e da ausência de uma liderança central. A reflexão sobre o "poder central" – precisamente o que faltava na Itália de seu tempo quando contrastada com as monarquias centralizadas do continente europeu – e sobre a "conservação

---

141 MAQUIAVEL, 2000, p. 182 [carta de 10 de dezembro de 1513].

142 Durante a Baixa Idade Média, verificou-se um notável desenvolvimento da economia mercantil italiana em interação com o mundo feudal circundante. Quando esse mundo começa a se desestruturar, as cidades italianas entram concomitantemente em um processo de perda de controle sobre o comércio europeu.

do poder", no momento mesmo em que o autor perdera a sua influência e poder político[143], surgem como temas importantes de *O Príncipe*.

Os elementos até aqui apresentados apresentam-se como linhas de força importantes na constituição do lugar de produção de *O Príncipe*. Temos um autor, com suas especificidades e traços biográficos, e temos uma época – demarcada pela modernidade renascentista e pelo xadrez externo definido pela emergência de grandes monarquias centralizadas na Europa. Ainda sobre o lugar de produção mais amplo, é oportuno lembrar que a "era dos impressos" já começara, e os livros já contavam com maior possibilidade de circulação.

O xadrez interno das rivalidades econômicas e políticas entre as cidades italianas é outra linha de força bem presente. Torna-se oportuno lembrar que estes dois jogos de xadrez – o externo e o interno – dialogam entre si: no quadro de rivalidades e enfrentamentos bélicos entre as cidades italianas, e nas disputas pela governança em cada um destes pequenos principados, as monarquias fortemente centralizadas do continente europeu podiam intervir, dando proteção a umas cidades contra outras, favorecendo a ascensão desta ou daquela família ao poder em determinada cidade, e assim por diante em um jogo de pressões diversas que podiam incluir mesmo invasões militares. Dada a posição geográfica da Itália no continente, as intervenções mais frequentes vinham da Espanha e da França. A interferência espanhola, por exemplo, esteve diretamente envolvida na destruição do governo republicano de Soderini e na ascensão ao poder da família Médici. O pretexto dos espanhóis para o adentramento militar na península havia sido a sua própria luta externa contra os franceses, que haviam ocupado a região de Milão. Os Médicis já haviam governado a cidade, e agora retornavam[144]. Para isso

---

[143] O ano da produção da obra é o da passagem do status de político notório e eminência parda ao de prisioneiro confinado em sua propriedade particular.

[144] O clã dos Médicis já havia exercido grande influência na vida política de Florença, a começar por Cosme de Médici, comerciante e banqueiro que exerceu o poder efetivo na cidade desde 1434, e que o repassa a seu filho Lorenzo de Médici, o magnífico, em 1469. Em 1492, com o seu falecimento, o controle do poder passa a seu filho – Piero de Médici – mas este seria expulso da cidade em 1494, por uma conspiração popular liderada pelo monge dominicano Savonarola. A partir daí, os Médicis ficaram fora do poder florentino, embora lutando por este em diversas ocasiões, até que finalmente retornam em 1512 com a deposição de Soderini, que estava no cargo máximo desde 1502. Em 1513, Lorenzo I torna-se o governante de Florença, após seu tio Juliano ter tomado o poder da cidade.

também haviam tido o apoio eclesiástico de um dos seus familiares, o cardeal João de Médici (1475-1521), que se tornaria o papa Leão X a partir de 1513 (data, aliás, da própria escrita de *O Príncipe*)[145].

A estrutura econômica também estava explicitamente imbricada na estrutura política nesta sociedade, pois desde 1328 havia um sistema eleitoral elaborado para assegurar a rotatividade do governo republicano de Florença que se baseava em uma representatividade assimétrica das guildas (corporações de ofícios), matizada pelo prestígio que era conferido pela sociedade às atividades exercidas pelas sete "guildas maiores" em contraste com as quatorze "guildas menores"[146].

6.2 A dimensão da autoria

Aqui aproveitamos para refletir sobre outro interferente que afeta a produção da obra: o plano individual do autor – sua posição social e política, sua atividade profissional e, ademais, o lugar mais específico de onde ele agora produz o seu discurso: não mais o do poder político-administrativo que exercera no momento anterior de sua vida, mas o do cárcere privado. Este último aspecto, aliás, remete ao que podemos considerar como "circunstâncias de produção" da obra. É oportuno observar que essas circunstâncias – de acordo com as quais Maquiavel havia sido preso em decorrência da vitória, em Florença, de um poder principesco que derrubara o poder republicano ao qual o autor florentino se integrara por tanto tempo – confrontam-se com a posição republicana que Maquiavel sempre teve

---

[145] A frágil condição das várias repúblicas e principados da península itálica no quadro das disputas entre as grandes potências europeias, já centralizadas monarquicamente, não apenas é um dos fatores que constituem o lugar de produção de *O Príncipe*, como também se torna objeto discursivo de alguns de seus capítulos. Particularmente o antepenúltimo capítulo da obra – "Das razões de os príncipes da Itália perderem os seus reinos" (XXIII) – traz alguns exemplos que mostram enviesadamente esta intrincada dialética entre a política interna da península itálica e o confronto entre as grandes potências europeias (França, Espanha, Alemanha, Inglaterra). Por outro lado, o último capítulo de *O Príncipe* (XXVI) termina por configurar uma exortação pela unificação italiana. Percebe-se aqui o golpe de mestre de Maquiavel, que encerra o livro incitando a própria família Médici à possibilidade de assumir um papel na unificação italiana (MAQUIAVEL, 2000, p. 174).

[146] As guildas maiores, por ordem de prestígio, eram a dos advogados, as três guildas de mercadores (respectivamente de lã, seda e tecidos), a guilda dos banqueiros; uma grande guilda que abarcava os médicos, boticários, comerciantes de medicamentos, comerciantes de tinturas e lojistas; e, por fim, a guilda dos comerciantes e artesãos que lidavam com peles de animais. O realce nestas sete guildas permite aos historiadores uma percepção mais precisa sobre quais eram as atividades mais valorizadas na Florença do final da Idade Média e do início do período moderno.

e continuaria a ter, apesar do seu investimento no *Príncipe* – livro que discorre sobre o poder principesco[147].

O ano de 1512, como dissemos, é assinalado por uma troca de poder que demarca o retorno dos Médicis a Florença, o que destitui Maquiavel de suas posições na administração pública e na política florentina[148]. Em 1513 ele é exilado em sua propriedade particular em San Casciano, e é dali que começa a escrever *O Príncipe*. Sua nova posição no universo social e político, e suas circunstâncias naquele momento, incidirão sobre os objetivos e metas do autor ao escrever sua nova obra: alguns são objetivos declarados, outros ocultos e inconfessáveis, e outros são derivados da reflexão sobre a prática política que desenvolvera durante toda a sua vida.

A dedicatória de 1515 a Lourenço II, potentado da família dos Médicis e novo soberano, parece trair o objetivo mais superficial de reconquistar os favores da família que reassumira o poder[149]. *O Príncipe* pode ser entendido como um manual de prática política. Maquiavel aponta como *receptor* de seu discurso o governante, para cuja educação política contribuiria sua obra. Mas Rousseau levanta três séculos mais tarde uma interessante hipótese, que mais adiante discutiremos em maior nível de profundidade: ao simular dar lições aos governantes (que rigorosamente delas não precisavam), Maquiavel na verdade as dava ao povo – tornando claros os mecanismos de funcionamento do poder e desmistificando a prática política para uma população mais ampla que não a conhecia. Ou seja, por trás do receptor declarado, talvez estivesse escondido

---

147 A análise de Maquiavel como republicano foi bem conduzida por Bignotto (1991).

148 Com o governo de Piero Soderini (1450-1520), Nicolau Maquiavel havia ocupado o cargo de Segundo Chanceler da República, que tinha por função a pasta da guerra e da diplomacia.

149 É interessante notar que, no momento exato em que concluiu a redação de sua obra, o príncipe-destinatário a quem Maquiavel havia dedicado a sua obra era Juliano de Médici, que acabara de destituir o governante anterior. Juliano, entretanto, ficou muito pouco tempo no poder, e logo o passou a Giovanni de Médici, que finalmente repassou o poder a Lourenço II de Médici. Tudo ficou, naturalmente, em família. Não obstante, Maquiavel precisou mudar a dedicatória antes prevista. Em 1515 ele encaminharia a obra a Lorenzo de Médici com uma carta de apresentação, que nas edições de hoje costuma ser incorporada como uma "Introdução" ao texto. Esta oscilação entre os dois indicados na dedicatória mostra que Maquiavel estava na verdade interessado em dedicar sua obra a um príncipe (um governante), mas não importava muito, no fim das contas, qual dos membros da família Médici seria esse governante, ao fim do processo. Esse detalhe pode ser percebido diretamente na carta de Maquiavel a Francisco Vettore, na qual o primeiro dá notícias ao segundo sobre o seu mais recente escrito (MAQUIAVEL, 2000, p. 182).

outro receptor bem mais amplo. Cada um destes receptores, naturalmente, é antecipado pelo autor (lembrando a máxima de que "o receptor sempre se inscreve antecipadamente na produção de uma obra").

Denis Diderot (1713-1784), na mesma época de Rousseau, também aborda o texto maquiaveliano sob a perspectiva da inversão, produzindo uma leitura do *Príncipe* como uma sátira que se esconde sob a capa do elogio. E por aí se multiplicam as leituras possíveis de *O Príncipe*, às quais poderíamos acrescentar que Maquiavel também escrevia a sua obra para si mesmo, na medida em que ela foi produto de uma reflexão e prática de toda uma vida, além de refletir simultaneamente um momento de desânimo diante de sua exclusão do poder e a sua tentativa de superar esta situação. Poderíamos nos perguntar qual a leitura mais apropriada de *O Príncipe*. Talvez todas elas, já que o momento de produção de uma obra interage frequentemente com uma multiplicidade de objetivos, muitos dos quais não assumidos pelo autor ou até dele desconhecidos[150].

À parte sua posição sociopolítica e circunstancial, um autor também tem, como vimos, uma posição teórico-metodológica, a partir da qual pode defender tais e quais ideias contra outras posições, e também preconizar certos modos de agir e de fazer as coisas. Ao lado disso, nenhum texto está isolado de todos os outros de sua época e dos que o precederam, e para compreendê-lo é preciso decifrar o diálogo que o autor trava com outros autores, com outras visões de mundo, com outros posicionamentos filosóficos, éticos, práticos.

A reflexão política de Maquiavel pretende ser realista e pragmática: sua intenção é dizer algo que se revele de utilidade prática para o leitor. Suas propostas ensejam uma ética que visa produzir resultados. A partir destes parâmetros, pensados a partir de uma realidade política efetiva e de uma prática humana concreta, ele trava um diálogo contra toda uma tradição de especulação filosófica que havia estudado o Estado como um tipo ideal desvinculado das instituições concretas. Entre os nomes que permeiam esta especulação mais idealista sobre o poder, podemos citar Aristóteles, Platão, e mesmo contemporâneos como Erasmo de Rotterdam e Thomas More, que também construíram modelos do bom governante mas a partir de um humanismo abstrato.

---

[150] Mais adiante, em outro item, discutiremos algumas dessas leituras e reapropriações de *O Príncipe* de Maquiavel.

Deste modo, mesmo sendo um humanista renascentista, Maquiavel não deixava de se opor dialogicamente aos humanistas tradicionais que se limitavam a admirar a Antiguidade sem fazê-la interagir com o mundo moderno. Além disto, *O Príncipe* também é fundado a partir de uma visão cíclica da História, o que implica a possibilidade de aprender com o passado para conduzir a vida presente. Tal perspectiva sobre a história, própria de Maquiavel, já vinha por outro lado de uma extensa duração de tempo desde antigos filósofos, como Cícero, que propunham a ideia de que "a História é a Mestra da Vida".

Seria oportuno pensar como poderia ser esboçado um "acorde de identidades" para Maquiavel. Como ele via a si mesmo? Certamente o humanismo era um traço forte de sua identidade. Maquiavel não era somente o que hoje classificaríamos como um cientista político. Sua formação e prática humanista, muito comum em outros indivíduos de sua posição social na Itália de sua época, o levava a ter ambições culturais mais amplas. Não desejava interferir na sociedade apenas através de ensaios, como autor, ou de sua atuação pragmática como político, mas também através de outras formas de expressão cultural. Sua comédia *Mandrágora* é considerada uma obra-prima da dramaturgia da Itália renascentista, e através dela Maquiavel procede a uma impiedosa sátira contra a corrupção de sua sociedade[151]. Sua contribuição como historiador também é particularmente importante. Certamente que Maquiavel via a si mesmo como um político experimentado, capaz de compreender a verdadeira natureza do poder. Uma nota intensa de "realismo" – que nele se produz por oposição à concepção idealista de muitos dos que escreviam sobre a Política em sua época – era outro traço importante de sua identidade, tal como teremos oportunidade de ver mais adiante.

6.3 As intertextualidades

Quero conduzir esta reflexão sobre o lugar de produção de *O Príncipe* para uma questão fundamental. Ainda que produzido por um autor – o qual se encontra no interior de uma época, de um lugar, de uma sociedade e sujeito a certas circunstâncias – já vimos que nenhum texto existe isoladamente de outros textos.

---

[151] Acredita-se que a peça tenha sido escrita em 1514 – portanto, em uma época bem próxima à elaboração do ensaio político *O Príncipe* (1513).

Chamamos às diversas conexões de um texto com outros textos de intertextualidades. Já de saída, um texto dialoga com outros a partir do gênero ao qual pertence, e este gênero pode apresentar uma longa história. Um poeta escreve sua realização literária em versos que se sucedem e se agrupam em estrofes, e que permitem práticas de escrita que valorizam a sonoridade das palavras, seu potencial imagético, o jogo das emoções, e possibilidades específicas como a da rima ou das ressonâncias entre as palavras – porque antes deles inúmeros outros poetas já escreveram este tipo de texto, que terminou por configurar um gênero textual que chamamos de poesia. As cartas – gênero textual que estabelece uma comunicação entre dois interlocutores – também apresenta uma forma predominante, certas fórmulas expressivas recorrentes, determinadas práticas como a datação e assinatura, certos modos de saudar o interlocutor e de dele se despedir. Um autor, ao escrever uma carta, está configurando sua escrita a um gênero textual que foi percorrido por inúmeros outros autores, antes dele. Lembro, neste momento, que a Intertextualidade também contribui para configurar o lugar de produção de um texto. A partir desta observação, podemos nos perguntar agora a que gênero de texto pertence O Príncipe, e com que textos dialoga.

Foi bem conhecido na Idade Média europeia, e além desta época, o gênero textual que foi denominado "Espelho de Príncipe". Podemos inserir O Príncipe nesta família textual, ainda que Maquiavel elabore um espelho de príncipe politicamente realista, em contraposição aos espelhos de príncipe idealistas que eram tão comuns na Idade Média e mesmo no período moderno. Da reflexão sobre o que é um "espelho de príncipe", poderemos extrair novos elementos para entender o lugar de produção desta obra, pois podemos dizer que ela simultaneamente se insere neste gênero com relação à fórmula, objetivos e estilo, e ao mesmo tempo se contrapõe aos espelhos de príncipe tradicionais ao inserir uma nova perspectiva para este gênero textual, que é a de introduzir o realismo político.

O gênero "espelho de príncipe" parece existir desde o século IV a.C., mas se consolida nos países europeus no século XIII[152]. Os traços centrais deste gênero se referem ao seu receptor declarado – um governante, e muito habitualmente

---

[152] Uma das referências mais antigas é o discurso *A Nicocles*, elaborado por Isócrates em 368 a.C. Referências igualmente marcantes, já do período medieval, são o *Policraticus*, de João de Salisbury (1159), o *De Regimine Principum* (O Regimento dos Príncipes), de Tomás de Aquino (1266) e o *De Regimine Principum* de Edígio Romano (1287).

um governante que está prestes a assumir um governo (por exemplo, faziam-se espelhos de príncipe para os primogênitos de monarcas já idosos) – e um conteúdo específico, que é a discussão da arte de governar. Este último aspecto sintoniza-se com o primeiro, realçando aquela que é sem dúvida a "função" dos espelhos de príncipe: "ensinar ao governante tudo sobre o bom governo". O "estilo" costuma ser sistematizador, tratadista, ou mesmo pedagógico, primando por um caráter argumentativo que se propõe a convencer o futuro governante acerca da melhor forma de se portar no poder e de tratar os seus futuros governados, bem como de lidar com os negócios públicos. A construção da imagem de governante adequada, na qual deve se "espelhar" o governante, é evidentemente outro ponto central.

O conteúdo dos espelhos de príncipe, desta forma, apoia-se em uma discussão ao mesmo tempo ética e prática. Com relação a este último termo, trata-se de ensinar o futuro governante a governar adequadamente; mas com relação ao primeiro termo (o aspecto ético), é mais do que isso, pois o que se almeja é ensinar ao futuro governante o "bom governo". Os deveres e direitos do governante, sua responsabilidade para com aqueles que irá governar, são aspectos centrais deste discurso. Em vista disto, se o governante (o rei, o príncipe, ou outro equivalente) é um personagem central, outro personagem de igual importância, mas genérico, é o Povo, ou aquela realidade coletiva que deverá ser governada. Aparecem também os personagens específicos: os políticos em diversas funções, os conselheiros, os familiares do governante, os trabalhadores que compõem a máquina administrativa governamental, os aliados e opositores políticos, os representantes dos poderes religiosos com os quais se terá de lidar, os demais governantes. Os inimigos, e a forma de lidar com eles, constituem um importante capítulo à parte.

Há também as questões de fundo que afetam as relações do governante com estes personagens. A quem se aliar? A quem combater? Como tratar o inimigo? Como tratar o vencido? Quando ser piedoso, e quando ser severo? Como se impor ao Povo, e o que se deve fazer no seu interesse? Por fim, há as questões que se voltam para si mesmo: como deve se autoformar o governante? Que imagem deve projetar de si mesmo? Maquiavel, mesmo, no Capítulo XVII de seu livro, irá perguntar: "é melhor ser amado, ou ser temido"? Com relação aos instrumentos dos quais precisará se valer – as armas, os recursos, a constituição – existem questões de fundo importante que pautam a reflexão a ser desenvolvida pelos espelhos de príncipe. Qual a Constituição ideal? Por fim, se o tema-base dos espéculos é o "bom governo", uma estratégia discursiva recorrente é contrapor a este o "mau governo". De igual maneira, o "bom governante" pode ser espelhado contra o "mau governante", e a forma ideal de governo contra as formas deterioradas.

Aspecto igualmente importante dos espelhos de príncipe se refere àquele que o produz (portanto, ao seu lugar de produção). Supõe-se que o autor, para ousar escrever tal obra de aconselhamento sistemático, seja alguém que teve ampla experiência com o poder, que o conhece em profundidade. Uma vez que os ensinamentos que se encaminham nos espéculos ligam-se a virtudes e valores mais amplos, supõe-se que seu autor seja também um sábio. Para além da autoria individual, também não eram raros espelhos de príncipe escritos por comissões de autores experimentados, como o famoso *Livro dos Doze Sábios*, manuscrito da Castela medieval. O elemento moralista também costuma estar presente nos espelhos de príncipe, que pode ser entendido como uma especulação moral sobre o poder civil.

Podemos, neste momento, retomar o diálogo do *Príncipe* de Maquiavel com os diversos espelhos de príncipe que o antecederam, e que contribuíram para constituí-lo como gênero. Habitualmente, os espelhos de príncipe parecem preocupados em fixar uma imagem de governante perfeito. Trabalham, portanto, com uma perspectiva idealista. Maquiavel, tal como já vimos, propôs-se a trabalhar com um realismo político. Há uma passagem do Capítulo XV de *O Príncipe*, aliás, na qual este programa de realismo político é claramente afirmado e explicitado:

> "Sendo minha intenção escrever algo útil para quem se dispões a entendê-lo, pareceu-me mais conveniente perseguir a verdade efetiva do que a sua idealização. Muitos imaginam repúblicas e principados que nunca foram vistos nem conhecidos no mundo real. Mas há uma distância tão grande entre como se vive e como se deveria viver, que aquele que deixa aquilo que se faz por aquilo que se deveria fazer aprende mais o caminho da própria ruína do que o de sua preservação"[153].

---

[153] MAQUIAVEL, 2000, p. 116. O Capítulo XV de *O Príncipe*, embora não haja no livro a indicação explícita de uma divisão que inaugure uma segunda parte da obra, é aquele em que Maquiavel deixa de falar nos aspectos mais propriamente militares da conquista do poder e começa a falar nos aspectos mais especificamente políticos da condução do poder em uma realidade efetiva, habitada por seres humanos comuns, entre estes o próprio governante. É aqui que encontramos a sua explicitação mais formal da perspectiva de realismo político que pretende adotar em seus esclarecimentos.

Neste quadro político efetivamente real previsto por Maquiavel, o governante não pode ser perfeito – não deve ser visto, por exemplo, como um ser superior indicado por Deus. Deste modo, tanto o governante abordado pelo autor florentino não se coloca como perfeito, assim como, muito menos, precisará ou poderá lidar com uma realidade perfeita, pronta a se ajustar servilmente à imagem idealizada do governante perfeito[154]. É em vista disto que podemos dizer que *O Príncipe* de Maquiavel tanto se funda como uma contribuição significativa e inovadora na já extensa linha de "espelhos de príncipe", como reinventa a função deste gênero literário e discursivo tradicional. Não se trata mais de mostrar a imagem do governante perfeito a um aprendiz de governante ungido por Deus, mas sim de instruir um homem até certo ponto comum – este que irá se preparar diligentemente para o objetivo de se tornar e atuar como governante – acerca da realidade política tal como ela se apresenta na sua situação concreta, efetiva, demonstrável a partir dos próprios casos que ocorrem cotidianamente nos ambientes da grande e da pequena política, e também pelos que são trazidos pela história[155].

Este rompimento com o idealismo político dos espelhos de príncipe tradicionais é que refunda o gênero nas mãos de Maquiavel. Não se trata mais nem de considerar um governante ideal como "objeto de análise", e nem de projetar para fora, como "construção ideológica" destinada a impressionar o povo, a imagem de um governante ideal. No exercício de sua atividade política, ainda que o governante possa manipular imagens a seu favor, deverá se dar ao direito de agir conforme a necessidade imposta pela realidade[156].

Há outro aspecto interessante que decorre da contraposição entre *O Príncipe* de Maquiavel e os espelhos de príncipe que eram típicos da Idade Média. Com alguma frequência, os espelhos de príncipe medievais recorriam a exemplares (*exempla*) extraídos de passagens bíblicas. O *exemplum*, como já mencionei em outro momento, é o texto de qualquer tipo – anedótico, fabulista, bíblico, mí-

---

[154] "Pois é inevitável que um homem que queira sempre agir como boa pessoa em meio a tantos que não o são acabe por se arruinar, de maneira que é necessário a um príncipe (que pretenda se conservar no poder) aprender a capacidade de não ser bom e empregá-la ou não segundo a necessidade" (MAQUIAVEL, 2000, p. 116-117).

[155] Diz Maquiavel, no último capítulo de sua obra: "E, embora aqueles homens fossem extraordinários e maravilhosos, não deixaram de ser homens" (2000, p. 175).

[156] "Em contrapartida, que não se preocupe com o fato de atrair para si infâmia e censura por aqueles vícios sem os quais dificilmente poderia preservar o Estado" (MAQUIAVEL, 2000, p. 117-118).

tico, histórico – que é utilizado como exemplo didático para fixar um modelo de comportamento, e que deste modo cumpre uma função pedagógica voltada, sobretudo, para aspectos éticos. Nos espelhos de príncipe, os exemplos são muito recorrentemente extraídos da Bíblia, assim como suas máximas também são citadas. Isso faz da Bíblia uma das fontes mais importantes – se não a mais importante – dos espelhos de príncipe tradicionais da Idade Média. Maquiavel, em contrapartida, utiliza exemplos históricos – o que sintoniza com a sua perspectiva de que a história é "mestra da vida" (*magistra vitae*)[157]. Além disso, sua preferência é pelos exemplos laicos, ou humanos no sentido da vida corrente.

O humanismo e a inserção em uma sociedade renascentista, desta forma, sintonizam-se com esta redefinição do gênero por Maquiavel. Com essa transição dos exemplos bíblicos típicos dos espéculos medievais para os exemplos históricos e realisticamente humanizados do *Príncipe* de Maquiavel, este autor rompe com a perspectiva religiosa no tratamento desta matéria. Também há uma ultrapassagem da ética tradicional dos espelhos de príncipe em favor de uma perspectiva mais prática. A religião deixa de apresentar-se como uma perspectiva modelar – um horizonte de inspiração e de perfeição a ser contemplado – e passa a ser encarada como um grande personagem que precisa ser considerado pelo príncipe. A religião, os conteúdos religiosos, e particularmente os agentes religiosos podem ser bons ou maus (úteis, inúteis e nocivos) para a ação do príncipe. Aprender a lidar com eles é parte de sua formação, da mesma maneira como é necessário a aprender a lidar com a população governada, com os governantes estrangeiros, com as forças políticas de modo mais geral. A religião, em certas passagens, chega mesmo a ser tratada como instância passível de instrumentalização pelo político.

Por fim, a intenção declarada de Maquiavel é a de revelar ao príncipe como balancear a astúcia e a força – ou a de mostrar ao governante como alternar, em si mesmo, as figuras da raposa e do leão. Uma coisa sem a outra pode levar o príncipe à ruína; mas com ambas integradas, e evocadas cada qual em seu momento propício, configura-se a possibilidade efetiva de que o conjunto de qualidades do

---

[157] A ideia de que a História é a "mestra da vida" – isto é, de que pode oferecer inúmeros exemplos que podem orientar a vida de maneira mais geral e a política de modo mais específico – remete a uma frase proferida por Cícero em *De Oratore* (55 a.C).

príncipe – a *Virtu* – associe-se à *Fortuna* para a obtenção dos melhores resultados possíveis na conquista do poder e na condução do governo[158].

6.4 Duas reapropriações e releituras de *O Príncipe*: Rousseau e Frederico II

Balancearemos aqui estas reflexões introdutórias sobre o "lugar de produção" de *O Príncipe*. No início da era dos impressos, temos esse autor – pertencente a uma certa classe social, inscrito em uma trajetória intelectual específica e possuindo uma visão de mundo humanista-renascentista. Está bem inserido em sua própria época, em uma sociedade bem definida, e em uma região que se acha dividida e interferida por tensões internas e externas. Um conturbado contexto político o introduz em circunstâncias específicas, e é nesse emaranhado de linhas de força que ele se põe a escrever uma obra que expressa um peculiar diálogo intertextual com o antigo gênero dos "espelhos de príncipe". Propõe-se, de sua parte, a explorar uma nova lógica que já pode ser entendida como um realismo político em formação. Ao decifrar este conjunto de complexidades, a compreensão deste "lugar de produção" permite-nos tratar a obra como fonte histórica.

Que problemas históricos poderemos investigar a partir desta fonte? O uso de exemplares da antiguidade romana em uma obra política do renascimento humanista do início do século XVI? A história intelectual de seu autor? Um novo encaminhamento que se dá para um antigo gênero literário que havia atingido seu ponto de consolidação nos três séculos anteriores? A emergência do realismo político? Seu contraste com o idealismo político, em seu próprio século, ou nos séculos anteriores? Aspectos locais da própria política florentina? O seu diálogo com as instâncias religiosas, ou a sua inserção em um certo ambiente econômico que coloca em interação grupos sociais diversos? Uma rede de intertextualidades? O uso da concepção da "história mestra da vida" em uma obra voltada para

---

[158] Em Maquiavel, a *Virtu* não corresponde necessariamente às melhores qualidades no sentido moral tradicional; mas sim àquelas que são necessárias ou mesmo imprescindíveis ao governante, independente de como sejam percebidas pelo povo. Já a Fortuna – deusa romana da sorte e da adversidade – é comparada por Maquiavel aos rios que podem se enfurecer e transbordar, causando calamidades ou mudanças de curso que podem derrubar projetos de poder enquanto, alternativamente, proporcionam oportunidades que podem ser aproveitadas por aqueles que tenham *Virtu* – sendo estes aqueles que saberão usar as qualidades certas nos momentos certos (MAQUIAVEL, 2000, p. 169-170). Voltaremos à dialética entre a Virtu e a Fortuna no último item deste capítulo.

a praticidade política? Poderíamos, talvez, comparar a obra com outras de sua própria época ou de outras épocas? Seria o caso de examinar os personagens específicos que aparecem nesse ambiente político, ou quem sabe a questão do exército de mercenários em uma Europa na qual as grandes monarquias centralizadas já formaram seus exércitos permanentes? Seria o caso de investir em maior profundidade na compreensão acerca da historicidade de certos conceitos, tal como eles se apresentam na obra – o de povo, tirania, república, entre outros tantos? Ou poderíamos avançar para a recepção desta obra de Maquiavel em outras épocas, superpondo diferentes lugares de produção ao examinar as leituras que filósofos como Diderot e Rousseau fizeram do *Príncipe*, ou mesmo os modos como governantes, políticos e homens de ação se apropriaram da obra para pensá-la na sua praticidade, a exemplo de Napoleão Bonaparte ou de Benito Mussolini? Os problemas históricos são inúmeros, mas para todos eles, é o que quisemos mostrar, não podemos nos aproximar de uma fonte histórica específica sem compreender muito claramente o seu lugar de produção.

Nesta parte final, quero apresentar algumas das diferentes leituras ou reapropriações, ou pelo menos os distintos impactos que foram produzidos por esta obra de Maquiavel em diferentes receptores. Assim que publicado, em 1532, *O Príncipe* passou a ter uma divulgação maior, típica de um livro bem-sucedido da era dos impressos, e daí em diante inicia sua múltipla trajetória de republicações, traduções, reapropriações, releituras e citações ao longo da História das Ideias Políticas, chegando até os dias de hoje tanto como um clássico a ser estudado em diversos campos do saber, como também se afirmando como obra prática e de reflexão realista que tem frequentado a mesa de cabeceira de muitos políticos ou mesmo por empresários que enxergam suas empresas como microambientes políticos.

O Príncipe não escapou do *Index* – a lista de livros proibidos que a Igreja Católica, ainda no século XVI, iria elaborar durante o Concílio de Trento. Como se sabe, este concílio foi realizado em muitas seções entre 1545 e 1565, legislando e decidindo sobre assuntos pertinentes à administração, política e vida religiosa – debatendo e estabelecendo posições e normas sobre questões que iam da proibição de livros ao tipo de música que deveria ser considerado para a composição de missas. A Reforma Luterana havia sido bem-sucedida, e era agora preciso combatê-la com uma Reforma Católica, movimento de reestruturação da Igreja que a historiografia mais antiga costumava denominar Contra-Reforma. *O Príncipe* de Maquiavel terminou por ser indicado em 1559 como um dos livros proibidos pelo *Index*[159]. Isso não impediu que a obra adquirisse grande visibilidade e ultrapassasse os limites de Florença, da Itália, da Europa, e que também fosse projetada para outros séculos, tornando-se parte integrante dos repertórios de textos básicos da Filosofia e da Ciência Política em lugares-tempos os mais diversos.

De um ponto de vista hitoriográfico, é muito interessante refletir sobre as diferentes leituras da obra que foram elaboradas por autores de sociedades e tempos diversos – com distintas posições sociais, dotados de distintas perspectivas capazes de reinserir o texto de Maquiavel em novas redes de intertextualidades, e examinando-a sempre com um olhar específico que se torna possível diante de novos contextos. Reis, nobres, burgueses, militares, líderes operários, militantes políticos de esquerda ou de direita, negociantes em sua trajetória de conquista do poder econômico, filósofos e cientistas políticos, entre inúmeros outros produtores de discurso, leram este livro em países diversos da Europa, das Américas, dos demais continentes, produzindo novas leituras desta obra, nela percebendo novos aspectos e reconstruindo outros através de uma leitura criativa. Cada uma destas novas leituras recriadoras de uma obra também tem o seu lugar de produção, o que nos dá mostras de que todo texto, uma vez criado pelo seu autor e posto a circular, adquire uma vida própria aberta a novas reapropriações – novos modos de ler um texto, e novas possibilidades de criticá-lo ou interpretá-lo. Vou selecionar alguns pequenos exemplos. O primeiro comentário sobre *O Príncipe* de Maquiavel que examinaremos é o de Jean-Jacques Rousseau (1712-1778).

Rousseau, para bem situarmos este lugar de leitura e de reapropriação de *O Príncipe*, escreve-nos da Suíça do século XVIII. Assim como Maquiavel foi um típico humanista da Itália do século XVI, Rousseau foi um típico iluminista da

---

[159] Há passagens de *O Príncipe* que se opõem à Igreja. Diz um trecho ao final do Capítulo III: "Ao dizer-me o cardeal de Ruão que os italianos não entendiam de guerra, retruquei-lhe que os franceses não entendiam de política, porque, se entendessem, não teriam deixado a Igreja atingir tal proporção" (MAQUIAVEL, 2000, p. 59). Além disso, os papas foram tratados por Maquiavel como políticos como todos os outros, a exemplo de Júlio II, um papa que participou diretamente de suas campanhas militares. Tal desmistificação nua e crua dos pontífices não interessava à Igreja já ameaçada pela dissidência da Reforma. Por outro lado, há indícios de que, na Inglaterra de Henrique VIII, os reformistas anglicanos tenham se valido de *O Príncipe*, desde 1530, na argumentação contra a Igreja Católica (cf. ANGLO, 2005, p. 97-102). Além do que foi dito, é oportuno lembrar que a primeira edição do livro, em 1532, havia sido feita com o aval do papa Clemente VII.

Europa setecentista. À maneira do primeiro, foi um autor versátil, que escreveu obras de política, filosofia, literatura, crítica musical – e mesmo composições musicais, a exemplo da ópera *Le Devin du Village* (1552). Tendo falecido em 1778, nem por isso deixaria de ser um dos autores que mais agitaram as mentes daqueles que, onze anos depois, participaram ativamente da Revolução Francesa (1789), a tal ponto que seus restos mortais seriam trasladados para o Panteão de Paris em 1794, no auge do governo revolucionário. Além de representar bem a produção filosófica iluminista e de inspirar o impulso revolucionário, a singularidade de seu pensamento o coloca como um dos precursores do romantismo do século seguinte. Seu acorde de ideias comporta uma delicada dissonância: otimista em relação ao ser humano; pessimista em relação às formas sociais até então conhecidas[160]. No *Discurso sobre a Origem da Desigualdade* (1755), torna-se um crítico da própria noção iluminista de progresso linear e irreversível. Sua obra mais impactante foi *O Contrato Social* (1762).

Rousseau não desenvolveu nenhum estudo sistemático sobre *O Príncipe* de Maquiavel, e nem sequer dedica a ele um capítulo específico em suas obras mais gerais, como o célebre *Contrato Social* (1762). No entanto, nesta última obra, em uma pequena passagem do sexto capítulo do Livro III, está incrustada uma pequena perola. É uma frase, apenas, mas ela brilha como uma hipótese que pede demonstrações, ou como um pequeno mas intenso segredo que é sussurrado aos ouvidos do leitor: "[com sua obra *O Príncipe*], fingindo dar lições aos reis, Maquiavel deu grandes lições ao povo"[161]. Rousseau afirma isto em meio a uma argumentação maior, e não volta ao assunto, senão de maneira implícita. Vamos desdobrar esta afirmação, que, nada mais e nada menos, praticamente redefine o primeiro receptor de *O Príncipe*, contra a própria dedicatória na qual Maquiavel

---

[160] O homem "naturalmente bom" de Rousseau, degenerado pela sociedade, contrasta veementemente com o homem "lobo do homem" evocado pelo *Leviatã* de Thomas Hobbes (1651) – assim como também se confronta contra a perspectiva realista e pessimista do próprio Maquiavel, para quem os homens são maus por natureza. O tema é desenvolvido no Capítulo XVII de *O Príncipe* (MAQUIAVEL, 2000, p. 124). Podemos ainda lembrar que uma das primeiras frases do *Contrato Social* de Rousseau, extraordinariamente lapidar, expressa particularmente bem esta dissonância entre o bom indivíduo e a sociedade que o põe a perder: "O homem nasce livre; e por toda parte encontra-se acorrentado".

[161] ROUSSEAU, 1988, p. 98.

remete seu ensaio ao governante de Florença, ou a todos os governantes de todos os tempos, de modo mais geral[162].

Os príncipes e governantes – sejam aqueles oriundos de dinastias régias, da nobreza, ou da grande burguesia – nunca precisaram de lições passo a passo, registradas em livros ou manuscritos, para governarem. É verdade que os "espelhos de príncipe", conforme já comentamos, existem durante toda a Antiguidade e atravessam a Idade Média, chegando ao início da modernidade – quando Maquiavel se defronta com este gênero literário e opõe-lhe o seu próprio "espelho realista" de príncipes. Estas obras – manuais para os bons governantes ou espelhos de príncipes – eram muito mais parte de uma imagem de sabedoria régia que se projetava para a população mais instruída das terras a serem governadas do que manuais para os próprios governantes. Isto porque eram, conforme vimos, construções literárias e filosóficas idealizadas, que previam príncipes perfeitos prontos a administrar e governar populações também ideais.

Ouso dizer que a literatura espelhada da boa governança atendia mais à função de projetar uma bela imagem régia do que propriamente de instruir os governantes de carne e osso. As construções ensaísticas sobre o bom governo também podiam ser elaboradas por aristocratas ou eclesiásticos que queriam dar recados muito velados ao príncipe ao qual dedicavam seus opúsculos: agindo-se de certa maneira, a harmonia estaria assegurada. Intelectuais ligados à Igreja – se podemos chamá-los assim – desejavam mostrar que o bom governo respeita os espaços adequados, e que, além de reconhecer a parceria da Igreja, precisa aceitar a sua autonomia e o direito de reger questões que lhe são mais específicas.

No entanto, quando Maquiavel elabora o primeiro manual "realista" de boa governança – aquele que considera do início ao fim a Política tal qual ela é efetivamente, e os seres humanos tal qual eles realmente se apresentam nas suas funções de reis, conselheiros, políticos, funcionários, cidadãos, súditos, multidão – algo de novo se coloca sob o sol da História das Ideias. Porque escrever um manual realista para governantes, se este tem inúmeras oportunidades muito mais efetivas e repletas de exemplos práticos de aprender a política seja no seu

---

[162] Este trecho parece se harmonizar com outra passagem, na qual Rousseau se situa como produtor de um discurso: "Perguntar-se-me-á se sou príncipe ou legislador, para escrever sobre política; se eu fosse príncipe ou legislador não perderia meu tempo em dizer o que é preciso fazer; eu o faria, ou me calaria" (ROUSSEAU, 1988, p. 21).

próprio exercício, seja aprendendo-a com seus antecessores. Um rei mais velho costuma preparar seu jovem herdeiro à realeza não com um pequeno manual, mas ao longo de toda a vida. Professores e preceptores são contratados para tal. Além disso, a seu tempo, estes futuros governantes começam a atuar em pequenas funções no governo que um dia será seu. Em certo momento, parte do poder já lhes é oferecido: eles têm a oportunidade de tomar decisões diante de situações práticas e objetivas. Também administram seus próprios palácios, o que faz parte de sua educação. Por que um autor precisaria perder tempo escrevendo um manual de governança para alguém que já sabe governar – ou, ao menos, que pensa que já sabe governar?

A pérola de Rousseau – o seu rápido comentário sobre O Príncipe de Maquiavel – sugere que na verdade esta obra foi escrita para o Povo, para todos aqueles que, sabendo ler ou podendo ouvir a obra de outros que a leram, estivessem interessados em finalmente compreender como a política real funciona. É este o sentido do esclarecimento de Rousseau de que Maquiavel – ainda que de forma dissimulada ao nomear como seu leitor um príncipe – estava na verdade se dirigindo àqueles que estavam de fora. O humanista florentino, dito de outra forma, estaria disponibilizando a todos um conhecimento teórico e prático que, até então, ficara adstrito aos castelos, aos ambientes políticos, aos governantes com suas *entourages* em vários patamares de poder e projeção social.

É praticamente impossível demonstrar o que se passava pela cabeça de Maquiavel ao declarar que pretendia expor os segredos da política ao príncipe de sua dedicatória. Pode ser que sua intenção fosse mostrar suas próprias qualidades de conselheiro político, como uma forma de retornar ao poder nas boas graças de uma nova (e antiga) família que nele se restabelecia. Pode ser que tenha desejado registrar tudo aquilo que aprendera no exercício da própria política, e deixar para as gerações seguintes a primeira obra de realismo político (pois, se ele não a escrevesse, outros não tardariam a fazê-lo). Quis esclarecer a si mesmo, talvez, e aproveitou para publicar o que acabou se tornando uma obra-prima que atravessaria os tempos? Ou quis mesmo expor ao Povo os segredos da política, dar aos seres humanos comuns maior consciência sobre como eram governados? A verdade é que – sim, independente das motivações mais imediatas de Maquiavel ao escrever a principal obra que o tornou conhecido – o livro *O Príncipe* realmente permite pensarmos neste receptor popular. Um livro, como vemos aqui, sempre ultrapassa o seu autor, pois na outra ponta de seu "triângulo circular de produção de sentidos", há sempre um leitor – na verdade muitos leitores – que aguardam o momento de lhe dar um novo significado. Ler um livro, como sempre se deve insistir em dizer, é um ato criador.

É claro que a Rousseau, tão vivamente preocupado em mostrar que a sociedade corrompe a bondade natural dos seres humanos, interessava em especial enfatizar o desenho realista de governantes que é traçado por Maquiavel – um desenho que praticamente apaga a tradicional separação em "bons príncipes" e "maus príncipes" que os "espelhos de príncipe" tanto se esmeram em deixar bem delineada. Se a sociedade corrompe os seres humanos, corrompe também os príncipes, em maior ou menor medida. Mostrar isso aos governados parecia a Rousseau um objetivo bastante digno. Será que ele não projeta em Maquiavel o que ele mesmo faria? Afinal, um dos empenhos fundamentais do filósofo suíço sempre foi o de argumentar em favor da existência imaginável do "bom selvagem" em contraposição ao "mau civilizado", que é já produto de uma sociedade que o deteriorou[163].

Já o monarca Frederico II, cognominado "O Grande", produz uma leitura particularmente crítica sobre a obra de Maquiavel, principalmente porque este, em seu livro O Príncipe, começa por deixar que se apague a linha de separação entre "bons governantes" e "maus governantes". Frederico II (1712-1786) era rei da Prússia, e viveu no mesmo século XVIII de Rousseau[164]. Governou seu país, entre 1740 e 1786, com pulso iluminista: além de suas consideráveis conquistas militares, de sua extraordinária capacidade como estrategista e da reorganização que promoveu no exército prussiano, foi um promotor das artes e um amante da música, transformando a Prússia em um polo cultural, ao mesmo tempo em que a transformava em uma potência econômica.

O rei prussiano Frederico II foi o típico monarca esclarecido – além de promover a filosofia, a ciência e as artes, atraindo para a sua Corte cientistas e artistas, ele mesmo foi escritor e músico-compositor. O historiador romântico Thomas Carlyle o retratou com as cores bem vivas do herói dotado de muitos talentos e atributos: do guerreiro ao diplomata, do poeta ao profeta, do homem

---

[163] A hipótese do "bom selvagem", de Rousseau, é ironizada por Voltaire em uma carta de 30.08.1755.

[164] Por coincidência, ambos nascem no mesmo ano de 1712. Sobre Frederico II, cf. ASPREY, 1986.

de fé ao sábio que mede racionalmente as suas ações[165]. A um governante como ele, interessava recolocar a análise política ao nível dos tradicionais espelhos de príncipe. Sim, a seus olhos havia os "bons governantes" e os "maus governantes", e situar-se entre os primeiros não era uma mera questão de uma técnica a ser aprendida. Não há propriamente um problema com a instituição do principado, mas somente com esse desvio que é o "mau principado". Frederico II é um príncipe, ao contrário de Rousseau, e defende esta instituição, na qual se insere. Ao contrário de Rousseau, que examina a obra como se a estivesse perscrutando pelo ponto de vista do Povo, o monarca Prussiano a examina como um príncipe leitor (ou como um "leitor-príncipe") – perspectiva que já não é possível nem desejável a Rousseau. Por isso, a leitura de Frederico II sobre *O Príncipe* de Maquiavel será bem outra em relação à que fez Rousseau, e o monarca prussiano irá, de fato, desdenhar de alguns dos conselhos do autor florentino. Ao invés de almejar ocupar o poder pelo poder, como um vazio a ser simplesmente preenchido, ele via como objetivo do príncipe o Bem Comum. Nele, isso não era retórico. Instruíra a si mesmo de modo a que pudesse enxergar o mundo político dessa maneira. Não é de se estranhar que, mediado por correções de Voltaire que fazem desta obra um texto especialmente dialógico – tenha escrito um livro intitulado *O Anti-Maquiavel* (1739-1741)[166].

Nesta obra, Frederico II procura conservar a linha demarcatória entre os bons e os maus governantes, disforizando, ou mesmo "monstrualizando", entre estes últimos, figuras como Tibério – um antimodelo clássico – e César Bórgia, um modelo proposto por Maquiavel que foi habilmente transformado em contramodelo no Capítulo VII de *Anti-Maquiavel*[167]. Por ora, ao lado da disforização

---

[165] Sobre esta visão do herói, em Thomas Carlyle, cf. a análise da historiadora Débora El-Jaick Andrade (2006, p. 229).

[166] Frederico II manteve com Voltaire (1694-1778) – que chegou a ser hospedado em sua Corte – uma correspondência de 50 anos. A relação entre os dois foi de mútua admiração, mas em certos momentos foi conflituosa; em certa ocasião Frederico chegou a determinar a prisão domiciliar de Voltaire. Quanto ao *Anti-Maquiavel*, a obra começou a ser escrita em 1739, um ano antes de Frederico II ser coroado rei.

[167] No capítulo VII de seu livro, Frederico II procura desmontar passo a passo o herói que havia sido escolhido por Maquiavel como modelo a ser exaltado, ou pelo menos como um exemplo de trajetória que exemplifica alguns dos seus princípios de realismo político. A escolha de César Bórgia (1475-1507) pelo autor florentino, de fato, não é gratuita. Se ele precisava de um modelo do qual extrair exemplos, também precisava de um herói humano, real, e mesmo não consensual.

dos maus governantes escolhidos como contramodelos, o próprio Maquiavel – ao supostamente instrumentalizar o poder principesco como um ofício que pode ser apropriado por governantes que atuam exclusivamente em benefício próprio – é ele mesmo tratado como um "monstro", já à entrada do opúsculo elaborado pelo rei iluminista da Prússia[168].

Vemos aqui o que se apresenta ao se pôr em contraste as distintas leituras do *Príncipe* de Maquiavel, elaboradas respectivamente por Frederico II e por Rousseau. O rei-iluminista avalia o livro como um perigoso manual que se convida a ser instrumentalizado por governantes inescrupulosos que apenas estão preocupados em conquistar e manter o poder. Rousseau aborda o livro de Maquiavel como um útil antimanual que, de modo enviesado, termina por mostrar ao Povo o que não deve ser feito. Seu objetivo não é instrumentalizar o poder, apesar da sua dedicatória ardilosa, mas sim denunciar o poder. Não se trata de mostrar o que deveria ocorrer, mas sim de esclarecer ao que efetivamente ocorre. Sua dedicatória secreta, oculta sob a primeira, não é a um príncipe, mas o próprio povo.

Enquanto isso, a abordagem crítica do *Anti-Maquiavel* de Frederico II não é apenas uma "defesa da humanidade", tal como ele enuncia já à entrada da Introdução de seu livro. É também a defesa de um dos dois caminhos que surgem em relação à crítica das monarquias absolutistas na Europa. Um destes caminhos iria dar, mais adiante, na Revolução Francesa e em outras que lhe seguiram, em outros países; um movimento que culminou, na França, com a decapitação do casal régio Luís XVI e Maria Antonieta. O outro caminho crítico é precisamente o que busca salvar a monarquia absoluta através do esclarecimento do próprio governante; ou, antes, da projeção, para o povo, da imagem de um "déspota es-

---

Afinal, que se opor aos governantes idealizados dos antigos espelhos de príncipe. Por isso, assim se expressa no Capítulo VII de *O Príncipe*: "Desta forma, somando tudo o que Bórgia fez, rigorosamente não posso censurá-lo. Ao contrário acho que agi de maneira correta, colocando-o como um exemplo para todos aqueles que têm adquirido poder pela boa fortuna e pelas armas dos outros. Ele era um homem de grande coragem e de altas intenções". A este modelo, cabe a Frederico II simplesmente desconstruir.

[168] Assim se expressa Frederico II já no início da Introdução de seu *Anti-Maquiavel*: "Tomo em defesa a humanidade, protegendo-a de um monstro que pretende destruí-la. Desfecho minhas considerações passo a passo, a cada capítulo, de modo a que o veneno possa se mostrar lado a lado com o seu antídoto". Com isso, o rei iluminista tanto sintetiza a diretriz geral de sua obra crítica como esclarece a forma por ela adotada, já que seu livro elabora um comentário minucioso e argumentativo para cada um dos 26 capítulos de *O Príncipe*.

clarecido", tal como seria chamada mais tarde essa nova figura que surgia como um caminho alternativo.

Os monarcas esclarecidos seriam aqueles que assumem o progresso, a reflexão iluminista, bem como os governantes que se mostram defensores das ciências, da filosofia e das artes, que para si mesmos providenciam instrução e, se possível, tornam-se também sábios e artistas, para além de iluminar sua Corte com grandes nomes das artes e das letras. Sustentar que o príncipe pode e deve se voltar para o Bem Comum, ao invés de se pautar pela mera conquista e manutenção do poder, e, principalmente, insistir que há de um lado déspotas cruéis e egoístas (os que terminam por perder a cabeça), e, de outro, aqueles que serão reconhecidos pelo povo como governantes que atuam em favor de todos, é defender a viabilidade deste caminho histórico ao mesmo tempo novo e antigo. "Novo" porque se apresenta em um novo mundo, espreitado por revoluções e desafiado pelo progresso irreversível das sociedades que estão à testa da experiência humana. "Antigo" porque, ao longo da multifacetada história dos reis, sempre houve, desde a Antiguidade e a Idade Média, aqueles que compreenderam a necessidade de serem "reis sábios". Este é o ponto de vista no qual se assenta o olhar de Frederico II.

Em sua argumentação contra a perspectiva de Nicolau Maquiavel, o rei prussiano Frederico II também defende, ocasionalmente, a si mesmo e ao seu próprio modo de atuação como governante. Já ao Capítulo I, quando Maquiavel introduz a discussão sobre os modos como se chega ao poder, "pela hereditariedade ou pela conquista", o rei prussiano defende a sua própria legitimidade, de muitas maneiras. Seu poder e seu território, a partir do principado prussiano, foi recebido por "hereditariedade"; mas, ao lado disso, também inclui a obra de um conquistador. Não um "assaltante" do poder, conforme deixa implícito em sua crítica a Maquiavel, mas um "conquistador", que se defrontou de maneira justa contra seus inimigos, suplantando-os. No entanto, em ambos os casos, sustenta que o príncipe precisa governar conforme a vontade do povo. Além disso, às duas formas de se chegar ao poder preconizadas pelo *Príncipe* – a herança no interior da estirpe e o assalto do conquistador – Maquiavel acresce uma terceira, que é aquela na qual um soberano é eleito ou aclamado por um povo soberano e livre. Aqui, tem-se o clássico caso de um povo que escolhe o seu governante com vistas a libertar-se do jugo de uma tirania.

É interessante perceber que, em boa medida, Frederico II contrapõe o seu próprio exemplo pessoal, embora sem explicitá-lo, ao apagamento maquiaveliano[169] da linha que demarca os bons e os maus governantes. Ele mesmo, afinal, não seria um bom exemplo vivo de bom governante? No decurso de seus comentários contra o texto de Maquiavel surgem várias oportunidades para argumentar a favor desta linha demarcatória. Quando não está opondo diferentes comportamentos que exemplificariam ao longo da história estes tipos fundamentais – por exemplo, invertendo os próprios modelos propostos por Maquiavel, a exemplo do enaltecimento de César Bórgia pelo autor florentino – o monarca prussiano está confrontando suas próprias opiniões, dele mesmo como bom governante, contra os conselhos pretensamente ineficazes ou cruéis de Maquiavel.

As seções sobre a conquista de novos territórios pelo príncipe, por exemplo, mostram-se excelentes oportunidades para a exposição desta dicotomia, tão típica do monarca prussiano. Sua defesa de uma conquista humanizada – a qual rejeita a sugestão maquiaveliana de exterminar a dinastia que detinha o poder na terra conquistada – e que preconiza tratar com humanidade e generosidade os naturais da terra, integrando-os deste modo ao novo principado, é parte das críticas que Frederico II move contra *O Príncipe* no Capítulo III. As diferentes possibilidades de atuações diante das situações concretas da política e da guerra mostram que há bons governantes e maus governantes: este ponto mostra-se fundamental na argumentação desenvolvida por Frederico II. O ocultamento maquiaveliano da linha decisiva que supostamente separa estes dois grupos de príncipes, transformando todos em homens que simplesmente lutam realisticamente pelo poder, parece ser apresentado por Frederico II como o pecado capital do texto de Maquiavel[170].

---

[169] Prefeririremos o uso deste adjetivo ("maquiaveliano"), sempre que nos referirmos a Maquiavel, ao invés de "maquiavélico" – expressão que terminou por adquirir outro sentido, inclusive na vida cotidiana. "Maquiavélico", neste sentido popularizado, terminou por se referir ao indivíduo ardiloso, e por vezes maldoso, que se esmera na conquista enviesada de seus objetivos através de artifícios e recursos que envolvem a manipulação de pessoas, discursos e circunstâncias. É possível que a origem deste sentido e da própria expressão "maquiavélico" tenha sido inspirada na capacidade de Maquiavel de escrever trechos com muitas possibilidades de sentido, de usar a ironia a seu favor sem que o próprio adversário visado o perceba, ou de tratar o discurso e as ações políticas como um jogo de xadrez no qual um movimento é pensado estrategicamente.

[170] Essa suposta dicotomia entre seres humanos bons, amplamente predominantes, e seres humanos maus – em minoria, mas extremamente influentes e capazes de desencaminhar os demais – apresenta-se

Nossa intenção não é apresentar aqui o "passo a passo" – o "texto contra texto" – através do qual Frederico II procura desmontar *O Príncipe* maquiaveliano – ou, para utilizar a sua própria metáfora, não será nossa intenção mostrar como o monarca prussiano pretende neutralizar cada um dos seus venenos com o "antídoto" adequado[171]. Não obstante, é oportuno observar que o rei iluminista busca demonstrar que algumas das sugestões e dos preceitos de Maquiavel são inócuos ou ineficazes, ou mesmo contraproducentes, enquanto outros são por demais desumanos. Exemplo de argumentação que situa um dos conselhos de Maquiavel sob o esquadro da ineficácia é a crítica a seu repertório de métodos para conservar uma cidade ou principado livre, que antes da ocupação regia-se por leis próprias (matéria do "Capítulo V" de Maquiavel). "Arruinar a região depois de conquistá-la", para evitar sua revolta posterior, é mostrado por Frederico II como um artifício ineficaz. Para que conquistar uma região que, no instante seguinte à conquista, é transformada em um território improdutivo?[172]

De outra parte, Maquiavel oferece a segunda alternativa: transferir para lá a moradia do príncipe conquistador. Tal medida, conforme o rei-iluminista, coloca-se novamente sob o esquadro da ineficácia. Deslocar o príncipe do centro já tradicional do seu Estado, mesmo que lá deixando um representante confiável no seu território de origem, equivaleria a algo como descobrir uma parte do corpo para cobrir outra. Poderia ser isto eficaz? Por fim, a terceira alternativa maquiaveliana – deixar o povo da nova terra conquistada continuar a viver segundo

---

como uma espécie de contradição fundamental que move a sociedade descrita pelo comentário de Frederico II. Já em Jean-Jacques Rousseau, a contradição básica dá-se entre os indivíduos que são naturalmente bons ao nascer e a sociedade, que os corrompe e aprisiona por todos os lados. Curiosamente, tanto Frederico II como Rousseau amparam-se em uma perspectiva otimista sobre a natureza humana, embora compreendam de modo distinto a principal contradição que põe a perder esta boa natureza humana. Enquanto isso Maquiavel, que tem a admiração enviesada de Rousseau, é um pessimista no que concerne à sua percepção da natureza humana.

[171] A metáfora do "antídoto" é utilizada pelo próprio Frederico II na apresentação de seu *Anti-Maquiavel*, ao sugerir que o pernicioso veneno que está implicado nos conselhos políticos de Maquiavel precisa ser neutralizado com um "antídoto", e que isso precisa ser feito ponto a ponto, ideia contra ideia, o que justifica a estrutura de comentário intertextual direto que deu à sua obra.

[172] Assim se expressa, literalmente, Frederico II: "O interesse de um príncipe está em manter um país povoado, em trazer-lhe prosperidade; e não em meramente lhe impor a devastação e destruição. Se a crueldade de Maquiavel inspira horror em algumas de suas argumentações, em outra suscita comiseração; e ele faria bem melhor se aprendesse a raciocinar corretamente, ao invés de difundir esse ensino político monstruoso" (Frederico II, Capítulo V de *Anti-Maquiavel*).

suas próprias leis e costumes – não seria mais do que conservar, de acordo com a perspectiva de Frederico II, um potencial para futuras insurreições contra o Príncipe. Este último comentário, de algum modo, denuncia o projeto cultural universalizante que seria tão típico do pensamento ilustrado[173].

Exemplos de possíveis enquadramentos das sugestões de Maquiavel sob o signo da desumanidade, conforme a argumentação de Frederico II, são vários. Já trouxemos um exemplo com o comentário relativo ao modo de tratar o príncipe vencido e a sua família. Exterminar a dinastia que o precedeu no controle do território parece ao rei prussiano simplesmente desumano. "Não é possível ler tal proposta sem indignação e horror", "subverte-se, com ela, tudo o que há de bom e sagrado no mundo" – com frases como estas, Frederico II apoda a política maquiaveliana de "abominável". Neste caso, há eficácia, mas ela é deslegitimada e termina por ser coberta pela desumanidade. O príncipe, com a dignidade de suas ações – tal é o que se depreende da argumentação de Frederico II – também deve oferecer um modelo ético aos povos conquistados. A crueldade desnecessária, para o rei iluminista, deixa aberta uma porta para a insubmissão e violência posteriores.

Percebe-se ainda, no *Anti-Maquiavel* de Frederico II, a crítica ao modo político-realista de escrever, particularmente no que concerne aos exemplos empregados por Maquiavel para demonstrar suas ideias. Maquiavel usa exemplos positivos ou negativos, e não poupa seu leitor de exemplos de governantes que foram cruéis – até mesmo de sua própria perspectiva maquiaveliana – e que conquistaram o poder de formas ilícitas. Escrever um tratado realista, para o autor florentino, implica trazer toda a variedade de exemplos possíveis extraídos da política real. No entanto, no oitavo capítulo de seu texto-contratexto, Frederico II

---

[173] Em sentido bem diverso, mas interessante de ser assinalado, pode-se ver que *Anti-Maquiavel* de Frederico II traz a marca do universalismo iluminista em outra situação. O Capítulo X de *O Príncipe* dedica-se ao tema "Como devem ser medidas as forças de todos os principados". A certa altura, Maquiavel sustenta que, se o príncipe que não é forte o suficiente para se defender de ataques de inimigos externos, sem o auxílio de outros, deve recorrer à construção de fortificações. Trata-se de um conselho prático, bastante útil para a Itália fragmentada por diversas repúblicas, que não ocupam grandes extensões territoriais. Entretanto, a crítica de Frederico II se limita a assinalar que tal conselho somente poderia ser útil para os pequenos principados italianos do século XVI, e totalmente inútil para os grandes estados do século XVIII. Isso é correto. Mas o interessante é que Frederico II evoca este exemplo, com seu comentário, para mostrar que alguns dos conselhos maquiavelianos estão restritos ao contexto histórico e geográfico de seu autor. Considera isto grave. Sua perspectiva crítica é iluminista, e, como tal, universalizante.

argumenta que é extremamente perigoso trazer exemplos de crueldades e ações hediondas: os maus exemplos evocados por um autor podem fazer aflorar nos leitores instintos abomináveis. Deve-se educar através dos bons exemplos, e não através da contraposição de maus exemplos, é o que parece nos querer mostrar o rei iluminista. A rigor, ele critica o próprio programa de escrita do realismo político[174].

Esta também é uma questão de seu tempo – o século XVIII que logo será prenúncio da primeira e mais emblemática das revoluções modernas e contemporâneas: a Revolução Francesa de 1789. Conforme mencionamos antes, dois caminhos se anunciam aos monarcas absolutistas dos novos tempos: o recrudescimento que logo desencadeará a contraposição de um ambiente pré-revolucionário, e o governo sábio dos déspotas esclarecidos, modelo que a monarquia absoluta encontrou para se adaptar aos novos tempos. Talvez *O Príncipe* de Maquiavel e o *Anti-Maquiavel* de Frederico II sejam obras que se prestam à sinalização de cada um destes caminhos, e é a percepção arguta dos malefícios ou benefícios que podem ser proporcionados por estes dois modelos – a instrução a partir do realismo nu e cru, e a instrução a partir dos bons modelos; ou, ainda, o recrudescimento do controle monárquico e a flexibilização da monarquia esclarecida – o que tenha instigado Frederico II a compor cuidadosamente o seu texto-contratexto. Ao "melhor ser temido" de Maquiavel[175], Frederico II parece opor o seu "melhor ser amado". Um sentimento real, ou, à maneira dos antigos espelhos de príncipe, apenas mais uma boa imagem?

Em algumas linhas, esta é a leitura que podemos entrever em Frederico II, em sua análise sobre *O Príncipe* de Maquiavel. Trata-se, obviamente, de uma leitura circunstanciada que atende às demandas do século iluminista, e que se abre a novas intertextualidades e intercontextualidades que não foram as de Maquiavel (mas, eu mesmo poderia me perguntar: não será minha própria leitura sobre esta leitura também muito específica?). Historicamente localizada, e bem sintonizada com o iluminismo e com o contexto dos grandes Estados nacionais em sua rede

---

[174] Depois de relembrar um conhecido caso de distúrbios sociais que haviam sido provocados por uma peça de teatro inglesa, Frederico II registra em seu comentário ao Capítulo VIII as seguintes palavras: "Este caso demonstra enfaticamente, ao que me parece, o quanto um autor deve ser comedido e prudente ao evocar determinados exemplos, e como podem trazer um resultado funesto as citações de maldades" (*Anti-Maquiavel*, Capítulo VIII).

[175] Capítulo XVII, de *O Príncipe* (MAQUIAVEL, 2000, p. 124).

de tensões típicas do século XVIII, a análise encaminhada pelo *Anti-Maquiavel* de Frederico II é bastante válida, embora frequentemente ignore ou se satisfaça em desprezar o fato de que a obra de seu opositor filosófico é histórica, e tem o direito de sê-lo. Em algumas ocasiões, o rei iluminista parece cobrar do escritor florentino soluções aplicáveis ao seu próprio século iluminista e às suas realidades continentais, já pautadas em um novo padrão de relações internacionais.

O Príncipe, contudo, foi uma obra ao mesmo tempo típica da península itálica do século XVI, e capaz de atrair a atenção de leitores que viveram e vivem em outros contextos espaciais e temporais. Seu potencial de alcance – à parte as limitações contextuais específicas de muitas de suas passagens – mostra-se tão considerável que, afinal de contas, o próprio Frederico II considerou necessário refutar a obra maquiaveliana através de uma minuciosa estrutura texto-contratexto. Há algo, aqui, a se pensar. Veremos, no próximo item, que outro poderoso imperador também considerou necessário dar uma atenção especial a este ensaio de filosofia política do autor florentino. E, agora, já praticamente às portas do século XIX.

6.5 Quatro novas leituras em um só comentarista: Napoleão Bonaparte

A triangulação entre *O Príncipe* de Maquiavel, obra do início do século XVI, e duas de suas leituras que foram elaboradas no século XVIII – a do filósofo Jean-Jacques Rousseau e a de Frederico II – também nos coloca diante de alguns aspectos interessantes que habitualmente se relacionam às releituras e reapropriações de textos. Para que um autor se aproprie positivamente de uma obra ou de um texto, não precisa aderir ou concordar com todos os seus preceitos[176]. Certos textos também podem ser vistos na sua totalidade integrada de aspectos como um acorde, um composto de muitos elementos que interagem uns sobre os outros e que compõem um resultado final, bem estruturado, o qual se oferece à leitura. A leitura recriadora pode proporcionar diferentes disposições perante os vários temas e aspectos que compõem um texto mais complexo.

---

[176] Da mesma forma, alguém também pode ser muito crítico em relação a uma obra, ou mesmo considerá-la deplorável, mas concordar com ela em alguns poucos pontos – o que, aliás, ocorre com a leitura de *O Príncipe* elaborada por Frederico II em *Anti-Maquiavel*.

Rousseau, em seu pequeno comentário sobre *O Príncipe*, foi particularmente favorável ao projeto realista de Maquiavel. Apesar disso, há uma evidente dissonância entre a perspectiva pessimista de Maquiavel sobre os seres humanos e a perspectiva otimista de Rousseau acerca da natureza humana (em seu estado natural, os seres humanos são "bons selvagens"; e é a sociedade que os corrompe). Enquanto isso, Frederico II, o rei iluminista, também participa do mesmo entusiasmo de Rousseau acerca da bondade natural do ser humano. No entanto, a presença da "nota pessimista" em Maquiavel não impediu Rousseau de valorizar a "nota realista" do autor florentino. Em contrapartida, já Frederico II rejeita como um todo – e nota a nota – *O Príncipe* de Maquiavel, a ponto de escolher para o seu ensaio crítico o título de *Anti-Maquiavel* e decidir-se pela forma espelhada do texto-contratexto. Cada leitor, conforme podemos ver, acrescenta a um texto lido a sua própria leitura criadora, sem necessariamente aderir a todos os seus componentes, embora isto também possa ocorrer.

Saltemos, a partir daqui, à geração seguinte de leitores setecentistas de *O Príncipe*, e busquemos um segundo governante que leu muito atentamente aquela obra: ninguém mais nem menos do que Napoleão Bonaparte (1769-1821). Este personagem histórico, naturalmente, já é suficientemente conhecido de todos. Nascido na Córsega, mas integrado à França desde muito cedo através de uma brilhante carreira militar que logo lhe proporcionaria a possibilidade de uma rápida ascensão política, e que finalmente o conduziria ao poder imperial no seu país de adoção – Napoleão Bonaparte é a típica figura política que Maquiavel teria apreciado trazer como exemplo prático em seu ensaio de filosofia política, se pudesse tê-lo conhecido.

Para começar, devemos ter em mente que *O Príncipe* foi uma espécie de livro de cabeceira para Napoleão – e um livro que ele cuidou de tratar conforme a própria função de superfície que Maquiavel havia designado formalmente para a sua obra: a de constituir um manual de instrução sobre o Poder que poderia beneficiar tanto governantes já bem estabelecidos como candidatos à conquista do poder. Além de ler a obra maquiaveliana pelo menos quatro vezes, Napoleão Bonaparte fez muitas anotações nas margens do seu exemplar pessoal deste livro, além de registrar comentários em cadernos de anotações. Normalmente, são comentários curtos, mas muito esclarecedores sobre o próprio pensamento e planos de Napoleão, e sobre como ele assimilou ou criticou as ideias e sugestões de Maquiavel acerca de temas relacionados à conquista e manutenção do poder[177].

Ocorre que estas anotações procedem, se forem verídicas, de quatro momentos bem diferentes – momentos nos quais Napoleão ocupava, inclusive, posições bem distintas em sua fulgurante trajetória política. Na primeira vez em que leu *O Príncipe*, Napoleão Bonaparte era, entre outros de seus pares militares, um bem-sucedido general do exército francês de apenas 27 anos de idade (1796). Na segunda vez, leu esta mesma obra três anos após o golpe que ficaria historicamente conhecido como *Dezoito Brumário*, o qual o situara como um dos três governantes máximos da República Francesa (1802). Em sua terceira leitura, Napoleão já era Imperador da França (1804). Por fim, a quarta e última leitura ocorreu quando ele, derrotado pela primeira vez, já estava exilado na Ilha de Elba (1814)[178].

Temos, então, algo surpreendente: através de Napoleão, *O Príncipe* de Maquiavel foi lido sucessivamente por quatro personagens distintos – um general, um cônsul (entre três), um imperador e um exilado! E cada um destes quatro personagens, que constituíram distintas facetas do Napoleão Bonaparte real e histórico em quatro diferentes momentos, deixou suas anotações específicas no exemplar de seu livro. Deste modo, essas notas tão peculiares – todas juntas – terminam por revelar aos historiadores camadas de anotações e reflexões empreendidas por um mesmo homem, mas em quatro momentos bem singulares. Conhecemos, através destas anotações de próprio punho, os pensamentos políticos de Napoleão

---

[177] As notas de Napoleão sobre *O Príncipe* foram encontradas e apreendidas em 1815, em sua carruagem, após a Batalha de Waterloo (também conhecida como Batalha de Mont-Saint-Jean). Há possibilidade de que, no que concerne a algumas destas anotações, elas tenham sido forjadas para "maquievalizar" Napoleão (no sentido depreciativo da palavra). Mas muitas das notas parecem ser mesmo tipicamente napoleônicas.

[178] Situemos rapidamente uma cronologia do percurso político de Napoleão Bonaparte após seus notáveis sucessos como jovem general francês. O golpe de estado do *Dezoito Brumário* havia ocorrido em 9 de novembro de 1799, com a deposição do Diretório que já vinha governando a França desde 1795. Institui-se, a partir daí, um Consulado formado por três cônsules: o próprio Napoleão Bonaparte, Roger Ducos (1747-1816) e Emmanuel Joseph Sieyès (1748-1836). Em 1802, pode-se perceber como o poder de Napoleão havia crescido irreversivelmente, pois ele é nomeado "cônsul vitalício". Não tardaria nada para que, em 1804, Napoleão terminasse por coroar a si mesmo como Imperador da França, passando a ocupar por dez anos esta posição máxima, até ser derrotado e destituído em 1814. O retorno surpreendente da Ilha de Elba, para o breve Governo dos Cem Dias, seria fugaz e logo culminaria com a sua segunda deposição, em 1815. Exilado na Ilha de Santa Helena, lá permaneceria definitivamente, até sua morte em 1821.

antes do poder, durante o poder trinitário partilhado, durante o poder absoluto, e após ter sido destituído do poder.

Isso é realmente um presente extraordinário para os historiadores que estudam os períodos moderno e contemporâneo: temos *O Príncipe* de Maquiavel – um livro cujo texto foi escrito no século XVI – e, no mesmo documento material, quatro leituras temporalmente localizadas através de anotações que foram feitas às suas margens. Ao mesmo tempo, temos um autor clássico, Nicolau Maquiavel, e um versátil comentarista (Napoleão) que volta ao texto deste autor em quatro momentos distintos de sua própria vida, quando já ocupa posições políticas e sociais bem diferenciadas e é obrigado a interagir com diferentes contextos históricos.

Quanta história! As notas de Napoleão, no seu conjunto, correspondem a 773 comentários ao texto de Maquiavel, e deixam que se estabeleça uma peculiar intertextualidade do tipo explícito. Nesta fonte histórica peculiar – que é *O Príncipe* de Maquiavel lido por Napoleão Bonaparte – existem cinco passados-presentes: cinco fontes históricas entrelaçadas, por assim dizer. O exemplar de Napoleão – isto é, o objeto material de papel e capa dura que um dia pertenceu ao imperador francês – foi mais tarde tomado como base para se proceder à publicação e impressão de uma edição que foi logo anunciada como *O Príncipe comentado por Napoleão*. Esta edição, que aparece pela primeira vez na Paris de 1816, seria mais tarde traduzida para muitos idiomas, inclusive o português, de modo que nos dias de hoje podemos examinar esta fonte textual tão peculiar a partir de uma destas várias edições[179].

---

[179] Conforme já ressaltamos, pode ocorrer também que os comentários de Napoleão sobre *O Príncipe* de Maquiavel (ou parte deles) tenham sido falsificados pelo Abade que apresentou as notas de Napoleão como tendo sido encontradas em sua carruagem imperial em 1815. Da mesma forma, podem ter ocorrido falsificações decorrentes de intervenções editoriais. O período demarcado pelas décadas em torno da transição do século XVIII ao XIX assistiu, de fato, ao surgimento de várias falsificações, e é por isso que Marc Bloch – em uma das passagens de *Apologia da História* (1942-1944) – chega a qualificá-la como uma das grandes "épocas mitômanas". O fenômeno é por ele referido nos termos de uma "vasta sinfonia de fraudes" que recobre a Europa (BLOCH, 2001, p. 100). O caso de maior destaque, e talvez o precursor de vários outros, são os poemas pseudoceltas publicados na década de 1760. Atribuídos na época a Ossian, verificou-se depois que não passavam de falsificações produzidas pelo poeta escocês James Macpherson (1736-1796). De todo modo, a publicação do *Príncipe de Maquiavel com comentários de Napoleão Bonaparte* ocorreu em 1816, através de uma editora francesa. Caso possa ser identificada e demonstrada a sua falsidade, a obra se torna fonte histórica em outro sentido, não menos importante para os historiadores.

A leitura napoleônica do *Príncipe* – além da sua singular alternância de quatro épocas – é particularmente rica, pois dialoga efetivamente com Maquiavel, embora sem poder esperar obter resposta. Está perfeitamente livre da necessidade ou obrigação de aderir ou de se opor radicalmente ao escritor italiano, e sente-se à vontade para analisar as passagens do *Príncipe* sobre as quais sente que tem algo a dizer ou que lhe tocam de perto, em vista de suas próprias experiências concretas. Em vários momentos, Napoleão Bonaparte concorda com Nicolau Maquiavel[180]. Da mesma forma, em outros momentos identifica ou percebe fortes similaridades entre certas situações e experiências concretas que vivenciou, durante sua própria trajetória política ou militar, e as situações evocadas abstratamente ou demonstradas pelo autor florentino através de exemplos de sua própria época ou retirados da História.

Não obstante, já em outras ocasiões Napoleão discorda efetivamente das avaliações e sugestões de Maquiavel, e apresenta as suas próprias razões para estas discordâncias. Quando critica o humanista italiano, chega a chamá-lo de "ingênuo"[181] – principalmente no que concerne às questões militares, e mais nessas do que nos conselhos políticos – e às vezes o entende como limitado por uma espécie de "moralismo", um comentário deveras curioso quando se trata de Maquiavel, este autor que foi tão "maquiavelizado" e acusado por muitos de tocar a amoralidade[182]. O tom dos comentários de Napoleão, por outro lado, é frequentemente bastante familiar. Conversa consigo mesmo, mas também com

---

[180] Geralmente, concorda agregando comentários. Mas há ocasiões que apenas concorda, e faz questão de registrar seu entusiasmo pela reflexão desenvolvida por Maquiavel. Na nota n. 28, por exemplo, o Napoleão Cônsul simplesmente registra: "Boa reflexão; servir-me-ei dela" (2000, p. 52). Na nota 27, faz algo análogo, mas agora dando a impressão de que era algo que ele mesmo já tinha pensado antes: "Nunca me esquecerei disto onde quer que eu domine" (nota do Napoleão General). Cf. ainda a concordância pontual da nota n. 621 ("Compreendo-te e adapto-me aos teus conselhos", diz o Imperador) [2000, p. 155].

[181] Por exemplo, na nota n. 20 [2000, p. 51]. Já na nota n. 605, acusa-o de infantilidade.

[182] Agregadas ao capítulo VIII, há pelo menos duas notas do Napoleão General (205 e 207) e uma nota do Napoleão Imperador (221), no qual Maquiavel é censurado por deixar escapar um tom moralista ao falar sobre "a conquista do principado por meio do crime" (2000, p. 82 e 84). Curiosamente, em uma destas notas Napoleão se expressa com uma frase próxima à sentença "os fins justificam os meios" – uma frase que é atribuída popularmente a Maquiavel, mas que, rigorosamente, não a encontramos no *Príncipe*. A frase do Napoleão General, na nota n. 5 (ou do suposto Napoleão, caso se levante a hipótese de que há uma sexta voz falando algumas vezes no lugar de Napoleão), é a seguinte: "que importância tem o caminho, desde que se chegue?" (2000, p. 82). De igual maneira, a nota n. 221 diz: "a glória acompanha o êxito, seja qual for o meio empregado

o próprio autor florentino. Há notas em que completa as frases de Maquiavel, como se pretendesse lhes dar continuidade, reforçá-las, abrir desdobramentos ou oferecer generosas demonstrações. Ocasionalmente, age como se estivesse escrevendo uma grande carta para o escritor italiano, com comentários sobre sua obra, ou então como se desejasse lhe oferecer exemplos que viveu e que confirmam os prognósticos do florentino. O Imperador chega a dizer, como se buscasse a aprovação de um mestre: "Maquiavel ficaria contente com os benefícios que tirei deste conselho" (nota n. 585). É um admirador e um crítico, mas também um familiar. Em alguns momentos, afronta-o com certo desdém[183].

Pode-se perceber um certo deslizamento das posturas discursivas de Napoleão em relação ao autor florentino: a arrogância do General diante do menor conhecimento de Maquiavel em relação às questões militares, característica de algumas notas, vai cedendo lugar ao reconhecimento, da parte do Cônsul e do Imperador, de que Maquiavel tem de fato algo a ensinar no que concerne às estratégias políticas e à evocação de exemplos históricos. Com o Imperador, pode-se dizer que Napoleão vai se tornando mais "maquiavélico" – agora no sentido corrente (e não maquiaveliano) desta palavra – e mostra-se particularmente atento a aspectos mais sutis e afeitos ao realismo político da prática corrente, como as necessidades políticas de dissimulação ou de exploração da discórdia alheia[184]. Já a retomada da leitura do livro pelo Exilado, em 1814, vem acompanhada de nostalgias, arrependimentos em relação a soluções que não foram aplicadas, de reavaliações

---

para alcançá-lo" (2000, p. 84). Ainda para notas que se queixam de uma atitude "moralista" de Maquiavel, cf. as de n. 451 e 461 apostas ao Capítulo XVIII.

183 Na nota n. 117, agregada ao Capítulo VI de Maquiavel, o Napoleão General ironiza: "Grande descoberta!" (2000, p. 69).

184 *O Príncipe Comentado por Napoleão*, nota n. 160: "Quem não sabe dissimular, não sabe reinar" (2000, p. 75). Com relação à disseminação da discórdia para uso político, é particularmente interessante a nota n. 580 [2000, p. 149]. No texto de *O Príncipe* ao qual corresponde esta nota, Maquiavel vinha elogiando a habilidade dos venezianos medievais em insuflar, nas cidades a eles submetidas, a discórdia entre guelfos e gibelinos: "E, apesar de não lhes permitir jamais que chegassem ao derramamento de sangue, fomentavam os conflitos entre elas [as facções das cidades dominadas] para que, estando esses cidadãos ocupados com suas lutas, não se unissem contra eles, os venezianos" (2000, p. 148-149). O Napoleão Imperador acrescenta a esse comentário uma nota característica de sua própria experiência com a fomentação da discórdia: "Utilizei-me deste estratagema com bom resultado. Às vezes lanço no meio deles algumas sementes de discórdias particulares, quando quero desviar-lhes a atenção dos negócios do Estado ou quando preparo, em segredo, alguma lei extraordinária" (2000, p. 149).

retrospectivas, e por vezes de ressentimentos em relação à lembrança de antigos inimigos e traidores (nota n. 695). Chega a insultá-los em algumas ocasiões (nota n. 665). Além disso, os comentários do Napoleão Exilado funcionam também como um grande desabafo (nota n. 667).

É interessante observar que há, por vezes, um comportamento ambíguo ou oscilante de Napoleão em relação aos conselhos de Maquiavel. Por exemplo, em uma das notas que elaborou quando já era Imperador, em 1804, Napoleão critica como "ingênua" a sugestão que havia sido dada pelo florentino com relação ao modo de manter a conquista de novos territórios que tivessem línguas e costumes diferentes do príncipe conquistador. Entre três alternativas, Maquiavel sugere, como uma das possibilidades de estratégias de dominação, que o Príncipe se desloque para o território estrangeiro conquistado. Embora a princípio rejeitando o conselho maquiaveliano – e fazendo uma apologia da demonstração de força bruta como recurso mais eficaz nesse caso (notas n. 20 e 21) – não deixa de ser significativo e sintomático que o Imperador francês, ao conquistar mais tarde a Espanha, tenha preferido nomear seu irmão José Bonaparte (1768-1844) como rei deste país, no qual o irmão mais velho de Napoleão conseguiu se manter, de fato, no período situado entre 1808 e 1813. Deste modo, Napoleão encontra a sua própria solução intermediária entre o que pensava a princípio e o conselho de Maquiavel que antes havia rejeitado. Nomear como Rei da Espanha um membro confiável da família atendia bem aos seus interesses[185].

O Napoleão Imperador, mesmo quando oculto sob a capa discursiva do orgulho imperial, é muito atento aos conselhos de Maquiavel relacionados aos reveses políticos, e sabe valorizá-los ou aproveitá-los como postura preventiva.

---

[185] Diz a nota n. 23, de autoria do Napoleão Imperador: "Suprirei esta lacuna por meio de vice--reis ou reis, que serão apenas dependentes meus: farão apenas o que eu ordenar, sem o que serão destituídos" (2000, p. 51). Dois anos depois, Napoleão encontra a sua solução familiar. Em 1806, ele nomeia o mesmo José Bonaparte como Rei de Nápoles, e, em 1808, desloca-o para a península ibérica como Rei da Espanha, sendo que este seu irmão lá permanece até 1813. José Bonaparte vai cumprir seu papel nos dois países e momentos. / Com relação a seu irmão José, o Napoleão Imperador o menciona explicitamente nas notas n. 57 a 59 do Capítulo III, a ele se referindo como "meu bom José". Mas estas notas já datam de 1808 ou depois, pois nelas fica claro que o governo real da Espanha já tinha sido então passado a José. Isso indica que o Napoleão Imperador não releu O Príncipe uma única vez. / Ainda sobre José, e outros irmãos a quem o Napoleão Imperador cogita conceder reinos (Jerônimo e Luís), cf. ainda a nota n. 146 (2000, p. 73). Luís seria nomeado Rei da Holanda, em 1806. Jerônimo foi feito Rei da Vestfália em 1807.

Por exemplo, já no Capítulo II de *O Príncipe*, há uma passagem de Maquiavel na qual este diz que, "nos estados hereditários e já acostumados à estirpe de seu príncipe" – isto é, no caso de Napoleão, naquelas mesmas monarquias tradicionais que agora viam o imperador francês de 1804 como um general usurpador que tinha colocado a coroa em sua própria cabeça –, era mais fácil conservar o poder do que nos "principados novos". Maquiavel alerta para o fato de que o príncipe precisa ser sempre hábil, pois contra qualquer deslize o antigo monarca hereditário poderá "recuperar o trono". O Imperador mostra-se muito atento a este alerta de Maquiavel, e antepõe a este um comentário (nota n. 6) que mostra como, àquela altura, já valoriza em especial os conselhos de Maquiavel relacionados à manutenção do poder:

> "Veremos. O que me favorece é o não haver tirado dele [isto é, não ter tirado a França de Luís XVI, o antigo monarca legítimo que havia sido decapitado na Revolução Francesa, e que agora se via representado pelos Bourbons que espreitavam a possibilidade de retorno[186]] – mas sim o tirei de um terceiro, que não passava de um lodaçal de republicanismo [a França do Consulado e de Diretório]. O odioso da usurpação não recai sobre a minha cabeça. [...] Não falta coisa alguma, visto que o papa ungiu minha fronte imperial. Sob este aspecto devo parecer mais inamovível do que qualquer Bourbon"[187].

O que se percebe na passagem do jovem Napoleão General ao Napoleão Cônsul e ao Napoleão Imperador, é que o primeiro estava mais atento às questões militares ou relacionadas à conquista do poder político, sendo mais crítico em relação a Maquiavel quando este disserta sobre aspectos militares práticos, e que os outros dois – o Napoleão Cônsul e o Napoleão General – estão mais preocupados com a reflexão sobre a manutenção do poder, ao mesmo tempo em que começam a valorizar mais o cabedal de conselhos do autor florentino. À parte isto, em nenhum momento Napoleão deixa de ser um leitor crítico, capaz

---

186 O que de fato ocorreria depois da derrocada napoleônica.

187 BONAPARTE, nota n. 6 [2000, p. 67]. Omiti da passagem, apenas com vistas a tornar mais fluente a citação literal do texto de Napoleão, algumas partes extremamente interessantes, nas quais o Napoleão Imperador mostra-se preocupado – neste quadro em que ele é um imperador novo, sem estirpe – com as estratégias adequadas para manipular tanto a nobreza como o "populacho" (expressão usada por Napoleão), o que inclui em usar a seu favor a nomeação de bispos e curas que proporcionem um controle do poder eclesiástico local. Ou seja, o Napoleão Imperador está particularmente atento aos conselhos maquiavelianos sobre a "manutenção do poder conquistado", bem mais do que o Napoleão General estava atento às sugestões de Maquiavel sobre a "conquista do poder", especialmente quando o florentino adentrava a discussão sobre questões militares.

de agregar suas próprias conclusões e de fornecer exemplos de sua trajetória ou contexto que ilustram as questões discutidas por Maquiavel. Muitas vezes, particularmente com o Napoleão General, temos comentários desnecessariamente arrogantes, e também manifestações egoicas, nas quais Napoleão faz questão de mostrar que superou diversos dos exemplos de eficácia evocados por Maquiavel. No Napoleão General, também se mostra um excesso de confiança na força bruta, desmontando por vezes passagens em que Maquiavel afirma que a solução de certo tipo de situação está na sutileza política ou na manipulação[188].

A célebre questão iluminista sobre o caráter essencial da natureza humana – "serão os homens naturalmente 'maus' ou 'bons'?" – coloca Napoleão, em toda a extensão da produção de seus comentários, ao lado da perspectiva pessimista de Maquiavel e contra o otimismo essencialista de Frederico II, um autor que o imperador francês também parece ter lido, já na época em que era Primeiro-Cônsul. Sobre este ponto, sabe-se que o desencanto de Maquiavel em relação ao caráter dos seres humanos apresenta uma faceta mais local, e uma faceta mais geral. Em certa passagem de *História de Florença*, ele nos diz: "Florença é um lugar onde os bons são conhecidos como loucos". Enquanto isso, no plano mais geral, uma passagem típica de Maquiavel com relação ao seu pessimismo em relação à natureza humana está no Capítulo XVII de *O Príncipe*: "A respeito dos homens, pode-se geralmente dizer o seguinte: que são ingratos, volúveis, fingidos e dissimulados, esquivos ao perigo, ávidos de ganho"[189].

Acompanhando esta última passagem, o Napoleão Primeiro-Cônsul assim se expressa: "Queriam enganar os príncipes os que afirmavam que todos os homens são bons"[190]. É possível que este comentário se refira enviesadamente ao *Anti-Maquiavel* de Frederico II, em especial aos comentários nos quais o rei iluminista critica frontalmente a perspectiva pessimista do autor florentino com relação à natureza humana. Ou é possível que se refira a Rousseau, com sua perspectiva sobre o "bom selvagem". Como Rousseau, no Livro III do *Contrato Social*, insinua que na verdade o que Maquiavel pretendia era dar ao Povo esclarecimentos

---

[188] São notas em que o Napoleão General, com variações, rebate desdenhosamente a solução proposta por Maquiavel, afirmando que, no caso em questão, basta somente a força bruta, a exemplo das notas n. 21 e 22 apensas ao Capítulo III (2000, p. 51).

[189] MAQUIAVEL, 2000, p. 124.

[190] BONAPARTE, Comentário n. 427 [2000, p. 124].

sobre a política realista – embora tivesse encontrado uma maneira de enganar ao Príncipe ao qual dedicou a obra dizendo que seu intuito era o de "instruir os governantes" sobre o poder[191] – é possível que Napoleão esteja desfechando uma saborosa ironia contra Rousseau. O maior engano a que se pode induzir um príncipe – Napoleão parece nos dizer – é fazê-lo acreditar que todos os homens são bons. De todo modo, é preciso salientar que Rousseau jamais disse que todos os homens são bons, mas sim que eles são bons em seu estado natural, e que é a sociedade que os corrompe (ou os transforma em maus).

Os quatro Napoleões – do General de vinte e sete anos ao Exilado de quarenta e cinco anos de idade – não parecem oscilar muito com relação a este tema. Também é interessante observar que, no encadeamento sucessivo entre os quatro Napoleões, afirma-se um projeto de poder que já visava, desde o início, não apenas a soberania na França, como até mesmo um domínio mais amplo na Europa. Pode-se ver, desde as primeiras notas de autoria do General (1796), que Napoleão já trazia uma meta bem definida de conquista do poder – e que chega mesmo a antecipar ações que mais tarde se concretizariam.

Vemos isso logo no comentário relativo ao Capítulo I do *Príncipe* de Maquiavel. Naquele capítulo, o autor florentino começa a definir e a discorrer sobre os dois grandes troncos existentes de Estados – as Repúblicas e os Principados –, e a seguir divide os principados em "hereditários" (dominados por dinastias antigas), "agregados"[192] e "totalmente novos"[193]. Neste ponto – portanto, bem no início do

---

[191] ROUSSEAU, 1988, p. 98.

[192] Na verdade, Maquiavel não utiliza esta expressão ("agregados"), que aqui emprego apenas para simplificar. Para esta categoria de principados, o autor florentino considera aqueles que, embora sejam novos, o são apenas "parcialmente", já que imediatamente se tornam "membros acrescentados ao Estado hereditário do príncipe que os conquista" (MAQUIAVEL, 2000, p. 46). Cita o caso da conquista do Reino de Nápoles, que havia sido conquistado e incorporado pelo Rei da Espanha. No Capítulo II, Maquiavel os nomeia com maior precisão – dentro da categoria mais ampla dos principados novos – como "principados mistos". Em um comentário a este trecho (nota n. 8), o Napoleão Cônsul acrescenta que será este o caso dos principados que pretende conquistar na Itália: "como a de seu o meu [principado] no Piemonte, Toscana, Roma etc." [2000, p. 49].

[193] Os "totalmente novos" são territórios que foram conquistados por um príncipe que veio de fora – um invasor, por exemplo – ou aqueles que foram conquistados por um usurpador ou conquistador interno – sendo esta situação a que sintoniza com o caso de Napoleão. Por outro lado, no Capítulo VI, Maquiavel registra que os "totalmente novos" são os principados nos quais tanto o Príncipe como o Estado são novos (2000, p. 66).

texto de Maquiavel – o Napoleão General encontra desde já uma oportunidade para declarar que almeja estabelecer futuramente um principado "totalmente novo", o que o faz claramente com a sua nota n. 3: "Tal será o meu, se Deus me der vida". Com isso, o Napoleão General, ainda com 27 anos, está simplesmente dizendo que pretende conquistar a França e se tornar o seu governante, iniciando uma nova dinastia fora da perspectiva republicana.

Note-se que, nesta ocasião, a França vivia sob o poder de um Diretório formado por cinco governantes[194]. O golpe de estado do *Dezoito Brumário*, que logo deporia o Diretório e o introduziria diretamente no poder político, ainda não tinha ocorrido. Quando ocorresse, em 1799, o poder ainda seria repartido por três governantes, entre os quais o próprio Napoleão Bonaparte. Sua intenção, no entanto, já era desde o princípio conquistar o poder unitário, tal como dá a entender a fonte. Do General ao Imperador, e daí ao Exilado que ainda irá retornar uma vez ao poder, antes de ser deposto definitivamente, eis aqui um projeto de poder secretamente anunciado para os futuros historiadores[195].

Quando chegamos ao Napoleão Exilado – desterrado na Ilha de Elba – também percebemos pelos seus comentários que ele ainda não se considerava vencido e ambicionava seu retorno ao poder francês, o que de fato veio a acontecer com o Governo dos Cem Dias, antes de seu encarceramento final na Ilha de Santa Helena. Ou seja, também este último Napoleão-leitor ainda não havia abandonado seu projeto de poder, e é por isso que ainda se mostra um atento leitor de

---

194 O Diretório foi o regime de governo instaurado na Primeira República Francesa pelos republicanos moderados com a chamada Reação Termidoriana. Vigorou durante o período situado entre 26 de outubro de 1795 e 9 de novembro de 1799, quando foi substituído pelo Consulado, através do golpe de estado do *Dezoito Brumário*. Esta sequência demarca o redirecionamento da Revolução Francesa para a direita.

195 A nota n. 5, no capítulo seguinte e também escrita pelo Napoleão General, é igualmente reveladora: "Hei de evitá-las tornando-me o decano entre os soberanos da Europa" (2000, p. 47). Por outro lado, a nota n. 4 parece mostrar que o Napoleão General apenas aguardava o momento oportuno de romper com a perspectiva republicana e trabalhar no sentido de transformar a França em um principado: "Não existe nada melhor do que isso, por mais que falem; mas preciso cantar no mesmo tom que eles até segunda ordem" (2000, p. 47). De igual maneira, o Napoleão General diz na nota n. 212, que comenta um trecho do Capítulo VIII: "Concedam-me o consulado por dez anos; não tardarei a obtê-lo como vitalício" (2000, p. 83). Enquanto isso, na nota n. 6, que já é de autoria do Napoleão Imperador, este se refere àqueles primeiros tempos do Napoleão General como um "lodaçal de republicanismo".

O Príncipe. A nota n. 7, agregada ao final do Capítulo II do ensaio político de Maquiavel, é bastante elucidativa deste estado de espírito que ainda animava o Exilado da Ilha de Elba:

"Quantos pretextos me deixam! Todos os demais ainda estão aí, e seria preciso que não ficasse sequer um para que eu perdesse toda a esperança. Voltarei a encontrar minhas águas, meus N, meus bustos, minhas estátuas, e, quem sabe, ainda, a carruagem imperial da minha coroação. Tudo isto, aos olhos do povo, fala incessantemente em meu favor e me traz à sua lembrança"[196].

Talvez Napoleão Bonaparte pudesse sentir um certo divertimento se pudesse saber que – embora no máximo ainda tivesse pela frente um pequeno governo de Cem Dias – o sarcástico deus tempo ainda prepararia uma nova ironia para a História da França. Como ele poderia adivinhar que, no futuro, um de seus sobrinhos – o Luís Bonaparte – iria se apoiar em sua memória junto à população camponesa para ser eleito presidente da França, e que, mais adiante, imitando o gesto do tio célebre, terminaria por também colocar uma coroa em sua própria cabeça, desfechando o curioso golpe de estado que foi apelidado por Marx de "Dezoito Brumário de Luís Bonaparte"? A História tece novas histórias sobre as velhas Histórias[197].

---

[196] BONAPARTE, Comentário n. 7 [MAQUIAVEL, 2000, p. 48]. O comentário é aposto junto a uma frase de Maquiavel onde o autor florentino diz: "Uma mudança sempre fornece o pretexto para uma nova mudança". Sobre os planos de retorno do Napoleão Exilado, cf. ainda a nota n. 596 (2000, p. 151).

[197] À entrada de seu livro *O Dezoito Brumário*, Marx escreve estas irônicas palavras: "Em alguma passagem de suas obras, Hegel comenta que todos os grandes fatos e todos os grandes personagens da história mundial são encenados, por assim dizer, duas vezes. Ele se esqueceu de acrescentar: a primeira vez como tragédia, a segunda como farsa" (2011, p. 25). Este texto de Marx foi publicado originalmente na revista *Die Revolution* [1851-1852]. O texto de Hegel citado por Marx intitula-se *Preleções sobre a História da Filosofia*. A tese de Marx é a de que o golpe do sobrinho de Napoleão terminou por constituir, junto com o processo que nele culminou, uma curiosa paródia invertida dos acontecimentos que conduzem da Revolução Francesa à coroação de Napoleão Bonaparte. A Revolução Francesa inicia-se com um movimento popular que depõe a monarquia e se radicaliza (da inflexão realista à inflexão girondina, e daí até o período do terror jacobino), quando então começa a retroagir para a direita, indo ao Consulado, ao Diretório, e finalmente culminando com a autocoroação de Napoleão Bonaparte. O processo que conduz ao Dezoito Brumário de Luís Bonaparte começa com um governo monárquico que é deposto pela revolução radical de 1848. Esta, no entanto – ao contrário da Revolução Francesa – declina da esquerda para a direita, descambando em uma eleição presidencial que termina por eleger Luís Bonaparte, em 10 de dezembro de 1848, com apoio na memória popular que ainda tinha Napoleão como um herói. Finalmente, caricaturizando o gesto de seu célebre tio, Luís Bonaparte proclama-se rei em 1852.

Este, no entanto, era o futuro do presente-passado de Napoleão. Deixemos, por ora, os quatro Napoleões com seus comentários sobre *O Príncipe* de Maquiavel. Será o contratexto original autêntico? Seria uma falsificação do abade que o encontrou, em 1815, pretensamente na carruagem imperial que havia conduzido o Imperador reentronizado há cem dias para o seu último combate, a Batalha de Waterloo? Se é uma falsificação, com que finalidades teria sido realizada? Ou seria uma falsificação da própria editora que o lançou em 1816 como produto livresco extremamente atrativo, já que era anunciado como de autoria do homem que mal havia sido derrotado definitivamente, interrompendo-se seus planos de domínio da Europa? Se autêntico o documento que deu origem à publicação, ainda restam algumas questões. Será que podemos confiar na autenticidade das datas anotadas, aquelas que terminam por estabelecer uma polifonia de quatro tempos entre os quatro napoleões: o General, o Cônsul, o Imperador e o Exilado? Ou teria sido o próprio Napoleão – talvez o exilado na Ilha de Elba, ou, mesmo depois, o exilado na Ilha de Santa Helena – o manipulador desta singular polifonia de intertextualidades que se vê agora entretecida ao *Príncipe* de Maquiavel? Se o fez, escrevendo comentários realmente seus, mas atribuindo distintas datas de acordo com seus próprios interesses de refabricação da memória, seria seu objetivo reconstruir discretamente uma história pessoal – o canto de cisne do Imperador-General definitivamente abatido? Existe decerto uma singular história cantada por estas quatro vozes de um mesmo autor, entrelaçadas polifonicamente sobre o cantochão produzido pelo autor florentino: o Maquiavel que escreveu seu *Príncipe* no seio de uma península itálica renascentista extremamente conturbada. De todo modo estas questões também se oferecem como objetos historiográficos[198].

---

[198] Há muitas hipóteses de trabalho para este curioso texto de dois autores a cinco vozes. Poderia se dar também que algumas das datas sejam autênticas, e outras não. As marcas do tempo, de todo modo, podem ser analisadas independentemente de seu autor, em vista da menção de certos acontecimentos em alguns comentários. Há também a hipótese de uma sexta voz, sorrateira, vinda de algum falsificador externo. Suspeito da nota n. 74, em que um pretenso Napoleão Imperador admite que aceitaria ressuscitar certas "antiqualhas feudais", a contragosto, se seus generais "ainda insistirem muito nisso" (2000, p. 61). De igual maneira, uma certa arrogância do jovem Napoleão General seria de se esperar; mas às vezes parece haver um exagero na quantidade destas notas nas quais Napoleão parece simplesmente se exibir, não se sabe para quem. Mesmo em algumas notas do Imperador, algumas manifestações egoicas parecem ser desnecessárias. Agregada ao Capítulo VII – no qual Maquiavel discorre sobre o seu modelo mais aprimorado de príncipe citando César Bórgia – o Napoleão Imperador acrescenta: "Julgo ser um exemplo não só mais recente, como mais perfeito e sublime". Da mesma forma, diz o Napoleão General na nota n. 143 para o mesmo capítulo:

O exemplo, de todo modo, foi oportuno. Uma vez lançado ao mundo, qualquer texto pode ser lido criativamente por outros autores-leitores. E pode ser lido muitas vezes por um mesmo leitor, em distintas circunstâncias que o habilitarão a empreender leituras diversas do texto de acordo com seus novos contextos e demandas sociais, bem como diante das novas intertextualidades com que ele teve oportunidade de se defrontar na distância entre uma leitura e outra, ou de acordo com o seu próprio amadurecimento como leitor e ser humano. O "triângulo circular" do texto reedita-se inúmeras vezes.

6.6 O *Príncipe* e seus problemas historiográficos

Para a historiografia, tal como temos ressaltado desde o princípio deste livro, uma fonte histórica só adquire o seu sentido maior, ou mesmo se constitui como *corpus* documental disponível para a prática historiográfica, quando para ela dirigimos problemas históricos específicos. É essa dialética entre a fonte histórica e o problema histórico aquilo que constitui a base primordial do trabalho historiográfico. Uma fonte textual como *O Príncipe* de Maquiavel pode constituir por si mesma uma base de reflexão para a Filosofia ou para a Ciência Política, mas para a História – enquanto campo de saber – essa fonte textual só começa a dizer alguma coisa efetiva quando é posta a interagir com problemas históricos específicos. Estes, entrementes, são inúmeros. Posso dar alguns exemplos em subáreas da história as mais diversas, da história militar e da história comparada à história das ideias políticas.

A própria possibilidade de posicionar o texto de Maquiavel no seio da história dos projetos de unificação italiana, por exemplo, adquire sentido ao final dos últimos capítulos de *O Príncipe*, confluindo para aquele capítulo derradeiro no qual o autor florentino praticamente faz uma exortação para que a família dos Médicis assuma o projeto de unir os povos da península itálica frente a uma Europa que já tinha as suas monarquias centralizadas típicas do início da modernidade. Nesta argumentação de encerramento, Maquiavel pretende convencer os novos donos

---

"Melhor do que eu? Difícil" (2000, p. 80). No Capítulo VIII, quando Maquiavel enaltece o exemplo de Agátocles, o Napoleão Imperador acrescenta a nota n. 215: "Muito mais consegui. Agátocles é um anão comparado a mim" (2000, p. 83). Estas jactâncias soam infantis. Seriam infiltrações para exagerar a arrogância e o egocentrismo de Napoleão? Por outro lado, parece ser possível identificar certas marcas digitais de Napoleão no texto. Na nota n. 403 aparece a palavra "ideólogos" – expressão nova na época, mas que, de fato, passa por ter sido inventada por Napoleão (2000, p. 120).

do poder em Florença, em especial a Lorenzo II, de que este possui a *Virtu* que poderia redirecionar a *Fortuna* nesta direção. Sabemos que um movimento efetivo de unificação italiana só irá se concretizar no século XIX, assim como também ocorrerá na Alemanha, e que a persistência das cidades e regiões italianas como pequenas repúblicas e principados vinha se apresentando como uma permanência que atravessara a Idade Média amparada no sucesso de muitas destas cidades na área comercial. Na modernidade, entretanto, estas cidades-estados já estavam começando a se mostrar anacrônicas perante um fenômeno novo e uma nova estrutura de poder e governo extremamente eficaz que fora introduzida com as monarquias centralizadoras.

O impulso inicial destas novas estruturas nacionais vinha de Portugal e da Espanha, que impunham suas monarquias centralizadoras desde fins da Idade Média, fortemente motivados pelas lutas da Reconquista contra os mouros que já estavam bem estabelecidos na península ibérica desde o século X[199]. Logo a Inglaterra e a França, assim que se encerram as batalhas recíprocas que mais tarde ficaram conhecidas como Guerra dos Cem Anos[200], encontram uma estabilidade análoga, a partir da qual se acham mais à vontade para fortalecer decisivamente as instituições monárquicas centralizadoras, com seus poderosos instrumentos de centralização do fisco, da justiça e da violência física militar – esta última pautada na criação e manutenção dos exércitos regulares nacionais – sem esquecer a concomitante formação de um forte sentimento de identidade nacional na população. É contra esse quadro de formas de governo de um novo tipo, eficazes e centralizadoras, que se confronta uma Itália instável e dividida em muitas repúblicas e principados.

---

[199] Os dois reinos – Portugal e Espanha – formaram-se e conformaram-se basicamente através da expansão territorial recuperada dos mouros nas lutas da Reconquista. Ambos, neste mesmo movimento, precisaram recorrer à mobilização centralizada de poderes em torno de seus monarcas, antecipando processos de centralização política que somente mais tarde, já no alvorecer da Idade Moderna, surgiriam como demandas incontornáveis para outros reinos europeus.

[200] Abrangendo nominalmente uma série de conflitos travados de 1337 a 1453 entre a Dinastia Plantageneta, que governava a Inglaterra, e a dinastia francesa de Valois, a Guerra dos Cem Anos tanto interferiu na estabilidade dos reinos da França e Inglaterra neste período – retardando o seu processo de centralização em comparação aos reinos ibéricos já estabilizados após a Reconquista – como permitiu que houvesse um acúmulo de poder militar em torno dos monarcas, o qual não tardaria a ser utilizado para a consolidação dos estados nacionais francês e inglês. Com isso, França e Inglaterra juntar-se-iam ao quadro dos estados modernos centralizados, na mesma época em que a península itálica ainda se apresentava como um cenário de fragmentação política e de instabilidade.

O investimento de Maquiavel na exortação a uma unificação itálica, com os últimos capítulos de *O Príncipe*, corresponde a uma adaptação deste pensador a um novo modelo que vinha se impondo com a modernidade europeia. O autor florentino é e continua a ser um republicano, tal como bem atestam os *Diálogos sobre a primeira década de Tito Lívio* – uma obra que ele já começara a escrever antes do *Príncipe*, mas que só concluirá em 1521, sendo sua publicação adiada ainda para mais além (1531). Não obstante, apesar da perspectiva republicana dentro da qual sempre se posicionou, a realidade histórica parecia mostrar a Maquiavel que o modelo do principado anunciava ser, naquele momento, o mais indicado para instrumentalizar esta unificação, tal como ocorrera nos demais países da Europa continental e também com a Inglaterra.

Essa posição de Maquiavel como homem moderno que dá mostras de compreender a modernidade e o que estava nela implicado – sendo a formação dos grandes estados centralizados um destes fatores – explica a sua concessão como republicano à forma de governo principesca. Ele pretende lidar com esta dissonância entre o modelo de governo que considera mais evoluído – a República – e o modelo de governo que o momento da história europeia parece exigir para proporcionar na Itália o desenvolvimento de novas estruturas econômicas e mais fortalecidas de um ponto de vista militar e político: os principados centralizados em torno da figura de um monarca forte que controle as armas (centralização da violência física legítima), as leis (a justiça) e o fisco.

Esse passo também nos permite inscrever o *Príncipe* em um *corpus* documental adequado para o estudo de um problema historiográfico ainda mais abrangente do que a unificação política de península itálica. Não seria um problema historiográfico particularmente pertinente, a ser acessado pela fonte maquievaliana, o da própria formação dos estados modernos – estados que conhecem cada qual um processo centralizador próprio com pelo menos três facetas bem visíveis: o controle crescente do fisco, da justiça e da violência física legítima?

Há mais de um século de historiografia, já se encontra bem estudado e teorizado o grande conjunto de processos centralizadores que favoreceu a formação dos estados modernos – e autores como Marc Bloch, Joseph Strayer e Norbert Elias são apenas alguns dos exemplos de pesquisadores que ajudaram, no início deste desenvolvimento historiográfico, a esclarecer os fatores que regeram este processo[201]. Na época de Maquiavel, entrementes – mesmo porque os estados modernos estavam ainda em formação e, aos seus contemporâneos, não era tão fácil perceber, em todas as nuances, o fenômeno político que em breve iria se generalizar no mundo moderno –, estava ainda longe de ser realizada uma teorização mais completa sobre a tendência centralizadora em curso. Depois viriam muitas teorias, interpretações e pesquisas sistemáticas que dão conta de compreender o que se passava na transição da Idade Média europeia à modernidade. Parece-nos extraordinária, nos dias de hoje, a percepção que Maquiavel conseguiu desenvolver sobre estes processos, expressa em alguns *insights* de *O Príncipe*. Não surpreende que alguns autores como Claude Lefort (1979), entre outros, o considerem como responsável pelo desenvolvimento precursor de um novo conceito de Estado.

Um destes *insights* situa-se no Capítulo XII de *O Príncipe*, e também em outras passagens, com o destaque maquievaliano de que "as bases principais de todos os Estados – sejam novos, antigos ou mistos – são as boas leis e os bons exércitos". Da tríade de elementos imprescindíveis para a consolidação de um Estado centralizado em torno do monarca – (1) o "controle da violência física legítima", desautorizando outras forças militares internas de âmbito privado ou senhorial, (2) o "controle unificado da justiça", confrontando a antiga fragmentação do exercício do poder de julgar nos âmbitos feudais, e (3) a "unificação do fisco" em torno do príncipe – Maquiavel ilumina em sua análise pelo menos os dois primeiros. "Boas leis e boas armas" constituem a sua fórmula essencial para a consolidação de um principado[202].

---

[201] Marc Bloch desenvolve, em *A Sociedade Feudal* (1939), uma análise bem precisa sobre a gradual superação da descentralização feudal em direção às monarquias centralizadas. De sua parte, Joseph Strayer atribui um título significativo ao seu estudo sobre o fenômeno: *A Origem Medieval dos Estados Modernos* (1961). Norbert Elias, na mesma época de Bloch, retoma a já bem desenvolvida discussão historiográfica sobre os processos centralizadores nas monarquias europeias do fim da Idade Média (Luchaire, 1909), e demonstra como, junto a este processo político, ocorreu concomitantemente um grande processo cultural, que ele denominou *Processo Civilizador* (1939). Para ambos, os três monopólios – do fisco, da justiça e da violência física legítima – são fatores fundamentais para a formação dos modernos estados centralizadores. Por outro lado, a necessária relativização deste modelo, corrigindo aspectos teleológicos destes sistemas explicativos e introduzindo novas complexidades, viria nos anos de 1980 com autores como Fernández Albadalejo (1984) e António Hespanha (1994 e 2001). Este último, por exemplo, ao estudar o Portugal do Antigo Regime, matiza o centralismo estatal com o reconhecimento de um caráter *corporativo* da monarquia portuguesa (HESPANHA, 2001, p. 166-167).

[202] Justiça unificada, tributação centralizada e tendência ao monopólio estatal da violência são, desde os últimos tempos feudais, questões perfeitamente interligadas. Uma fomenta a outra – com os recursos obtidos pelo monopólio fiscal contribuindo para reforçar o poder militar do Estado

De acordo com o autor florentino, estas últimas – as "boas armas" – deviam constituir preferencialmente um exército próprio, permanente, formado por profissionais bem remunerados e beneficiados por um treinamento adequado. Era exatamente isso o que começava a acontecer nas monarquias centralizadoras que já se haviam formado na Europa, e cujo modelo Maquiavel pretendia propor para uma Itália a ser unificada por um príncipe de novo tipo, tal como sugere no último capítulo de seu ensaio político (capítulo XXVI). Temos aqui, portanto, um problema historiográfico particularmente importante para cujo estudo *O Príncipe* pode se integrar como fonte histórica a ser abordada. A perspectiva de Maquiavel sobre a formação dos estados modernos é tanto sintoma de uma nova época como também não deixa de constituir um agente histórico nesta mesma direção, embora o príncipe da família Médici ao qual ele dedicara a obra não tenha recebido o manual político deste autor florentino com grande atenção ou entusiasmo. Da mesma forma, tal como veremos mais adiante, é muito oportuna a comparação entre a concessão à unificação política conduzida pelo príncipe, que aparece no *Príncipe* de Maquiavel sob a forma de uma exortação para que a Casa dos Médicis se lance a esta empresa unificadora, e o apreço do autor florentino à liberdade republicana que ele via nas poucas repúblicas italianas e também em algumas cidades alemãs de sua época. De todo modo, ainda que saibamos do republicanismo de Maquiavel através de toda a sua vida pregressa e de outras obras que ainda viriam, é incontornável a exortação que o último capítulo de *O Príncipe* faz à unificação, mesmo que apelando à força principesca[203].

---

e, inversamente, o poder militar e a sua necessidade atuando no sentido de impor uma tributação crescente. Nada pode impedir, ademais, que os recursos militares voltados para a segurança externa ou para a expansão contra outras unidades estatais sejam dirigidos, em um segundo momento, para a segurança interna e para o reforço de um poder central que impõe cada vez mais a coesão social através de mecanismos centralizadores mais sofisticados. A Guerra e a Paz, em uma perspectiva complementar, convertem-se em um jogo de xadrez político do qual saem frequentemente fortalecidos os mecanismos centralizadores. A origem medieval dos estados modernos repousa, em parte, no fortalecimento deste circuito: guerra, paz, tributação centralizada, monopólio da violência estatal – esta última tanto dirigida para assegurar ou expandir fronteiras, como para impor uma organização interna do espaço social.

[203] É um pouco perturbadora, ou no mínimo intrigante, a comparação entre os últimos capítulos de *O Príncipe* e o "Capítulo 55" do Livro I dos *Discursos sobre a Primeira Década de Tito Lívio*. Fica-se com a impressão de que, no *Príncipe*, Maquiavel exorta a unificação sob um regime de principado, como uma espécie de "mal necessário", pois caso contrário a península itálica continuará na mão dos estrangeiros, ou dos "bárbaros", como ele os chama no capítulo XXVI. Não obstante, no referido capítulo dos *Discursos sobre a Primeira Década de Tito Lívio*, Maquiavel opõe valorativamente algu-

A articulação do pensamento maquievaliano com a percepção de que a Itália estaria pronta para acompanhar o grande movimento de formação dos estados modernos – estes que já vinham se unificando no que concerne ao controle interno da justiça, do fisco e da violência física – leva a que, no capítulo XXIV de seu livro *O Príncipe*, Maquiavel esteja particularmente preocupado em discorrer sobre "os motivos de os príncipes da Itália terem perdido os seus reinos"[204]. A explicação, a partir deste ponto, direciona-se para uma outra ordem de questões, igualmente importante e digna de ser abordada como mais uma possibilidade de problema historiográfico. O autor florentino explica estes fracassos diversos através da ocorrência indevida de aplicações inadequadas da *Virtu* (qualidades principescas que podem ser instrumentalizadas) à *Fortuna* (forma expressa pelas circunstâncias nos vários momentos). É muito interessante relembrar uma das metáforas maiores que Maquiavel evoca para compreender as imposições do destino e a necessidade de enfrentá-las adequadamente:

> "Comparo a sorte [Fortuna] a um desses rios impetuosos e transbordantes que, quando se enfurecem, alagam as planícies, destroem as árvores e os edifícios, deslocam porções de terra de uma parte para outra. E todos fogem desta fúria desastrosa, todos capitulam diante do seu ímpeto, sem poder de alguma forma se lhe opor. Entretanto, embora tais coisas aconteçam, não se impede de que, em tempos de tranquilidade, os homens tomem providências por meio de proteções e diques, de modo que, quando certos rios depois cresçam em volume de água, na cheia, possam ser canalizados e sua fúria possa deixar de ser desenfreada e danosa"[205].

A metáfora do rio pode ser evocada tanto para os acontecimentos mais específicos relacionados a cada príncipe ou ser humano em particular como pode remeter aos grandes movimentos da História. Um pouco mais adiante, Maquiavel sustenta a ideia de que "experimenta a felicidade do sucesso aquele que combina seu modo

---

mas das repúblicas italianas "livres" contra dois dos reinos centralizados de sua época – a Espanha e a França – assim como desvaloriza os demais principados italianos. Claude Lefort (1979) assim resume este passo: "Maquiavel estabelece um contraste entre, de um lado, as cidades alemãs que lhe parecem oferecer o modelo moderno dos povos livres – aos quais se aparentam as repúblicas de Florença, de Veneza, de Siena e de Luca, nas quais a liberdade se mantém ou sobrevive – e, de outro lado, os reinos da França e Espanha e todos os principados da Itália. A oposição se apresenta como aquela dos estados sadios aos estados corrompidos" (LEFORT, 1990, p. 147).

[204] MAQUIAVEL, 2000, p. 166.

[205] MAQUIAVEL, 2000, p. 169-170.

de proceder com a natureza dos tempos"[206]. Nos próprios termos maquiavelianos, trata-se de ajustar à Virtu à Fortuna, ao mesmo tempo em que nos empenhamos em dominar a última através da primeira, redirecionando a Fortuna de acordo com nossas próprias metas ou nos deixando por ela levar no momento certo. Sim, esta dinâmica entre a *Virtu* e a *Fortuna* pode ser aplicada à experiência individual e à especificidade da aventura pessoal de cada príncipe em particular[207]. Mas não estaria Maquiavel insinuando que a Itália, como personagem mais amplo no drama da história, precisava adaptar a sua *Virtu* à *Fortuna* trazida pelos novos tempos centralizadores? Uma reflexão desta ordem insere o discurso maquiaveliano tanto diante do já discutido problema histórico da moderna centralização estatal como na discussão sobre os novos tipos de sujeitos políticos que seriam requeridos para o novo mundo que já se anunciara.

Ainda considerando exemplificativamente as passagens em que mobiliza discursivamente a dinâmica entre Virtu e Fortuna, poderíamos considerar agora um problema historiográfico bem distinto. Digamos que fosse nosso interesse investigar o imaginário misógino na Itália renascentista, e *O Príncipe* de Maquiavel pudesse constituir, entre outras obras, uma fonte histórica para tal problema de investigação. A certo momento de sua argumentação, Maquiavel expande a sua metáfora da interação entre Virtu e Fortuna para a dimensão da dicotomia entre o masculino e o feminino. A *Virtu* corresponde a um conjunto masculino de atributos – sempre variável, de acordo com cada herói ou com cada ser humano, pois já vimos que Maquiavel rejeita os modelos fixos e idealizados de comportamento que por tanto tempo ressoaram nos tempos medievais dos espelhos de príncipe. A Fortuna, por outro lado, é uma mulher – uma deusa impetuosa mas que sabe ser

---

[206] MAQUIAVEL, 2000, p. 171.

[207] "Vemos, de fato, que os homens, com intuito de atingir as metas visadas – a saber, glória e riquezas –, conduzem-se de maneiras diversas: um com cautela, outro com arrebatamento; este com violência, aquele com ardis; um com paciência, outro com impaciência [...] e todos, mediante esses modos distintos, podem atingir as metas visadas. Vê-se também que, de duas pessoas cautelosas, uma atinge a meta, a outra não. E vê-se, analogamente, que duas pessoas podem ser bem-sucedidas mediante duas maneiras de conduta distintas, sendo uma cautelosa e a outra arrebatada. Isto se explica tão somente pela natureza dos tempos que se ajusta ou não à sua maneira de agir" (MAQUIAVEL, 2000, p. 171). Este esclarecimento de que não há uma *Virtu* fixa, idealizada – como parecem propor os espelhos de príncipe tradicionais – coloca mais uma vez Maquiavel no centro de uma abordagem realista. É preciso avaliar a situação – o movimento da Fortuna – e, a partir daí, tirar partido da sua *Virtu* e do conhecimento sobre como e quando usá-la. Maquiavel propõe uma nova ética, flexível ao enfrentamento das circunstâncias.

submetida pelo herói varonil e virtuoso que sabe lidar com a sua natureza volúvel e carente de ser conquistada. Assim resume Maquiavel o enlace amoroso entre o herói dotado de Virtu e a Fortuna:

> "É melhor ser impetuoso que cauteloso, porque a sorte [a Fortuna] é mulher, e é necessário, caso se queira submetê-la, que seja combatida e contrariada. E se constata que ela mais se deixa dominar por aquele que por este que procede friamente. Essa é a razão de, como mulher, ser a amiga dos jovens, pois estes são menos cautelosos, mais selvagens e comandam com mais audácia"[208].

Com este retoque quase irônico, e certamente divertido, Maquiavel finaliza o seu capítulo XXV, intitulado: "De quanto pode a sorte nas coisas humanas e do modo de resistir a isso". Digamos que fosse um problema historiográfico interessante uma investigação sobre as imagens do feminino em *O Príncipe*, ou na obra mais ampla de Maquiavel, ou mesmo na literatura política da Itália do século XVI – ou, ainda, na literatura dos "espelhos de príncipe" desde a Idade Média até sua culminância com a modernidade maquiaveliana. Diante destas diversas possibilidades de problemas, este e outros trechos da fonte adquiririam outros significados. Parodiando divertidamente ao próprio Maquiavel – que nos mostra a necessidade principesca de que a Virtu submeta a Fortuna – podemos dizer que, na operação historiográfica, o Problema Histórico deve dominar a Fonte, que a ele resiste mas que, sendo decifrada adequadamente, acaba rendendo-se a ele e ao historiador que o conduz.

A dialética entre Virtu e Fortuna – central no *Príncipe* de Maquiavel – abre espaços temáticos para muitos outros problemas dignos de serem abordados pelos historiadores. Quentin Skinner (n. 1940) – um dos principais historiadores britânicos da conhecida Escola de Cambridge, cujos estudos se direcionam à História das Ideias Políticas – destaca como um dos principais objetos de interesse para os estudos sobre Maquiavel o contraste que pode ser estabelecido entre os tratamentos dados à Virtu pelo autor florentino e pelos autores da Antiguidade Clássica. Para estes últimos, assim como também seria para todos os pensadores políticos subsequentes da Idade Média, a virtude é fixa. Trata-se de um conjunto de qualidades que pode apresentar pequenas variações de autor a autor, mas que sempre é dado como um conjunto fixo de elementos, que transcendem os homens na sua experiência prática. Para os clássicos, as quatro virtudes cardeais seriam a

---

[208] MAQUIAVEL, 2000, p. 173.

sabedoria, a coragem, a temperança e a justiça. O que Maquiavel introduz com o *Príncipe* é precisamente a ideia de que a Virtu – em se tratando de príncipes que agem para conquistar e manter o poder – não pode se configurar de modo algum em um conjunto rígido de qualidades morais. A Virtu é um conjunto de qualidades flexíveis de que o príncipe dispõe – e cada príncipe em particular tem seu próprio repertório de características – de modo a se combinar com a Fortuna que a ele se apresenta. Desta combinação – que pede flexibilidade e não rigidez, que demanda uma ética de resultados e não uma moral estabelecida de uma vez por todas a partir de um mundo supralunar – é que pode advir o sucesso político.

Deste modo, apresenta-se como um problema historiográfico fundamental comparar o pensamento de Maquiavel sobre a Virtu e o pensamento predominante nos séculos anteriores. Diante da formação dos novos estados centralizados e de outros fatores que introduzem a modernidade, porque se torna possível introduzir esta nova postura diante dos modos de agir? Que condições históricas amparam a possibilidade de pensar de uma nova maneira, de propor uma tábua flexível de valores? No entanto, o humanista Maquiavel continua a dialogar com os clássicos, e todas as noites veste os seus trajes especiais para ir ter com eles em seu escritório silencioso, mas habitado pelas vozes do passado. Este confronto dialético faz de Maquiavel um homem de sua própria época, que bem compreende o que está em jogo com o advento dos tempos modernos, mas que retoma os pensadores da Antiguidade clássica, saltando esse período medieval que muitos dos intelectuais humanistas consideraram como "uma longa noite de mil anos". Este diálogo entre o mundo moderno e o mundo clássico – do qual Nicolau Maquiavel é apenas um dos seus muitos representantes e interlocutores renascentistas – é um dos problemas historiográficos de grande interesse que podem se beneficiar do uso do *Príncipe* como fonte histórica.

Vejamos agora outros problemas possíveis a partir de *O Príncipe*. Pode-se dar que a investigação historiográfica se estabeleça em torno da temática da evolução e desenvolvimento dos manuais de política, partindo dos modelos idealizadores da Idade Média propostos pelos "espelhos de príncipe" até chegar à sua inflexão realista com *O Príncipe* de Maquiavel. Não seria interessante uma investigação historiográfica que se ativesse ao problema da separação entre a ação moral e a ação política, do qual a reflexão que se desenvolve na passagem para os tempos modernos toma consciência maior precisamente com *O Príncipe* de Maquiavel? Há toda uma comparação intercontextual entre a Idade Média e a modernidade que pode ser beneficiada por este aspecto tão presente nas páginas de *O Príncipe*. Qual era o papel de instituições medievais como a Igreja no entrelaçamento entre estas duas matrizes de ação – a Moral e a Política – e por que motivos a modernidade do *Príncipe* abre tão claro espaço de reflexão para a distinção entre uma coisa e outra, apesar do eterno contraponto que, a partir daí, continuaria a confrontar estas duas maneiras de ver o problema até chegar a leitores posteriores que representam uma e outra destas correntes, como Frederico II e Napoleão Bonaparte?

Neste último patamar, e com relação ao *Príncipe* de Maquiavel e sua ampla variedade de ideias tanto concernentes ao mundo da política como aos aspectos éticos, deve o historiador se mostrar mais francamente interessado nas respostas que a obra maquiaveliana dá aos problemas específicos de seu tempo, ou nas respostas que os seres humanos de outros tempos através dela conseguiram escutar, em outros contextos históricos e sociais? Não será particularmente interessante uma História Comparada que se disponha a analisar, no interior de seus contextos históricos mais específicos, estas leituras tão diversas sobre *O Príncipe* que foram elaboradas pela Rainha Cristina da Suécia (1626-1689), pelo rei prussiano Frederico II (1712-1786), pelo ditador fascista Benito Mussolini (1883-1945), pelo filósofo marxista Antonio Gramsci (1891-1937), ou pelo general-imperador Napoleão Bonaparte (1769-1821)?[209] Neste último caso, não deveria haver um importante interesse historiográfico em verificar a veracidade (ou falsificabilidade) dos comentários publicados em nome de Napoleão sobre *O Príncipe*, nos quatro contextos que o conduzem do generalato ao exílio na Ilha de Elba? Ou, ao contrário, não se trataria de submeter à investigação as infiltrações que eventualmente podem ter ocorrido nestes comentários, e a que interesses e demandas sociais ou editoriais elas atenderiam?

---

[209] A Rainha Cristina, da Suécia (1626-1689), à maneira do que faria Napoleão Bonaparte mais de um século mais tarde, também elaborou as suas próprias notas ao *Príncipe* de Maquiavel. O rei prussiano Frederico II, tal como já destacamos, elabora o seu texto-contratexto intitulando-o *Anti-Maquiavel*. O ditador italiano Benito Mussolini irá considerar *O Príncipe* de Maquiavel como um manual para políticos e governantes, reinterpretando-o em termos fascistas e dedicando a isto um texto específico, que foi por ele chamado de *Prelúdio a Maquiavel* (1924). Antonio Gramsci – assimilando a figura do príncipe moderno ao Partido que deveria encaminhar a revolução – toma a análise da perspectiva introduzida pelo autor florentino como um objeto de estudo fundamental no seu ensaio *Notas sobre Maquiavel, a Política e o Estado Moderno* (1949). A figura do Príncipe, conforme se vê nesta análise, deixa de ser individual e passa a confluir para uma entidade coletiva.

Os estudos sobre a recepção de *O Príncipe* não se limitam às leituras que foram feitas sobre Maquiavel em épocas posteriores, pois já na própria época do autor florentino – por exemplo, na própria Itália renascentista – já podemos assistir à instalação de uma polêmica que termina por gerar novas obras, de outros autores, às vezes dedicadas à refutação ponto a ponto do ensaio político de Maquiavel – tal como faria Agostinho Nifo em um texto de 1521[210] – e às vezes inserindo Maquiavel em discussões mais amplas sobre as formas de governo ou outros temas que foram abordados pelo autor florentino. Antonio Brusciolli, por exemplo, escreve em 1526 um diálogo chamado *Della Repubblica*, no qual insere Maquiavel como um dos personagens-interlocutores; algo similar é feito por Luigi Guicciardini, que também apresenta o autor de *O Príncipe* como interlocutor em um diálogo datado de 1530.

A partir destes e de outros exemplos podemos ver que há um impacto importante do pensamento maquiaveliano (e da sua distorção "maquiavélica") já na sua própria época, o que, inclusive, logo levaria *O Príncipe* de Maquiavel à inserção no *Index* dos livros proibidos pela Igreja Católica do Concílio de Trento, algumas décadas mais tarde (1559)[211]. Um patamar de problemas historiográficos importantes, portanto, refere-se à possibilidade de tomar como fonte *O Príncipe*, e outras obras de outros autores que com ele polemizaram, de modo a encetar um estudo sobre a recepção de Maquiavel na sua própria época, e com vistas a, principalmente, indagar sobre por que as ideias evocadas em seu manual político tiveram tanta repercussão e potencial de perturbação no campo da reflexão política. Os tempos modernos haviam chegado, poderíamos acrescentar, e a polêmica que se estabelece em torno obra de Maquiavel é um dos seus sintomas.

Além de um autor poder ser confrontado com outros, pode ser igualmente oportuno confrontar um autor consigo mesmo. Gostaríamos de retomar este ponto, que já mencionamos em nota anterior. Vimos mais atrás que as circunstâncias podem ter um papel importante nas inflexões da história intelectual de um autor, e que, além disso, um autor não é necessariamente igual a si mesmo em todos os momentos. Como problema historiográfico importante, poderíamos comparar o

---

210 *De his quae optimus princibus agenda sunt* (1521). Cf. FIRPO, 1970, p. 349.

211 A primeira versão do *Index Librorum Prohibitorum* foi promulgada pelo papa Paulo IV, em 1559, e uma versão revista desta lista foi autorizada pelo Concílio de Trento. A última edição do *Index* foi publicada em 1948, mas só em 1966 a Igreja Católica aboliu formalmente o índice, sob iniciativa do papa Paulo VI (1897-1978).

Maquiavel republicano dos *Discursos sobre a Primeira Década de Tito Lívio* (1513-1521), e o Maquiavel que dá ou parece dar aporte aos poderes principescos em *O Príncipe* (1513)[212].

É particularmente fascinante o enigma provocado pela presença do singular livro *O Príncipe* – com sua dedicatória laudatória e seu sistemático discurso sobre o principado – na rede maior de obras escritas pelo republicano Nicolau Maquiavel. Teria o autor florentino escrito esta genial obra apenas como um astucioso meio de voltar a ter uma perspectiva profissional e política no novo governo florentino que havia sido introduzido pela Casa dos Médicis? Ou seja, *O Príncipe* seria nesse caso apenas a obra de um Maquiavel oportunista, ou ao menos de um homem localmente preocupado com o seu destino pessoal mais imediato? Em termos maquievalianos, seria essa obra que parece se afastar momentaneamente do republicanismo – quando iluminada pelo conjunto maior das demais obras do autor florentino – apenas uma deliciosa astúcia da Raposa que habitava a alma do ex-chanceler de Florença?

Se é possível pensar essa hipótese, não há de fato muito como comprová-la, ou mesmo avançar mais na sua demonstração – o que só ocorreria se encontrássemos diários de Maquiavel nos quais ele afirmasse, numa escrita de si para si mesmo, que de fato escrevera o seu manual político com objetivos de se mostrar ao novo governante como um hábil e experiente político que ele bem faria em indicar para algum cargo, talvez a velha Chancelaria que ele ocupara durante o governo republicano de Soderini. Não temos esse diário como fonte histórica disponível – pois, se existiu um dia, não sobreviveu à seleção do tempo com relação aos documentos que são guardados de modo a se tornarem "passados-presentes". Também não encontramos essa confissão de Maquiavel em correspondências a amigos. Se, em 1513, ele fala a seu amigo Francesco Vetttori sobre seu novo livro (*O Príncipe*), nada mencionou sobre esta motivação mais maquiavélica do que maquievaliana.

De todo modo, se o que Maquiavel queria mesmo, segundo esta hipótese, era tão somente cair nas boas graças do novo governante ou angariar dele algum cargo político ou diplomático – ou ao menos obter uma singela autorização de retornar a Florença[213] – isso não ocorreu de fato. Lorenzo II de Médici não deu nenhuma

---

[212] Cf. nota n. 203.

[213] Ao cair o governo de Soderini, Maquiavel fora preso e exilado para sua propriedade em São Casciano – a mais de onze quilômetros de distância de Florença – e ficara proibido de pôr os pés em sua cidade por um ano.

atenção à sua obra ou a seu autor, e Maquiavel continuou a ser ostracizado das funções públicas. Por outro lado, quando este governante vem a falecer inesperadamente em 1519, e o governo de Florença passa a ser controlado pelo cardeal Júlio de Médici, somente então este último resolve oferecer a Maquiavel o cargo de historiador da república florentina[214]. De qualquer maneira, o plano imediato de conquistar favores de Lorenzo II, se algum dia existiu, não surtiu qualquer efeito.

Continuemos com as hipóteses que se referem ao contraste entre *O Príncipe* e os *Diálogos sobre a primeira década de Tito Lívio*. Teria a obra *O Príncipe*, conforme diriam mais tarde Rousseau e Diderot, um verdadeiro destinatário oculto que não era o príncipe Lorenzo II? Seria esse destinatário oculto o próprio Povo, ou os seres humanos comuns que compõem a multidão dos governados? Será que eram eles a quem Maquiavel realmente almejava de maneira dissimulada, sob as laudatórias palavras da dedicatória maquiavélica que fizera a Lorenzo de Médici? Lembremos esta conjectura: ao pretensamente ensinar aos príncipes o que eles já sabem, Maquiavel estaria na verdade ensinando ao Povo e aos cidadãos comuns algo sobre os príncipes, dotando-lhes de um saber que poderia ajudar a preveni-los contra os políticos e governantes.

Tampouco há muito a dizer sobre a possibilidade de comprovar esta hipótese a partir de registros em outros tipos de fontes, e apenas podemos demonstrar uma hipótese como essa propondo uma certa leitura de *O Príncipe* – pois este livro, de fato, se pode ser lido a partir da perspectiva dos príncipes, também pode ser lido a partir da perspectiva do povo. Além disso, temos um indício algo curioso, pois, em certa *passagem dos Discursos sobre a primeira década de Tito Lívio*, Maquiavel critica "aqueles que dedicam obras aos príncipes" (!) Não obstante, alguém poderia argumentar que isto poderia representar apenas uma correção honesta do Maquiavel republicano em relação ao pequeno desvio oportunista pelo qual o autor maquiavélico enveredara com a dedicatória a Lorenzo de Médici – a qual, diga-se

---

214 Júlio de Médici (1478-1534) seria investido mais tarde como papa sob o nome de Clemente VII, pontificando no período de 1523 a 1537. Curiosamente, era filho bastardo de Juliano de Médici, o primeiro príncipe a quem Maquiavel havia pensado em dedicar a sua obra em 1513 (ao menos segundo o que nos diz sua carta do mesmo ano a Vettori). Como rapidamente Juliano passou o governo adiante, até chegar a Lorenzo II de Médici, Maquiavel mudou a sua intenção de dedicatória. Por ironia do destino, seria o filho de Juliano de Médici quem terminaria por favorecer Maquiavel de uma nova maneira, oferecendo-lhe o cargo de Historiador da República de Florença – função da qual emergiram os oito volumes de sua obra *História de Florença* (1521 e anos seguintes).

de passagem, foi uma dedicatória em separado, enviada como carta a Lorenzo de Médici, embora nas edições de hoje esta carta-dedicatória seja quase sempre incorporada como uma espécie de introdução ou prédica inicial ao texto de *O Príncipe*.

Há, contudo, um outro indício, no mínimo interessante. Em 1527, a fortuna – deusa da sorte, do azar e dos destinos imprevisíveis, segundo a antiga mitologia romana – parece transbordar "como um rio impetuoso" em uma nova direção. Uma reviravolta na península itálica terminou por contribuir para que se fizesse eclodir uma revolta republicana que finalmente destituiu o representante dos Médicis no governo de Florença. Foi o primeiro abalo nesta longa linha de governo através do qual Florença havia deslizado da república autêntica de 1513 para o governo autoritário sob a égide principesca da Casa dos Médicis. Agora, com essa nova reviravolta da roda da fortuna, Florença voltava a ser uma república. Nesta época, Maquiavel já vinha ocupando a confortável função pública de Historiador da República de Florença, à qual chegara por indicação de Júlio de Médici, que havia se tornado o papa Clemente VII[215].

Ato contínuo à vitória dos revoltosos de 1527, o republicano Maquiavel foi acusado de traidor da república, visto que tanto havia sido beneficiado por uma função pública pelos Médicis como já fora publicado e se tornara bem conhecido o livro que a um deles dedicara, e que até tinha no último capítulo uma exortação para que a Casa dos Médicis unificasse a Itália. Contra a acusação de ter escrito um livro antirrepublicano, Maquiavel teria retrucado que, se havia ensinado aos príncipes de que modo se estabelece a tirania, ao mesmo tempo teria mostrado ao povo os meios para dela se defender[216].

---

[215] Já como papa, aliás, no frigir dos acontecimentos de 1527 Clemente VII havia sido levado prisioneiro pelas tropas da Espanha e do Sacro-Império Romano-Germânico, que haviam invadido Roma a mando de seu imperador, Carlos V (o qual, além de ser Imperador desde 1519, acumulava também o título de Rei da Espanha desde 1516). A captura do papa Clemente VII – um dos Médicis – ajudara inclusive na derrubada do governo florentino por eles controlado, abrindo caminho para a revolta republicana que depôs em 1527 o cardeal Silvio Passerini, representante do papa Clemente VII no governo da cidade. Na verdade, ainda haveria uma nova oscilação de poder, pois em 1530 o papa Clemente VII conseguiu firmar um acordo com o Imperador Carlos V e a República de Florença foi subjugada ainda mais uma vez, com nova restauração do poder dos Médicis e a instalação de Alexandre de Médici no governo em 1531. Este não tardaria a ser nomeado Duque hereditário de Florença, de modo que a história do domínio dos Médicis sobre Florença segue adiante, mas sempre contraposta às pressões da oposição republicana. Maquiavel, contudo, não veria estes acontecimentos, pois veio a falecer no mesmo ano da revolta republicana (1527).

[216] Cf. EIDE, 1986, p. 49.

Teria sido esta fala de Maquiavel, no último ano de sua vida, o que inspirou Rousseau a evocar a hipótese de que verdadeiro objetivo de *O Príncipe* não era o de ensinar aos príncipes, mas sim ao Povo? Daqui, também Denis Diderot parece tirar uma conclusão bastante similar, claramente expressa no verbete "Maquiavelismo", da *Enciclopédia*:

> "Quando Maquiavel escreveu o seu Tratado do Príncipe, é como se ele tivesse dito aos seus concidadãos: 'leiam bem esta obra. Se alguma vez aceitarem um senhor, ele será como eu o descrevo – eis a besta feroz à qual vos entregareis'. Assim, se seus contemporâneos ignoraram seu objetivo, a culpa é deles. Viram a sátira como um elogio. Bacon, o chanceler, não se enganou quando disse: 'este homem não ensina nada aos tiranos, eles sabem muito bem o que devem fazer'. Mas ele instrui os povos sobre o que devem temer"[217].

Por outro lado, o indício também não prova nada de forma decisiva, pois Maquiavel estava então nas barras de um tribunal e precisava se defender. Mesmo considerando que ele tenha se desviado dos princípios republicanos com *O Príncipe* (e ainda que voltando a eles nos *Diálogos* e nas demais obras), faz alguma lógica que dissesse isto em sua própria defesa. A sua Raposa não deixaria passar isso, deixaria? De um modo ou de outro, o republicanismo de Maquiavel pode ser ainda mais bem demonstrado, acima de tudo, com o próprio texto dos *Diálogos sobre a primeira década de Tito Lívio* (1513-1521). Comparar esta obra e *O Príncipe*, e iluminar ambas no interior da trajetória autoral de Maquiavel, é um problema historiográfico particularmente interessante, que não apenas pode ser trabalhado sob o prisma da História Intelectual, como também pode ajudar a compreender o mundo político deste célebre autor florentino ou o contexto da primeira modernidade europeia.

---

[217] DIDEROT, 2015, p. 232. É particularmente interessante observar que – neste verbete para a célebre *Enciclopédia* de 1751 – Diderot começa por definir depreciativamente o "maquiavelismo", neste caso utilizando-o como uma palavra que se vê derivada da expressão negativa "maquiavélico" e não da expressão positiva "maquievaliano". Para tal, Diderot delineia o "maquiavelismo" como "uma espécie de política detestável que se pode definir com duas palavras: é a arte de tiranizar, cujos princípios Maquiavel difundiu em suas obras" (DIDEROT, 2015, p. 231). No entanto, com a leitura subsequente do verbete, percebe-se com clareza que o maquiavelismo seria a "política detestável" que já existia independente de Maquiavel, e que este apenas fizera o favor de explicitá-la. Neste caso, Maquiavel seria uma espécie de médico que identificara uma doença, de modo a que se pudesse combatê-la – daí decorrendo que, tal como ocorre nestes casos, a doença terminou por ser batizada com o nome do seu descobridor para homenagear a sua notável contribuição para a ciência.

Ao lado das reflexões que surgem de uma comparação entre as duas obras maiores de Maquiavel, podemos também examinar comparativamente a recepção de ambas. Seria possível perseguir a demonstração de uma hipótese sobre por que a primeira (*Discursos*) foi eclipsada, ao menos no nível de assimilação popular, por esta segunda obra (*O Príncipe*), ainda que esta seja menos pretensiosa e que, no entanto, tenha se mostrado tão irresistível para as sucessivas gerações de leitores que adentram a modernidade e o período contemporâneo?[218] Entre as investigações de História Intelectual sobre os textos maquiavelianos, poderíamos ainda comparar, sistematicamente, as imagens e ideias pertinentes à guerra presentes em *O Príncipe* e em *A Arte da Guerra* (1520). Ou, quem sabe, já no âmbito da História Comparada, poderia ser elaborada uma comparação entre este último livro de Maquiavel e a *Arte da Guerra* de Sun Tzu, estrategista chinês do sexto século anterior à Era Comum.

Comparações do *Príncipe* de Maquiavel em relação a obras de outros autores, no que tange a questões mais específicas, podem constituir um caminho historiográfico interessante para iluminar reciprocamente, um à contraluz do outro, contextos sociais e políticos distintos. Neste caso, a obra torna-se fonte para uma História Política Comparada. Ou, então, pode-se, através destas comparações, prosseguir em uma combinação entre História Comparada e História Intelectual. Uma História Intelectual Comparada poderia examinar, por exemplo, a questão do otimismo ou pessimismo em relação à natureza humana. Por um lado, pode-se verificar como a questão atravessa distintas obras do próprio Maquiavel, como *O Príncipe* e os *Discursos sobre a Primeira Década de Tito Lívio*[219]. Por outro lado, pode-se anali-

---

[218] Quando começou a escrever *O Príncipe* em 1513, tarefa da qual se desincumbe em algumas semanas – ou ao menos em alguns meses, segundo Hans Baron (1961, p. 249-251) – Maquiavel já vinha escrevendo *os Discursos sobre a Primeira Década de Tito Lívio*. Ele interrompe esta escrita – uma atenta reflexão sobre a República – para escrever em apenas um tempo relativamente curto o pequeno livro que o tornaria célebre. Um sinal disso é indicado no Capítulo II de *O Príncipe*, no qual o autor florentino, depois de afirmar que existem basicamente dois troncos de formas de governo – as Repúblicas e os Principados – declara que neste seu opúsculo denominado *O Príncipe* irá apenas se dedicar aos principados, pois já vinha se dedicando à reflexão sobre a República em uma obra anterior (MAQUIAVEL, 2000, p. 47). Depois da elaboração de *O Príncipe*, Maquiavel retoma os *Discursos*, obra mais meticulosa à qual se dedica até 1521. Esta, como já assinalamos, só seria publicada por completo em 1531, postumamente.

[219] O pessimismo em relação à natureza humana acompanha estas duas obras, tornando-se uma nota característica do acorde teórico de Maquiavel. Em *O Príncipe*, já indicamos trechos nos quais se expressa a ideia de que os homens são naturalmente maus. Nos *Discursos sobre a primeira década de Tito Lívio*, encontramos uma passagem significativa: "[é preciso partir do princípio] de que

sar comparativamente a perspectiva pessimista de Maquiavel em contraposição à perspectiva otimista de autores como Rousseau – sendo este último uma escolha interessante porque, ainda que mais fugidiamente, produziu ele mesmo a sua própria leitura sobre *O Príncipe* de Maquiavel, situando-a como uma obra contra os governantes e a favor do povo, que seria o merecedor de seus esclarecimentos enviesados. Em contrapartida, os pessimismos relacionados à natureza humana de Maquiavel e outros autores, como Thomas Hobbes (1588-1679), também podem ser situados em escala comparativa, revelando a incidência nestes autores de novos contextos e redes de intertextualidades.

As possibilidades de pensar problemas históricos que poderiam ser explorados através de *O Príncipe*, tomado como fonte, são de fato inúmeras. A História do Imaginário e a História das Ideias Políticas também podem se combinar para o estudo de alguns destes problemas. Do filósofo maquievaliano ao político maquiavélico, poderia ser o caso de examinar as várias imagens que se colaram à construção da figura Nicolau Maquiavel, e lançar indagações sobre o que teria proporcionado a projeção de uma sobre a outra.

A História Militar, por outro lado, pode encontrar no *Príncipe* uma fonte capaz de expor informações diversificadas, pois diversos dos capítulos do livro se referem a operações militares, aos diferentes tipos de exércitos (capítulos XII a XIV), e a exemplos que remontam a uma diversidade de eventos bélicos. Os problemas decorrentes de uma Itália ainda muito dependente de exércitos mercenários, e sujeita às reviravoltas e instabilidades por eles proporcionadas, ajudam a compreender como a constituição de "exércitos permanentes" sob comando político centralizado e ligado à estrutura estatal – deixando para trás o antigo agregado de exércitos feudais que se juntavam ao rei nas ocasiões necessárias – tornou-se um fator importante para a constituição dos estados modernos. Dito de outra maneira, os novos estados centralizados da Europa, da Espanha à França, entre outros, iluminam-se à contraluz do caso italiano.

O Príncipe de Maquiavel, enfim, oferece-se como fonte importante para muitos tipos de problemas historiográficos, e estes foram apenas alguns poucos exemplos entre tantos outros que poderiam ser evocados. O primeiro passo para a investigação

---

todos os homens são maus, estando dispostos a agir com perversidade sempre que haja ocasião" (MAQUIAVEL, 1982, p. 29).

de qualquer um deles é compreender o lugar de produção desta obra, bem como as chaves de leitura de seu texto e as intertextualidades que as iluminam, sem falar nas demandas sociais que possibilitaram a constituição da obra e nos demais aspectos que podem emergir na análise de profundidade sobre o seu autor. Não obstante, depois deste passo inicial que é a delimitação do "lugar de produção" da fonte, é preciso investir efetivamente no problema que pode dar sentido a esta fonte, que possa possibilitar a leitura em uma certa direção historiográfica, e não em outra.

7
Mein Kampf: um texto nazista em seus dois momentos

7.1 *Mein Kampf*: uma escrita de si na Alemanha Nazista

O contexto que abordaremos agora é muito bem conhecido. Vamos considerá-lo em dois momentos: a Alemanha pré-nazista e o período em que o regime hitlerista está já instalado. A fonte histórica abordada – o *Mein Kampf* (1924) – foi redigida pelo chefe de Estado que, junto a tantos outros que com ele colaboraram, implantou na Alemanha de sua época um estado totalitário de extrema-direita, o qual pode ser responsabilizado por diversas das atrocidades cometidas durante a Segunda Grande Guerra (1939-1945). Abordaremos a posição social, o acorde de identidades, as intertextualidades e as circunstâncias de Adolf Hitler (1889-1945) por ocasião da elaboração do *Mein Kampf*. Vamos tentar entender o que foi mais propriamente este texto que hoje pode ser tomado como fonte histórica importante para a compreensão da mentalidade nazista, de suas estratégias para a conquista do poder e motivações, bem como de suas posições e oposições fundamentais.

As fontes históricas não costumam enunciar explicitamente os aspectos relativos ao seu "lugar de produção", "circunstâncias", "gênero" de texto em que se enquadram, ou a que público receptor se destinam. Contudo, nesta fonte temos precisamente esta situação excepcional. Logo à entrada de *Mein Kampf*, seu autor se preocupa em situar bem claramente as circunstâncias de produção da obra:

> "No dia 1° de abril de 1924, por força de sentença do Tribunal de Munique, tinha eu entrada no presídio militar de Landsberg sobre o Lech. / Assim se me oferecia, pela primeira vez, depois de anos de ininterrupto trabalho, a possibilidade de dedicar-me a uma obra, por muitos solicitada e por mim mesmo julgada conveniente ao movimento nacional-socialista. / Decidi-me, pois, a esclarecer, em dois volumes, a finalidade do nosso movimento e, ao

mesmo tempo, esboçar um quadro do seu desenvolvimento. / Nesse trabalho aprender-se-á mais do que em uma dissertação puramente doutrinária. / Apresentava-se-me também a oportunidade de dar uma descrição da minha vida, no que fosse necessário à compreensão do primeiro e do segundo volumes e no que pudesse servir para destruir o retrato lendário da minha pessoa feito pela imprensa semítica"[220].

As primeiras palavras do prefácio de *Minha Luta*, como vemos, situam o livro na exata especificidade de suas circunstâncias. Habituamo-nos a pensar em Hitler no exercício de seu poder ditatorial, já à testa da Alemanha Nazista. Entretanto, esta estranha e singular obra foi escrita não ainda pelo poderoso e inescrupuloso ditador alemão Adolf Hitler, mas sim por um líder de extrema-direita que mal iniciara sua trajetória política e que apenas começava a adquirir visibilidade a partir do Julgamento de Munique – um processo que versou sobre o fracassado "golpe da cervejaria" que havia sido perpetrado por militantes nazistas em 9 de novembro de 1923.

Como pode ser entrevisto no próprio texto, Hitler escreve este seu tristemente famoso livro na prisão. As condições prisionais, não obstante, não lhe foram nada opressivas, e o texto já nasceria acalantado pelas expectativas que começavam a se produzir em torno da figura de Hitler em certos setores do pensamento direitista e conservador. Documentos encontrados em 2010 – entre os quais registros prisionais, relatórios de carcereiros e listas de visitantes que travaram diálogos constantes com Hitler na prisão – confirmam as condições especialmente favoráveis que foram oferecidas a Hitler não apenas para a elaboração de *Mein Kampf*, mas também para o fortalecimento de sua liderança junto à reestruturação do movimento nazista durante o seu período prisional[221].

Voltaremos mais adiante a uma discussão mais específica sobre o contexto imediato e precedente da escrita de *Mein Kampf*, pois, se a obra é composta em 1924 – durante o encarceramento de Hitler após o julgamento do Putsch –, já o

---

220 HITLER, 1983, p. 9.

221 As listas de Landsberg mostram as visitas recorrentes de Erich Ludendorff, general estrategista do exército alemão na Primeira Guerra e aliado de primeira hora no golpe da cervejaria – e parceiros no movimento como Ernst Röhm (chefe da SA), Whilhelm Frick (futuro ministro do interior do III° Reich) e Alfred Rosenberg, principal ideólogo nazista. A presença deste último entre os interlocutores prisionais de Hitler, aliás, deve ser avaliada como um elemento intertextual importante que interage no "lugar de produção" de *Mein Kampf*. Além do amplo acesso a visitas, as condições prisionais de Hitler foram tão favoráveis, que a ala no segundo andar da prisão de Landsberg, na qual ele se alojava, chegou a ser apelidada de Feldherrenhügel ("colina do general").

que explica simultaneamente a sua possibilidade de ser escrita e de ser difundida com surpreendente sucesso é o ano de 1923 com seu contexto precedente. Devido aos acontecimentos que o levam à prisão, Hitler traz consigo uma singular ambiguidade que ajuda a demarcar o lugar de produção de sua obra: foi derrotado no que se refere ao fiasco que foi o chamado "golpe da cervejaria", mas estava inusitadamente célebre em decorrência da extraordinária visibilidade que adquirira seu julgamento relacionado a este mesmo golpe. Derrotado e célebre, na verdade foi vitorioso em se tornar nacionalmente conhecido e em se apresentar a setores significativos da população alemã como um líder capaz de afrontar a crise da frágil democracia alemã do pós-guerra, que havia atingido seu ponto mais crítico em 1923[222].

Deve ser observado ainda um importante fator de "intercontextualidade" (diálogo entre dois contextos)[223]. Na Itália – país que emergira do primeiro conflito mundial com uma crise social algo análoga à da Alemanha e que, desde março de 1919, assistira à formação do Partido Fascista Italiano – um líder com características bastante similares às de Hitler já havia dado um golpe recentíssimo na democracia italiana. Benito Mussolini (1883-1945) realizara, em 1920, a sua triunfal e bem-sucedida marcha sobre Roma, dando início à introdução de regimes fascistas na Europa do entreguerras, a qual não tardaria a conhecer a experiência totalitária de ultradireita do franquismo, na Espanha, o salazarismo português, a partir de 1926[224], além da própria instalação do Nazismo na Alemanha, a partir

---

[222] 1923 – em todo o contexto de patente fragilidade da República de Weimar no tenso pós-guerra que havia sido ditado aos alemães pelo Tratado de Versalhes – foi um ano particularmente crítico para a Alemanha. A sujeição às potências vencedoras da Primeira Guerra atingira seu ponto alto de visibilidade. Ainda em janeiro daquele ano, tropas francesas e belgas haviam ocupado a bacia de Ruhr, centro industrial da Alemanha. Somada à crise econômica, essa humilhação política dava o tom da instabilidade e da eclosão de greves e protestos no país. Este momento particularmente perturbador será interpretado pelo grupo nazista como propício para um golpe, que logo se revelaria ao mesmo tempo voluntarioso e desajeitado.

[223] Assim como temos a "intertextualidade" – diálogo entre textos – podemos pensar também em uma "intercontextualidade", aqui compreendida como um diálogo entre contextos. Neste caso, trata-se de um diálogo entre dois contextos nacionais bastante próximos: o da Alemanha e o da Itália do imediato pós-guerra.

[224] A ditadura salazarista estabelece-se entre 1932 e 1974, embora o golpe de 1926 na democracia liberal portuguesa já abra caminho para a sua instalação. No país vizinho, depois da Guerra Civil (1936-1939), a ditadura franquista se instala e irá durar de 1939 a 1975. O contexto totalitário ibérico, portanto, sobrevive à dissolução do fascismo italiano e do nazismo alemão com a derrota destes dois países na Segunda Grande Guerra.

de 1933. O sucesso pioneiro da experiência fascista italiana certamente ofereceu uma motivação adicional ao movimento nazista alemão. Enquanto escrevia *Mein Kampf*, Hitler já podia vislumbrar, a partir de uma experiência histórica concreta e bem recente, uma solução bem próxima à que queria propor para a sua Grande Alemanha[225].

7.2 O gênero textual, estilo e público-alvo de *Mein Kampf*

Por ora, antes de aprofundar o contexto mais específico da Alemanha pré-Nazista – o "lugar-tempo" que delineia com maior precisão o lugar de produção de *Mein Kampf* – sigamos adiante para a compreensão de outro aspecto particularmente importante pertinente a esta obra. O gênero do texto exposto em *Mein Kampf* também é discutido na mesma passagem que destacamos anteriormente. Trata-se de uma obra doutrinária, como o próprio autor admite ao fixar como seus objetivos centrais prestar esclarecimentos sobre a finalidade do movimento nacional-socialista e oferecer um quadro do seu desenvolvimento. Não obstante, logo a seguir percebemos que se trata de um gênero híbrido, pois Hitler anuncia que também oferecerá uma descrição de sua vida. Deste modo, podemos situar a hibridez deste gênero na confluência entre o "ensaio doutrinário" e a "escrita de si" (categoria de fontes históricas que abarca gêneros textuais como os diários e as memórias).

Além de se apresentar entrelaçadamente como um "manifesto político" e um "relato autobiográfico", há ocasiões do livro em que podemos ler pequenas profecias sobre o futuro próximo e distante, ao mesmo tempo em que se desfia um corolário de ideias fixas destinadas ao combate político. Também não faltam trechos de argumentações pretensamente científicas sobre questões polêmicas como o racismo. Ao lado disso, em alguns momentos quase entrevemos Hitler

---

[225] Os dois horizontes nacionais admirados por Hitler, à época de feitura do *Mein Kampf*, eram a Itália de Mussolini – modelo de nacionalismo radical – e os Estados Unidos da América, modelo de rejeição da miscigenação e de limitação aos direitos dos estrangeiros: "Há um país em que, pelo menos, se notam fracas tentativas para melhorar essa legislação. Naturalmente não me refiro à nossa modelar República Alemã mas ao governo dos Estados Unidos da América do Norte, onde se está tentando, embora com medidas parciais, pôr um pouco de senso nas resoluções sobre este assunto / Eles se recusam a permitir a imigração de elementos maus sob o ponto de vista da saúde e proíbem absolutamente a naturalização de determinadas raças. Assim começam lentamente a executar um programa dentro da concepção racista do Estado" (HITLER, 1983, p. 273).

compondo pequenos fragmentos de um desajeitado "espelho de príncipe" para ele mesmo, em trechos nos quais discute o poder. Por fim, e de modo ainda mais explícito, a obra também oferece elementos para um manual dedicado aos militantes nazistas, pois logo a seguir o futuro ditador nazista esclarece quem é o seu público leitor privilegiado com este trabalho:

> "Com este livro eu não me dirijo aos estranhos mas aos adeptos do movimento que ao mesmo aderiram de coração e que aspiram a esclarecimentos mais substanciais"[226].

A obra se destina – em seu polo receptor mais imediato – não aos possíveis eleitores do Partido Nazista ou aos simpatizantes do movimento, e muito menos àqueles que ainda não o conhecem (não era, em seus primórdios, apresentado como um livro de divulgação para atrair novos simpatizantes para o Partido Nazista); destina-se, na verdade, aos militantes que precisam ser formados e orientados. Isso explica que Hitler fale muito claramente, em algumas passagens do texto, sobre estratégias a serem empregadas para a tomada do poder, sobre inimigos a serem escolhidos como bodes expiatórios – e por que motivo[227] – bem como sobre elementos do nazismo que foram evitados, por exemplo, no Programa do Partido Nacional-Socialista lançado em 1920. Este segundo documento – embora já nomeie alguns de seus inimigos e esclareça linhas mestras da perspectiva nazista, ou mesmo anuncie a exclusão de cidadania que pretende ser promovida contra determinados grupos – ainda almeja atrair eleitores, e é a eles que se dedica. Os leitores previstos originalmente pelo *Mein Kampf*, ao contrário, já aderiram ao movimento, e isto explica o uso de uma linguagem particularmente franca e direta, que não contorna algumas das questões polêmicas trazidas pelo nazismo, e que discute estratégias e dissimulações que devem ser empregadas pelos militantes do movimento.

Conforme observaremos mais adiante, o *Mein Kampf* acaba tendo um sucesso surpreendente, até mesmo inesperado, e termina por alcançar outros tipos de leitores a partir de 1925; principalmente em 1933, já com Hitler no poder máximo

---

[226] HITLER, 1983, p. 9.

[227] "Faz parte da genialidade de um grande condutor fazer parecerem pertencer a uma só categoria mesmo adversários dispersos, porquanto o reconhecimento de vários inimigos nos caracteres fracos e inseguros muito facilmente conduz a um princípio de dúvida sobre o direito de sua própria causa" (HITLER, 1983, p. 82-84).

da Alemanha, atinge novos perfis de leitores e consumidores[228]. Em outras épocas, grupos de neonazistas se reapropriarão ainda, de novas maneiras, desta obra atravessada por perspectivas racistas e discursos de ódio. Por outro lado, o livro irá atrair a curiosidade de muitos outros tipos de leitores, ainda que contrários às ideias desfiadas pelo líder nazista nas páginas de sua obra. De alguma maneira, todos estes novos tipos de leitores contrastam com o leitor original previsto por Hitler quando elaborou os dois volumes de *Mein Kampf* entre 1923 e 1925[229].

Ainda na mesma sequência do texto, Hitler se posiciona como alguém que é muito mais um orador que um escritor, e esse aspecto é especialmente importante porque já nos oferece um elemento essencial para o traçado do acorde de identidades de Hitler, que situa a oratória como um aspecto fundamental de seu conjunto de características. O futuro ditador nazista, desta forma, já nos fornece aqui pistas importantes sobre como enxerga a si mesmo:

> "Sei muito bem que se conquistam adeptos menos pela palavra escrita do que pela palavra falada e que, neste mundo, as grandes causas devem seu desenvolvimento não aos grandes escritores mas aos grandes oradores. / Isso não obstante, os princípios de uma doutrinação devem ser estabelecidos para sempre por necessidade de sua defesa regular e contínua. / Que estes dois volumes valham como blocos com que contribuo à construção da obra coletiva"[230].

A ligação de Hitler à palavra falada e à oratória é um traço tão forte de seu acorde de identidades, que talvez explique que, ao invés de escrever o livro de maneira tradicional, o futuro *führer* preferiu ditá-lo, pelo menos em um número muito grande de suas passagens. Além disso, o trecho final do fragmento acima já mostra a intenção de estabelecer um texto fundamental, cujos princípios não deverão ser mais modificados. Tais princípios devem ser estabelecidos ali "para sempre", e não haverá mais necessidade de rediscuti-los. De fato, logo o *Mein Kampf* se tornaria a obra doutrinária oficial do Nazismo, um livro que não apenas se afirmaria pelo texto que apresenta, mas também como objeto de culto, parte da propaganda nazista e do projeto de forjar mentes bem-ajustadas ao regime.

---

[228] Na Alemanha názi, até a sua derrocada, a circulação do *Mein Kampf* ultrapassará o patamar de doze milhões de exemplares. A estimativa é de Othmar Plockinger (2011).

[229] Hitler escreveu outro livro em 1928. Chamou-se *A Expansão do III Reich*, e não foi publicado senão postumamente, nos anos 1960, embora tenha sido encontrado no cofre-forte do ditador, por soldados americanos, ainda em 1945.

[230] HITLER, 1983, p. 9.

7.3 O autor e o Nazismo em sua sociedade

Nesta seção, procuraremos situar a obra e o autor em sua sociedade. Conforme já assinalamos, o polêmico texto que não tardaria a ser publicado pela editora oficial do Partido Nazista[231] com o título de *Mein Kampf* teve seus originais escritos na Alemanha de 1924 – sob o peso dos acontecimentos de 1923 – mas é oportuno destacar que o seu autor havia nascido cidadão do Império Austro-Húngaro, uma entidade binacional que havia existido de 1867 e 1918, quando entra em colapso após a Primeira Guerra Mundial. A parte germânica do Império iria logo se configurar na unidade geopolítica que ficou conhecida como Áustria, mas é bom lembrar que Hitler em 1913 havia migrado para a Alemanha e se integrado formalmente a este país, chegando a lutar pelo exército alemão na Primeira Grande Guerra. Deste modo, uma nota importante de seu "acorde de identidades" refere-se ao fato de que ele já se via, desde então, como um cidadão da Grande Alemanha. Unificar Alemanha e Áustria, aliás, será um dos primeiros projetos de Hitler, relacionado à ideia de uma Grande Alemanha e ao princípio do pangermanismo[232].

A base social que irá possibilitar o fortalecimento do movimento nazista e a posterior ascensão de Hitler ao poder contará principalmente com o entusiasmo popular e com o apoio da burguesia reacionária alemã, tudo ao calor das ideias ultranacionalistas, xenófobas e antissemitas que permeiam o contexto da Alemanha fragilizada pelas condições impostas pelo Tratado de Versalhes. O nacionalismo, xenofobia, racismo e antissemitismo, ao lado da perspectiva totalitária e do fanatismo assumido como estratégia e impulso para alcançar o poder, tanto constituem fatores importantes para o delineamento do lugar de produção de *Mein Kampf*, assim como também deixam suas marcas no próprio texto deste livro, que desenvolve estas ideias em uma perspectiva muito particular, a qual

---

[231] Eher-Verlak.

[232] Diz o início do primeiro capítulo de *Mein Kampf*: "Por uma bem-afortunada predestinação, nasci em Braunau-na-Inn – uma aldeia situada precisamente na fronteira entre estes dois estados alemães cuja nova fusão surge, diante de nós, como uma tarefa essencial a ser perseguida por todos os meios. A Áustria alemã deve retornar à grande pátria alemã [...] O mesmo sangue pertence a um mesmo império" (HITLER, 1983, p. 11).

tanto se alinha ao conjunto de outras experiências fascistas da Europa de sua época, como destas se destaca a partir de suas próprias singularidades.

Delineiam-se como demandas e concepções mais específicas do nazismo a obstinada insistência na necessidade e no pretenso direito ao que é conceituado no *Mein Kampf* como "espaço vital" (*lebensraum*), principalmente ao Leste da Alemanha, e a exposição recorrente de uma concepção histórica na qual se transpõe a luta das espécies, à maneira darwinista, para o plano político e social, evocando-se uma incessante luta entre raças biologicamente bem demarcadas – luta da qual emergiria a própria possibilidade do progresso humano. Além disso, compõem a especificidade da concepção hitlerista, de um lado, a elevação do antissemitismo ao patamar de uma luta contra o "judaísmo internacional", e, de outro, a rejeição obcecada do Marxismo, normalmente sendo associados estes dois aspectos como parte de uma conspiração maligna, o que termina por trazer à argumentação hitleriana uma certa tonalidade mística.

Há ainda um enorme esforço em unir estes vários temas como se fossem as faces de uma mesma moeda. Há um "comunismo judaico internacional", frequentemente amparado na argumentação oportunista de que a família de Karl Marx – um dos fundadores da perspectiva do Materialismo Histórico – tinha origem judaica. A ideia de um povo alemão unificado une-se à futura perspectiva de luta pelo espaço vital, demarcando-se de antemão o projeto belicoso e militarista do Nazismo[233]. Tudo o que poderia estar disperso vai se aglutinando em torno de um único programa, ou mesmo de um conjunto mínimo de princípios, como se uma coisa dependesse da outra: a Alemanha é incompatível com as ideias socialistas, e estas constituem uma infiltração judaica (não alemã); a luta pelo espaço vital e a perspectiva da expansão belicosa são ao mesmo tempo consequências e condições para a formação de uma unidade do povo de sangue alemão. Há minorias alemãs na Polônia e na Tchecoslováquia? Isto justifica que estes territórios, para além da Áustria, sejam os primeiros a serem anexados à Grande Alemanha – e que sua maioria populacional não

---

[233] "O povo alemão não terá qualquer direito a uma atividade política colonial, enquanto não tiver tido sucesso em reunir seus próprios filhos em um mesmo estado. Quando o território do Reich contiver dentro de si todos os alemães, e em caso de que se revele a incapacidade de alimentá-los a todos, desse povo unificado nascerá seu direito moral de adquirir terras estrangeiras. O arado dará lugar à espada; e as lágrimas da guerra prepararão a colheita do mundo futuro" (HITLER, 1983, p. 11).

germânica seja transformada em uma comunidade de "súditos", ou mesmo de "estrangeiros" em sua própria terra. Depois, virão as colônias, por toda parte, apresentadas como um direito do povo alemão. Com golpes impiedosos, tudo se alinha. Nacionalismo germânico e racismo ariano devem interagir como faces geminadas de uma mesma moeda.

O nazismo, deste modo, ao mesmo tempo em que está sintonizado com outros movimentos totalitários de direita que eclodem pela Europa, proclama, altissonante, as suas próprias especificidades. Para que a nova ordem se estabeleça, cumprindo os "desígnios da história", preconiza-se a figura do Führer, a exemplo do Duce italiano. Vejamos, em seguida, mais um pouco sobre as características e circunstâncias que envolvem o principal líder do movimento nazista, ao mesmo tempo em que poderemos compreender a própria trajetória do Partido Nazista (NSDAP) que o tem à frente de suas fileiras.

Com relação à sua posição política e filiação partidária, Hitler adentrara em 1919 para o Partido Trabalhador Alemão (DAP), um partido efêmero que existe desde este ano até 1920 e que seria precursor do Partido Nacional-Socialista, do qual Hitler se torna líder a partir de 1921[234]. O golpe falhado de 1923 – que ficou conhecido como o "putsch da cervejaria" – demarca inegavelmente a projeção inicial do Partido Nazista para além de seus limites locais[235]. Outra marca particularmente importante de intercontextualidade é o fato de que – inspirando-se

---

[234] Na verdade, Hitler – antigo cabo de um exército alemão desativado pelo Tratado de Versalhes – adentra o DAP para cumprir a função de espião-delator que lhe fora confiada por oficiais de informação ligados ao exército. Sua função era observar e produzir relatórios sobre o movimento ultranacionalista que vinha se fortalecendo na Alemanha do pós-guerra. O DAP era um dos grupelhos de extrema-direita que se tinham formado neste contexto. Ao se identificar visceralmente com as ideias racistas e ultranacionalistas do grupo, Hitler logo passa de espião infiltrado a militante, e em uma das reuniões do grupo decide tomar a palavra, quando então revela possuir, para os outros e para si mesmo, um inspirado potencial para a oratória – qualidade que ajudaria a conduzi-lo em dois anos à liderança do movimento.

[235] A tentativa de golpe perpetrada pelo Putsch da Cervejaria constituiu, por um lado, de um esforço de se apropriar de outro movimento que vinha ocorrendo na Baviera, e que discutia a possibilidade de secessão. Ao invadir uma reunião deste movimento na cervejaria Bürguerbräukeller, em 8 de novembro de 1923, os militantes nazistas se empenham em se apropriar deste movimento, através de ações que precedem o seu confronto com a polícia, na manhã seguinte, após a tentativa subsequente de ocupação do Ministério do Interior da Baviera. Da pequena revolta que termina por ser facilmente debelada pela polícia, resulta a imediata prisão de diversos de seus membros e a morte de 16 militantes entre os integrantes do movimento nazista, aos quais, mais tarde, Hitler se referiria na dedicatória escrita em 16 de outubro de 1924 para o seu livro *Mein Kampf*. Deste golpe falhado e desastrado resultará, ironicamente, a projeção nacional de Hitler e de seu movimento.

na "Marcha sobre Roma" promovida pelo ditador fascista italiano Benito Mussolini – os nazistas pretendiam fazer com que suas ações culminassem em uma "Marcha sobre Berlim". As ações, entretanto, resultam em desastre, e o movimento terminaria por ser facilmente debelado.

Curiosamente, o movimento nazista – através de insistente propaganda e oportunismos diversos – terminou por alcançar pleno sucesso no projeto de transformar seus fracassos iniciais em eventos memoriais: o golpe da cervejaria, de um desastrado fiasco que poderia ter encerrado ali mesmo a aventura nazista, mais tarde se transmutaria no evento primordial da ascensão hitlerista; o julgamento e condenação do líder inesperadamente transformam-se em palco improvisado para um ambicioso discurso nacionalista; por fim, a breve vida prisional de Hitler iria se converter em confortável patamar para a elaboração de sua "bíblia" e para a reestruturação de todo o movimento nazista em direção à gradual tomada do poder[236]. Por outro lado, apesar de suas reuniões ruidosas e de seu relativo sucesso desde o retorno de Hitler da prisão de Landberg, é somente em 1933 que o Partido Nazista torna-se efetivamente majoritário no *Reichstag* (parlamento alemão), e é também neste ano que Hitler impõe sua indicação para Chanceler da Alemanha.

Daí por diante, a partir de artifícios aprovados pelo Parlamento, a pluripartidária República de Weimar começa a se transformar na Alemanha Nazista, uma ditadura totalitária de extrema-direita gerida por um partido único. Já desde os seus primeiros anos, as restrições que haviam sido impostas à Alemanha derrotada pelo Tratado de Versalhes começam a ser ignoradas, enquanto concomitantemente a economia do país se recupera, trazendo grande popularidade a Hitler. Já desde 1933, por exemplo, o ditador nazista inicia tanto um programa de reindustrialização como um concomitante programa de rearmamento da Alemanha – confrontando, neste último caso, uma das cláusulas do Tratado de

---

Mais adiante, o julgamento de Hitler se converteria em um palco para a projeção de um discurso nacionalista e radical que finalmente consegue alcançar um circuito mais amplo da população alemã.

236 Já no período do III° Reich, após 1933, Landsberg será designada memorialmente como a "capital da juventude do Reich", convertendo-se em um centro de peregrinação. Em um rito que se tornou comum e que era celebrado na praça central da cidade, os recém-ingressos na "juventude hitlerista" passariam a receber ali seus exemplares de *Mein Kampf*. De igual maneira, o III° Reich preservou a cela de Hitler, com a mesa e a máquina de escrever na qual foi datilografado o original do livro. Literalmente, o fracasso do Putsch foi revertido no marco inicial de uma jornada triunfante.

Versalhes e preparando o caminho para a aventura belicosa que mergulharia a Europa na Segunda Grande Guerra Mundial (1939-1945).

Sabe-se o resto da história, amplamente conhecida pelos horrores bélicos a ela ligados e pelas práticas de repressão emblematizadas pelos campos de concentração e por inúmeras outras violências e atrocidades. A "solução final" será o seu capítulo mais tenebroso. Mas o momento que nos interessa, para os objetivos mais imediatos de nossa análise, é o ano de 1923, no qual começa a se gestar o "lugar de produção" da nossa fonte em análise, esboçada no final deste ano e escrita mais sistematicamente a partir de abril de 1924. É preciso frisar que, já desde 1919, Hitler já vinha assimilando ideias nacionalistas, racistas, xenófobas e antissemitas – ideias que, na verdade, não eram só suas, uma vez que estavam no ar na Alemanha do pós-guerra e mesmo antes[237]. A partir de 1920 o futuro ditador nazista encontra seu palco político pessoal para difundir estas ideias e criticar, em seus discursos locais, a chamada República de Weimar e, principalmente, o Tratado de Versalhes. Essa crítica aparece, já bem consolidada, tanto no *Programa do Partido Nazista*, de 1921, como nas páginas de *Mein Kampf*, em 1924. Por outro lado, a crítica à sujeição da Alemanha de Weimar já vinha sendo agitada, desde fins da Primeira Guerra, por jornais ultranacionalistas como o *Volkische Freiheit* – e a partir de 1920 pelo próprio jornal do Partido Nazista Alemão, o *Volkische Beobachter*, o qual começa a circular semanalmente a partir de 25 de dezembro de 1920 e se torna um jornal diário a partir de fevereiro de 1923. Esta mudança de ritmo na periodicidade do periódico nazista já nos mostra como foi emblemático este ano que culminaria com o Putsch da Cervejaria e com o encarceramento dos principais militantes nazistas.

Com relação aos lugares imediatos de produção de *Mein Kampf* e suas circunstâncias, é preciso assinalar, já de saída, que a obra possui dois volumes distintos e compostos em circunstâncias diversas. O primeiro volume foi ditado e datilografado

---

[237] Algumas destas ideias vinham de longe. Podemos dar como exemplo o circuito de ideias relativas ao racismo arianista e ao antissemitismo. H.S. Chamberlain escrevera em 1899 o livro *As Fundações do século XIX*, no qual articulara em uma única teoria racista o antissemitismo e o darwinismo social, propondo a hipótese indemonstrável de que, em um planeta que decaíra na miscigenação, só haviam restado duas raças que conservavam a pureza original: uma superior, a raça ariana, e uma inferior, a judaica – sendo por isso que as duas iriam inevitavelmente lutar pela supremacia. No ano seguinte, Ludwig Woltmann iria argumentar que a raça ariana, "ápice da evolução humana", fora naturalmente "selecionada para dominar a terra".

em 1924, ao longo dos nove meses em que Hitler esteve preso em Landsberg em decorrência de sua condenação pelo "golpe da cervejaria"[238]. Esse volume, entretanto, só seria publicado em 1925. Já o segundo volume foi escrito fora da prisão e editado, pela primeira vez, em 1926. Durante o III° Reich, a obra teve extraordinária divulgação. Com os dois volumes unificados em um único tomo, estima-se que, até o final do regime, tenham sido vendidos 12.450.000 exemplares[239].

No que concerne ao seu momento original de gestação, durante a prisão de Hitler, é ainda oportuno lembrar que partes significativas da obra foram ditadas para Emil Maurice (1897-1872), correligionário nazista que desde 1919 mantinha fortes ligações pessoais com Hitler e que se tornaria mais tarde o primeiro "líder supremo da SA"[240]. Também Rudolf Hess (1894-1987) atuou ocasionalmente na função de verter para o papel trechos discursivos de Hitler. Finalmente, entremeadas com os textos ditados, várias partes de *Mein Kampf* foram digitadas por Hitler na sua máquina de escrever em Landsberg.

As condições e circunstâncias materiais para a maturação e elaboração do primeiro volume de *Mein Kampf* não poderiam ser melhores. Hitler tem uma cela individual à sua disposição, com uma bela vista gradeada. Ocorre que o próprio diretor da fortaleza é simpatizante da causa ultranacionalista, e procura assegurar a Hitler uma excelente estadia prisional[241]. Os cuidados incomuns franqueados a

---

[238] Como réu aguardando o julgamento e seus resultados, Hitler adentra o sistema prisional em novembro de 1923. Como condenado, já para cumprir a sua sentença, sua entrada na Fortaleza de Landsberg data de 1° de abril de 1924. A pena fora fixada em 5 anos de prisão – algo leve para a gravidade do delito – mas Hitler irá cumprir só 9 meses.

[239] A estimativa é de Othmar Plöckinger (2011).

[240] Emil Maurice havia sido fabricante de relógios; entre julho e agosto de 1923, havia servido como motorista de Hitler, de quem já era amigo desde 1919.

[241] Leybold – o diretor do presídio de Landsberg à época do encarceramento de Hitler – redigirá alguns meses depois, em 15 de setembro de 1924, um relatório elogioso sobre Hitler como detento, recomendando a sua soltura ao tribunal bávaro. Procurando esquecer as explosões de cólera de Hitler nos primeiros dias de seu encarceramento, e também a greve de fome que fizera na ocasião, Leybold procura retratar o Hitler que já se acomodara às confortáveis condições que lhe foram oportunizadas na prisão, nos meses seguintes. O Hitler pintado no relatório do diretor Leybold é "um homem ordeiro e disciplinado", que havia se tornado "mais maduro e mais calmo do que fora antes". O relatório, evidentemente, dirige-se a leitores muito específicos: magistrados bávaros que podem se decidir ou não pela liberação do líder nazista bem antes do cumprimento de sua pena de cinco anos. Procura, inclusive, dar garantias aos políticos bávaros de que Hitler não guarda ressentimentos contra eles: "Quando retomar sua vida civil, será certamente sem espírito de vingança

Hitler terminam por se refletir, obviamente, nas condições que permitiram que ele se tornasse um escritor – sofrível, é verdade –, ao contraponto de uma natureza que privilegiava francamente a palavra falada ou gritada que era tão típica dos mais exaltados oradores políticos[242].

Sobre as circunstâncias materiais efetivas para a elaboração da obra, já em dezembro de 1923, quando ainda era um réu aguardando o julgamento, o líder nazista tinha à sua disposição uma máquina de escrever Remington, doada por um banqueiro apoiante do movimento[243], ao lado de um sempre renovado suprimento de papel e de outros materiais que lhe eram assegurados por admiradores. Desde este momento inicial, Hitler começa a redigir esboços para a sua defesa no tribunal que logo enfrentaria. Estes esboços – que já procuram relatar, de seu ponto de vista, a trajetória que o havia conduzido à liderança do movimento nazista – constituem simultaneamente o embrião da parte mais memorialística de *Mein Kampf*, a tentativa de dar curso a um projeto anterior de escrever suas memórias (um desejo que já tivera em 1922), e a preparação para a autodefesa que pretendia realizar em seu julgamento. O *Mein Kampf*, de certo modo, já se encontra aqui em gestação.

7.4 As intertextualidades

Se, desde esses primeiros momentos de vida prisional, Hitler já encontra condições materiais bastante propícias para se lançar à escrita de sua defesa judicial, posteriormente, no período de elaboração do *Mein Kampf*, em 1924, também

---

com relação aos que, no exercício de suas funções oficiais, tiveram de se opor a ele". Trata-se nitidamente de um texto produzido para alcançar essa finalidade – a "liberação antecipada" de Hitler – e denuncia a simpatia que Leybold tem pelo seu prisioneiro. O empenho não ficaria em vão, pois Hitler terminaria por ser solto em 20 de dezembro de 1924, após uma pequena batalha judicial. A essa altura, já tinha concluído o manuscrito de 370 páginas do primeiro volume de *Mein Kampf*.

242 Com relação a este aspecto, será necessária – ao término da elaboração do manuscrito de 370 páginas concluído em 1924 – uma obstinada equipe empenhada em corrigir as deficiências estilísticas de Hitler, eliminar suas repetições e desfazer suas imprecisões. A tendência do líder nazista era a de escrever como falava, e o texto, habitualmente, carecia mesmo de pontuação adequada. Já em 1925, diante da perspectiva efetiva de publicação da obra, Rudolf Hess, Max Amman e Müller (editores), Ernst Hanfstaengl, Stolzing-Cerny, entre outros, unem-se na tarefa de melhorar o texto de Hitler. *Mein Kampf*, embora conservando irretocáveis as ideias de seu autor principal, termina por ser em parte uma obra coletiva, ao menos no que concerne aos seus aspectos formais e estilísticos.

243 Trata-se de Emil Georg Von Stauss (1877-1942), diretor do Deutsche Bank. A máquina de escrever Remington era a novidade da época.

lhe será assegurado o importante suprimento de obras para intertextualidades diversas: desde as fontes a serem criticadas e deploradas, como as obras de Marx, até aquelas que lhe servirão de suporte para suas ideias, como os *Fundamentos de Higiene Racial*, de Eugen Fischer (1874-1967). Esta última intertextualidade é particularmente evidente nos trechos de *Mein Kampf* que discorrem sobre a superioridade ariana e tentam trazer alguma fundamentação teórica a estas ideias racistas e eugenistas[244]. Já o modelo intertextual para as partes memorialísticas é trazido pela leitura das *Memórias* (1890), de Bismarck (1815-1898).

Há também as intertextualidades que ao mesmo tempo são influências e campos concorrentes. Em 1923, o controverso historiador alemão Arthur Moeller van den Bruck (1876-1925) publica o seu polêmico livro *O Terceiro Reich* (1923). Bem antes disso, em 1918, já havia publicado outro livro que teria grande influência nos movimentos ultradireitistas da Alemanha. *O Direito das Jovens Nações* (1918) – obra que surge como resposta simultânea à eclosão do socialismo soviético, em 1917, e à projeção econômica dos Estados Unidos da América sobre os destroços europeus da Primeira Guerra – Van Den Bruck já vislumbrava uma divisão do mundo em uma civilização comunista, representada pela Rússia, e uma civilização capitalista, da qual os EUA começavam a se afirmar naqueles tempos recentes como o seu mais poderoso representante. Para a Alemanha, ele reserva um destino: um lugar entre estes dois modelos "extremos". Seu "caminho do meio" é uma terceira via que prenuncia o regime totalitário de ultradireita que não tardaria a se instalar na Alemanha.

Van Den Bruck já era ultranacionalista e ferrenho crítico da República de Weimar antes mesmo que Hitler saísse de sua quase indigência social para iniciar a sua trajetória política. Em 1922, encontra-se com o líder do movimento nazista, ainda um desconhecido fora de seu local primordial de atuação política, terminando por rejeitá-lo ao qualificá-lo sob o rótulo de "primitivista proletário". Todavia, como Van Den Bruck irá falecer já em 1925, não chega a conformar um campo de concorrência que afete significativamente os objetivos mais imediatos que conformam a trajetória do Partido Nazista. Desta forma, esta é uma intertextualidade bem-vinda.

---

[244] O conceito de "ariano", associado a uma "raça superior", vem de Gobineau.

No campo do racismo científico, Hitler foi um leitor do filósofo francês Gobineau (1816-1882), e do britânico Houston Stweart Chamberlain (1855-1927), ambos tendo oferecido elementos para uma teoria que aventava a existência de uma pretensa raça superior de origem ariana. Por outro lado, Hitler teria se impressionado, ainda, com *O Declínio do Ocidente* (1918), de autoria do historiador alemão Oswald Spengler (1880-1936) – obra que, em certo momento, também atraiu a atenção de Goebbels (1897-1945) – e conta-se mesmo que Hitler teria chegado a convidar Spengler a se tornar colaborador do movimento, embora o escritor alemão tenha recusado a oferta. O conceito spengleriano de "prussianismo" e a ideia de que a guerra era essencial à vida acenavam para a possibilidade de apropriação dos escritos de Spengler pelos nazistas. Ao lado disso, a ideia de que as civilizações nascem e se desenvolvem à maneira de organismos vivos pareceu a Hitler algo compatível com a perspectiva de liderar a formação e desenvolvimento de uma nova Alemanha, que mudaria a face do mundo. Por outro lado, o pessimismo de Spengler com relação ao futuro da Europa, como um todo, e da Alemanha, em particular, levaram sua obra máxima a ser rejeitada, posteriormente, pelos nazistas que se instalam no poder a partir de 1933, principalmente porque a abordagem historiográfica de Spengler não parecia dar um apoio mais efetivo a uma perspectiva racista da história, embora introduzisse uma tábua de leituras a partir do confronto de civilizações.

Conforme se vê, não faltam referências intertextuais a Hitler, explícitas ou implícitas, de posição ou de oposição. Por outro lado, se Hitler contrapõe-se e dialoga mais diretamente com obras e textos específicos durante a feitura de *Mein Kampf*, suas ideias já vinham se formando anteriormente através de um vasto caldo intertextual, explícito e implícito, que incluíra a audição de oradores ultranacionalistas que já atuavam em comícios políticos desde 1914, a leitura de jornais nacionalistas e direitistas como o *Volkische Freiheit*, assim como o seu próprio contato prévio com a extrema-direita alemã[245]. Conforme temos indicado como

---

[245] "Não é, assim, durante a sua detenção que Hitler forja a sua doutrina: ao chegar a Landsberg, suas principais convicções estão firmadas e – cabe frisar – não evoluíram até a sua morte. Na prisão, contudo, suas convicções, suas pulsões, suas frustrações, assim como sua curta experiência política, como que fervem num caldeirão, acabando por constituir, página por página, um livro" (VITKINE, 2016, p. 14).

regra geral para a compreensão de qualquer tipo de texto, a "intertextualidade" também ajuda a compreender o "lugar de produção" de *Mein Kampf*.

7.5 O *Mein Kampf* em movimento

Podemos agora colocar em movimento o esquema geral que havíamos proposto no capítulo anterior (Quadro 5), o qual permite abordar lugares de produção de quase quaisquer tipos de fontes. Há "demandas sociais" que favorecem a cristalização de ideias nazistas – das mais recentes crises econômicas e políticas da República de Weimar a processos de longo termo que remontam ao século XIX, ou mesmo antes, como era o caso da rivalidade entre a França e os povos germânicos. Existe um rico caldo de "intertextualidades" – de posição e oposição – envolvendo não apenas as leituras mais diretas de Hitler, mas também toda uma literatura que circula no ambiente que favorece a emergência de um pensamento de ultradireita já desde a Alemanha de princípios do século XX. As "circunstâncias" que são disponibilizadas para a feitura do texto, e para a sua edição posterior, são bem propícias, embora não deixem de produzir críticas de opositores[246].

Por fim, há nesse caso um "autor", com uma "inserção institucional" junto ao Partido Nazista, uma "posição social" que o arrastou do desemprego quase indigente à liderança de uma significativa força política, e um "acorde de identidades" bem complexo, que até hoje os biógrafos se esmeram em esmiuçar. Enquanto isso, o "lugar-tempo" é o de uma Alemanha tensionada pela crise do entreguerras, e que está prestes a mergulhar na aventura totalitária que também recobrirá outras nações do continente europeu, como a Espanha, Portugal e, antes de todas, a Itália – futura aliada do governo nazista durante a Segunda Grande Guerra.

Neste lugar-tempo, o autor e político Adolf Hitler não apenas precisa se situar no confronto que o contrapõe aos adversários e opositores da direita ultraconservadora alemã, mas também no próprio interior desta última, pois não temos aqui nem um espaço homogêneo e nem um ambiente político apaziguado. Muitos

---

[246] O jornal socialista *Münchner Post*, por exemplo, investiu no segundo semestre de 1924 em artigos que denunciavam a "vida fácil" que era proporcionada pelo diretor Leybold aos prisioneiros nazistas, e em especial a Hitler.

pequenos führers disputam este espaço de poder, à testa de outros grupelhos de extrema-direita similares, ou mesmo no interior do próprio movimento nazista. A história da ascensão do Partido Nazista no ambiente político alemão – dos seus fracassos ressignificados em triunfos até a sua instalação no poder totalitário – é atravessada por uma acirrada disputa interna. Hitler queria conquistar o mundo; mas, antes de mobilizar esta ambição, precisou conquistar a liderança da extrema-direita alemã, e antes disso a liderança incontestável no interior de seu próprio partido. Para isso, lançou mão de atos violentos e assassinatos contra os seus próprios correligionários, mas também da palavra falada e escrita.

No interior deste conjunto de estratégias, a publicação de *Mein Kampf* foi concebida como um instrumento político importante, o que também ajuda a explicar a configuração final de seu "lugar de produção". A obra contribui para delinear a completude da figura hitleriana: caberá ao Führer não apenas oferecer ações concretas no campo político, mas também acenar com uma doutrina mais bem definida. O campo marxista – adversário político do nazismo, no mesmo sentido em que o judaísmo é por ele apresentado como o seu adversário étnico – possui todo um sistema teórico e um conjunto de inegáveis realizações filosóficas e historiográficas para as quais contribuíram desde as obras fundamentais de Marx e Engels, até autores das gerações seguintes. Como contrapor, a este grande aparato teórico e textual, uma contrapartida doutrinária que também possa ser evocada pelo Nazismo? Sim, havia Alfred Rosenberg (1893-1946), o principal ideólogo do nazismo[247]. Mas agora este ameaçava se colocar em um movimento divergente no interior do próprio partido. Por isso, Hitler também precisou se transformar em um autor. *Ato continuum*, precisava ser publicado. Caso contrário, sua imagem final não estaria completa.

---

[247] A principal obra teórica de Alfred Rosenberg foi o livro *O Mito do Século XX* (1930) – um livro que se apresenta como continuidade intertextual de *Os Fundamentos do Século XIX* (1899), de Houston Stewart Chamberlain (1855-1927). A obra é posterior ao *Mein Kampf*, mas é oportuno lembrar que Rosenberg já escrevera quatro livros antes de Hitler se lançar à sua aventura autoral. Por outro lado, Hitler revela uma ponta de despeito em relação a esta obra de Rosenberg, publicada antes de sua ascensão ao governo ditatorial da Alemanha. A ela se refere como "um livro escrito de maneira incompreensível [...] lido e conhecido apenas pelos nossos inimigos". Por outro lado, os *Diários de Alfred Rosenberg (1934-1945)* – publicados postumamente depois de terem servido como provas para o processo que levou Rosenberg à condenação ao enforcamento pelo tribunal de Nuremberg – revelam a sempre renovada admiração deste ideólogo por Hitler, como chefe político.

A edição efetiva do livro será um problema adicional. Após o desinteresse inicial de grandes editoras alemãs, em decorrência da crise que solapava o país, um editor chamado Max Amman (1801-1957) – que ficara à testa da editora nazista Eher-Verlag – em breve se encarregará de viabilizar a publicação do texto. Havia sido ele, na verdade – um dos visitantes mais frequentes da prisão de Landsberg – quem sugerira a Hitler, muitos meses antes, que ele iniciasse a composição de sua autobiografia, confiando no argumento de que ela certamente venderia bem, dada a notoriedade recém-conquistada pelo seu autor. O mercado editorial, contudo, enfrentava uma incontornável crise, no contexto da hiperinflação alemã. Antes do Putsch da Cervejaria, o *Mein Kampf* teria atendido muito bem ao circuito editorial que se dedicava à "literatura volkisch" – uma linha editorial dedicada a livros políticos que podiam ser vendidos em grandes comícios: "encontros de massa" que reuniam uma pequena multidão de pessoas que, motivada pelo calor dos discursos, acabava proporcionando um número significativo de compradores de ocasião para este gênero de livros. Desde o golpe da cervejaria e sua repercussão, entretanto, estes tipos de reuniões haviam sido proibidas.

O retorno de Hitler ao cenário político, após a libertação em 20 de dezembro de 1924, possibilitou uma revisão desta situação. Depois de se reverterem as travas que ainda conservavam o Partido Nazista na ilegalidade em decorrência das represálias judiciais ao Putsch da Cervejaria, a projeção política de Hitler se reafirma mais uma vez[248]. Em uma de suas ações, ele promove em 25 e 26 de fevereiro de 1925 dois encontros com militantes na *Bürgerbräukeller*, a mesma cervejaria de onde partira o Putsch que o havia conduzido à prisão de Landsberg. Ali, ele se anuncia formalmente como escritor. Conseguindo concretizar um espetáculo político bem-sucedido, Hitler asseguraria ao *Mein Kampf* condições propícias para sua edição, cujo processo se concluirá em 18 de julho de 1925, quando o primeiro volume do livro chega às prateleiras das livrarias alemãs[249]. Ao mesmo tempo, reiniciava-se ali a gradual marcha de Hitler para a conquista

---

[248] Em fevereiro de 1925 o NSDAP é reautorizado legalmente pelo governo bávaro.

[249] O título *Mein Kampf* foi atribuído ao livro por Max Amman. Hitler pretendia chamá-lo "Quatro Anos e Meio de Combate contra as mentiras, a tolice e a covardia" – título extenso e pouco atrativo que, se levado adiante, provavelmente teria prejudicado seu alcance editorial. Com "Minha Luta" (ou "Meu Combate"), o editor Max Amman chegou ao título ideal que sintetizava o seu propósito, e também o de Hitler. Com relação ao segundo volume da obra, este chegará às prateleiras em dezembro de 1926.

do poder. Uma reflexão mais demorada sobre esta tenebrosa epopeia, contudo, fugiria aos objetivos de nossa análise.

7.6 Recepções da obra

Nesta penúltima sessão, vamos refletir sobre as recepções da obra. O que assegura ao *Mein Kampf* a sua recepção? Para responder a esta pergunta inicial, temos que considerar que este livro, devido a uma mudança na função social de seu autor em dois momentos distintos, pode ser visto como dois livros diferenciados dependendo do lugar-tempo que estejamos considerando. Há o *Mein Kampf* escrito por um líder de extrema-direita em sua obstinada trajetória rumo à conquista do poder; há o *Mein Kampf* que foi escrito pelo ditador totalitário da Alemanha nazista. Materialmente, e no que concerne ao seu conteúdo e ao nome que o subscreve, são ambos exatamente o mesmo livro. Mas a redefinição da posição de seu autor muda tudo, de um para o outro momento. Rigorosamente falando, pode-se dizer que há até mesmo três momentos algo diferenciados no interior de duas fases maiores. Vai ser lido de certa maneira o panfleto memorialista da fase inicial, escrito pelo obstinado líder de ultradireita – entre 1925 e 1929 percebido externamente apenas como chefe de um grupelho ainda pouco expressivo, mas a partir de 1930 reconhecido como um político realmente promissor[250]. Já o "segundo" tratado nazista, que assume os trajes de uma "Bíblia Názi", e que a partir de 1933 traz à capa a foto de seu autor-ditador já como governante absoluto da Alemanha, vai ser lido (ou não lido) de outro modo. Mudando a inserção social e política de seu autor, o livro se transforma como que por encanto, e novos tipos de leitores a ele recorrem. Sua própria mensagem, apesar de não se ter mudado uma única letra das edições de Weimar às edições do Terceiro Reich, parece agora ser outra. O "triângulo circular desta fonte" – que coloca em interação autor, leitores e mensagem – como que se revirou. O projeto de poder exposto no *Mein Kampf* de 1925 é agora uma brutal realização no *Mein Kampf* das edições que se seguem a 1933. E até 1945, quando ocorrerá a derrocada definitiva do nazismo, este será o livro que todos os cidadãos alemães devem ter em suas estantes.

---

[250] No interior da 1ª fase – a do Nazismo que luta pelo poder – esta nuance é demarcada pelo Crash estadunidense de 1929. Com a crise, que também atinge a Europa, o capital eleitoral do Partido Nazista salta em 1930 para seis milhões e quatrocentos mil votos, transformando-o na segunda força política da Alemanha.

"Ler" um livro e "ter" um livro, aliás, são coisas algo distintas, embora perfeitamente articuláveis. Independente de alguém poder ser considerado um leitor efetivo de *Mein Kampf* ou apenas um mero comprador deste livro, é ainda oportuno refletir sobre o que significava para um cidadão alemão, em cada um destes momentos, ter um exemplar da obra entre seus pertences pessoais. Em 1925, à época do lançamento de sua primeira edição, o *Mein Kampf* custava 12 marcos – um valor não tão imediatamente fácil de ser desembolsado em uma Alemanha que mal começava a sair da crise econômica[251]. Ter um exemplar do livro simbolizava claramente uma adesão ao Partido Nazista – um movimento que ainda lutava pelo seu espaço vital no seio da própria ultradireita alemã, e que mal iniciara suas tentativas de crescer na direção de se tornar uma força eleitoral significativa. Já no Terceiro Reich, ter um exemplar de *Mein Kampf* podia significar simplesmente que não se queria ter qualquer problema com o governo totalitário, o que de certo modo era bem sensato como garantia de autopreservação. À parte isso, havia inúmeros proprietários de exemplares de *Mein Kampf* que se identificavam totalmente com o seu conteúdo. Voltemos, entrementes, às diferentes espécies de leitores e compradores do livro em um e outro destes dois momentos.

Variados tipos de leitores parecem se acotovelar no "lugar de recepção" desta obra – em um e em outro destes "lugares-tempo" tão distintos entre si –, e, para cada um destes tipos de leitores ou consumidores, pode ser identificado um maior ou menor interesse real pelo conteúdo textual do livro. Vimos atrás que o próprio Hitler, à entrada do prefácio do livro que iria lançar após a libertação da prisão de Landsberg, define o seu leitor ideal. Os leitores almejados não são aqueles que o desconhecem e que não estão familiarizados com as ideias ultradireitistas, nem são os cidadãos comuns, e nem mesmo o público eleitoral que se pretende captar para pleitos futuros do Partido Nazista em sua audaciosa caminhada rumo à conquista do poder. Os leitores reivindicados pelo autor da obra são os militantes iniciados, já familiarizados com o movimento, ou os leitores de extre-

---

[251] Em contrapartida, na fase do III° Reich, a certa altura chega a existir certa variedade de diferentes modelos de edições do *Mein Kampf*. Em 1944, ao fim do Reich, mas antes de sua derrocada, o exemplar de capa dura caiu para metade do valor que o livro custava à época de seu primeiro lançamento, tendo seu preço agora fixado em cerca de 6 marcos. Mas há edições mais baratas, de bolso, e também uma edição de luxo, com capa de couro, que custa 24 marcos.

ma-direita que já conhecem o seu autor. No entanto, uma vez lançado, o livro se movimentará para a captação de um segundo complexo de leitores: insatisfeitos de modo geral, potenciais eleitores do nazifascismo, ou mesmo curiosos. Neste segundo âmbito leitor, o *Mein Kampf* transfigura-se em um manifesto político que apresenta o nazismo ao país e ao mundo.

Na Alemanha do Terceiro Reich, os leitores previstos já serão todos os cidadãos alemães que não foram excluídos de seus direitos de cidadania – neste caso, bem separados daqueles que foram transformados em meros "súditos" de uma Alemanha que dividiu a sua população em três categorias hierarquizadas que já estavam previstas em *Mein Kampf*: os *cidadãos*, os *súditos*, e os *estrangeiros*. Há ainda uma quarta categoria oculta: antigos cidadãos que já não são sequer súditos, mas "estrangeiros em sua própria terra": alemães de nascença privados de todos os direitos e passíveis de serem oprimidos – ou, no limite, ameaçados de serem demarcados com triângulos de alerta colados à roupa, o que os colocava sob o risco de serem transferidos para campos de concentração. Judeus – o primeiro inimigo público declarado no texto hitleriano – mas também os ciganos, negros e eslavos, mesmo que nascidos em território alemão; os partidários de posições socialistas ou os membros e filiados a instituições que se recusam a oferecer obediência total ao Führer, como o grupo religioso das Testemunhas de Jeová – eis aqui todo um diversificado universo de diferentes tipos de excluídos que está abaixo dos estrangeiros comuns, nascidos em outros países. Entre estes, os judeus chegam a merecer no *Mein Kampf* até mesmo uma categoria em separado: constituem uma forma à parte de seres pensantes, destacados da humanidade e prejudiciais a ela, situados de maneira maligna entre os seres humanos e os animais. Há ainda outras formas de discriminação, como aquelas voltadas contra os homossexuais, e também perspectivas impiedosas relacionadas aos portadores de certos tipos de deficiências, a exemplo dos doentes mentais. Como situar toda esta variedade humana diante do *Mein Kampf*?

Voltando à recepção de *Mein Kampf* neste segundo momento, se a obra atinge uma monumental recepção no Terceiro Reich, é antes de tudo porque se tornou um livro oficial. Muitos leem efetivamente os seus vistosos exemplares de *Minha Luta*; mas uma parte significativa é constituída de leitores que apenas *têm* o livro, que o situam em suas prateleiras como um emblema, como um selo que reafirma a sua cidadania ou até mesmo a sua lealdade para com o governo.

Ter um exemplar deste livro na prateleira, para alguns, equivale a pendurar na parede um atestado de bons antecedentes.

Os alunos formados recebem o seu exemplar. Não precisam lê-lo, se quiserem, mas precisam tê-lo. Na outra ponta, há empresas privadas que – ou por interesse próprio ou para cultivarem boas relações com o governo – ofertam exemplares do livro aos funcionários que se aposentam, ou com ele premiam alguns de seus melhores funcionários. Enquanto isso, os casais de "cidadãos" legítimos (não meros "súditos") que contraíram matrimônio – e que agora estão prontos a constituir uma nova célula familiar tipicamente desejável pelo regime nazista – costumam receber exemplares como presentes de núpcias[252]. Mesmo que não se pretenda ler o livro – e muitos não o lerão mesmo, já que a obra se dirige em muitas de suas partes a um tipo de leitor específico – convém ter o livro em casa, em lugar de destaque, talvez ao lado da Bíblia tradicional. Muitos terão o seu exemplar como objeto simbólico, como um chaveirinho com a suástica – não para cumprir uma função de leitura, mas para preencher uma função identitária, social, demarcadora. Deste modo, o *Mein Kampf* do Terceiro Reich tem os seus leitores e não leitores, todos bem acolhidos e convidados a adquirir seus exemplares, a presentear seus entes queridos com uma bela edição com a foto do Führer na capa. No formato de bolso, que une os dois volumes em um único tomo com papel fino e capa escura, o livro assemelha-se a uma bíblia e pode ocupar um lugar confortável ao lado da outra, e não será desproposital o apelido que já havia adquirido há alguns anos: a "Bíblia Názi"[253].

Há também, pelo mundo afora e em vários momentos no tempo, outro tipo de leitor que adquire o livro em suas traduções para outros idiomas. Além dos

---

[252] Em 1936, um comunicado do Ministério do Interior chega a sugerir que seria desejável que todos os novos casais fossem presenteados com um exemplar do livro no dia do matrimônio. Diversas prefeituras adotam a sugestão e adquirem exemplares de *Mein Kampf* para distribuí-los a recém-casados, como nos mostra Antoine Vitkine em *Mein Kampf: a História do Livro* (2016, p. 52). Empresas privadas solícitas em relação ao governo também se dispõem a presentear seus empregados com exemplares, e trabalhadores que se aposentam também os recebem (VITKINE, 2016, p. 53).

[253] Este apelido, dado ao livro pelos opositores e críticos de Hitler quando o Partido Nazista ainda estava em sua fase de luta pelo poder, havia sido pejorativo. Os próprios militantes nazistas, no entanto, o acolheram bem. Um dos primeiros a se reapropriarem positivamente da expressão comparativa teria sido Hermann Göring (1893-1946), que em 1935, em um discurso proferido pelo rádio, afirma: "*Mein Kampf* é a nossa bíblia". Entre alguns dos militantes nazistas, nota-se mesmo um discreto esforço de sugerir que *Mein Kampf* é algo como um novo Evangelho.

curiosos e daqueles que desejam estudar o fenômeno de um ponto de vista historiográfico e científico – com vistas a entender como foi possível a emergência histórica de um regime desumano e intolerante como o nazista – existem os leitores de ultradireita que pretendem fundar caminhos similares ao nazismo em seus países. Um pequeno segmento de ativistas de ultradireita dos Estados Unidos da América adotou a suástica, e mesmo na França – país inimigo mais deplorado pelo *Mein Kampf* – surgirão segmentos nazistas, inexpressivos mas ruidosos. No futuro, a obra atrairá neonazistas de todos os tipos e em diversos países. Conforme se vê, o *Mein Kampf* oferece, aos seus vários tipos de leitores, respostas locais e temporalmente localizadas que atendem a questões que pulsam em sua própria época – buscando preencher uma inquietação sobre por que a Alemanha teria perdido a guerra, e sobre como poderia sair do atoleiro de crises em que parecia encontrar – e também respostas que se estendem no tempo, passíveis de serem reapropriadas por outros movimentos de ultradireita que já nada mais têm a ver com a Alemanha de Hitler[254].

Sobre a recepção do livro pelos críticos e pela Imprensa não direitista da época, algumas palavras merecem ser ditas. Na primeira fase da trajetória de sucessivas edições de *Mein Kampf*, a obra foi recebida com um imprudente desdém, ou mesmo com um jocoso sarcasmo, por segmentos diversos da intelectualidade e dos meios políticos e midiáticos da Alemanha. Fora dos próprios círculos direitistas

---

[254] Sobre a projeção internacional do livro *Mein Kampf* em sua própria época, é oportuno observar que, já na fase do Terceiro Reich, existe uma curiosa contradição entre a política editorial de ampla difusão interna do livro para toda a população alemã, e uma política inversa de restrições externas à publicação do livro fora do território alemão. Hitler parecia se dar conta de que seus planos – inclusive os projetos de expansão externa e a política de belicosidade – estavam perfeitamente bem expostos em seu livro. Deste modo, convinha chamar pouca atenção, no exterior, para o conteúdo do livro. Em 1938, por exemplo, quando ainda convinha ocultar os futuros planos de invasão da França, Hitler estava preocupado com a tradução do livro para o francês, já que fizera os piores comentários possíveis sobre os franceses em *Mein Kampf*. Por isso, para o público francês, a editora nazista promove uma edição arranjada do *Mein Kampf*. Com apenas 140 páginas, a obra seleciona as partes mais adequadas do livro e as mistura, eventualmente, com discursos mais recentes de Hitler que não eram desfavoráveis à França. Esta versão autorizada, de 1938, pretende ser contraposta à tentativa de tradução francesa de 1934, com suas 688 páginas que expunham o texto integral à revelia da editora alemã, mas que terminou por ser proibida depois de um processo judicial movido pelos nazistas.

e da corrente *volkisch*[255] – que incluíam não só o Partido Nazista como também outros grupelhos análogos – pouca atenção se deu ao livro. Os jornais liberais e de esquerda tenderam a tratá-lo como um amontoado de ideias esdrúxulas e estapafúrdias. Embora um preocupante programa de domínio político e de extermínio de grupos sociais estivesse muito bem exposto naquelas páginas, o discurso de ódio desfiado passo a passo nos capítulos de *Mein Kampf* foi literalmente subestimado. A Igreja cristã – católica ou protestante – também pouco se pronunciou; e as comunidades judaicas, principais vítimas em potencial, não viram no discurso hitlerista mais do que o antissemitismo ao qual já estavam tão acostumadas.

Pouco lido fora do circuito da ultradireita, deixou-se de perceber nos primeiros momentos – e mesmo durante o período de ascensão do Nazismo e de consolidação de Hitler como seu führer – que o livro *Mein Kampf* continha na verdade um programa, uma carta de intenções anunciada sem maiores subterfúgios; e que, uma vez chegado ao poder, o Partido Nazista poderia transformá-los efetivamente em realidade. Apenas a partir de 1930, quando os nazistas tiveram a sua primeira eleição vitoriosa em decorrência da crise de 1929, conquistando a segunda maior bancada do *Reichstag* alemão, é que o livro começa a inspirar medo e preocupação. Mas, então, já era tarde. Por fim, em 1933, quando Hitler termina por assumir o cargo de chanceler apesar de ter sido derrotado no pleito direto para presidente, estava escancarada a evidência de que, na verdade, era *muito* tarde. O reinado de terror do Terceiro Reich se iniciava[256].

---

[255] Movimento populista alemão.

[256] Em 1932, o Partido Nazista tinha conquistado um importante quantitativo de cadeiras no Parlamento, o que no ano seguinte deu a Hitler a oportunidade de impor seu nome para a chancelaria, mesmo tendo perdido a eleição presidencial para Hindenburg. Passo a passo, todos os demais partidos foram sendo desmantelados através de ações diversas, rumo ao estabelecimento do partido único. Outra medida – antes do recrudescimento final que conduziria ao Estado totalitário – foi a de expurgar do próprio Partido Nazista qualquer posição crítica em relação a Hitler. A "noite das facas longas", perpetrada em 30 de julho de 1934, envolveu o assassinato de partidários nazistas ligados a Gregor Strasser (um dos rivais de Hitler) e a Ernest Röhm (líder da SA), entre outros. Por fim, com a morte do presidente Hindenburg em 2 de agosto de 1934, Hitler obteve apoio para a fusão da Chancelaria à Presidência, assumindo a posição de ditador absoluto da Alemanha sob a designação de Führer. O projeto nazista – que na verdade já estava implícito em *Mein Kampf* – finalmente começava a se realizar.

7.7 Voltando ao início: Hitler e o Nazismo – o assustador acorde da intolerância totalitária

Quero retornar mais uma vez ao princípio, e aproveitar a reflexão sobre o lugar de produção de *Mein Kampf* para aprofundar uma melhor compreensão sobre quem foi Adolf Hitler, o que certamente contribuirá para clarificar a sua inserção em um movimento que estava longe de ser só seu. A recepção e o conteúdo de uma fonte sempre se desdobram mais uma vez sobre seu "lugar de produção", e é por isso que, ao analisarmos historiograficamente uma fonte de qualquer tipo, podemos começar o trabalho por qualquer uma das três pontas deste triângulo circular. No caso de Adolf Hitler, como autor de *Mein Kampf*, vimos antes que – não tendo concluído seus estudos, e frustrando-se em seus planos primordiais de se tornar um pintor reconhecido – tornou-se bem característica de seu acorde pessoal uma "rejeição da intelectualidade", a qual logo confluiria também para o que ocorre com o fascismo como movimento mais amplo. Não obstante, Hitler considerava-se um autodidata, um predestinado, talvez um gênio que devia cumprir uma missão para a qual estava desde o início destinado. De fato, quando examinamos o acorde de características pessoais de Adolf Hitler do ponto de vista de como ele via a si mesmo, surge de pronto a imagem do "guia sábio" – do "Führerprinzip" –, do infalível "salvador da pátria" que acredita ser legítimo exigir, de todos os seus correligionários e mesmo aliados, a obediência incondicional[257].

O "intervalo" que articula a ideia impositiva de uma "obediência incondicional ao líder" com a nota característica que se apresenta como uma pretensa "infalibilidade do líder" será típico do pensamento fascista. Como Führer, Hitler pretende se impor a seus comandados e colaboradores como "autoridade inquestionável" em inúmeros aspectos: do comando militar e do exercício da justiça até a capacidade relacionada a decisões artísticas e arquitetônicas. A perspectiva

---

[257] Em *Mein Kampf*, Hitler se empenha na construção de seu autorretrato, remontando à formação escolar. Não obstante, na narrativa pessoal que construirá sobre si mesmo, o ditador alemão encobrirá o seu desempenho medíocre na idade escolar com algumas estratégias discursivas. O psicólogo Walter Langer, que recebeu do governo estadunidense a missão de elaborar um estudo sobre a personalidade de Hitler em 1942, faz os seguintes comentários: "De acordo com sua narrativa, ele estava em desacordo com seu pai a respeito de sua futura carreira como pintor e, para fazer prevalecer a sua vontade, sabotou os próprios estudos, exceto as matérias que achava que contribuiriam para uma carreira artística e histórica, que ele diz sempre tê-lo fascinado. Nessas matérias, pelo que ele mesmo diz, sempre se saía muito bem. Uma análise de seus boletins não demonstra bem isso" (LANGER, 2018, p. 112).

de que é uma autoridade infalível e inquestionável em inúmeras áreas deixa suas marcas no texto hitlerista exposto em *Mein Kampf*. Em sua mescla textual de manifesto político, texto doutrinário, guia para militantes e livro de memórias, Adolf Hitler discorre sobre tudo: educação, arquitetura, arte, música, economia, relações exteriores, história, ciências da comunicação, estratégia militar. Parece não haver campo de alguma importância para o qual ele não acredite que possa, apenas por si mesmo, encontrar as melhores soluções.

Em contrapartida, se a total confiança em si estende-se imperiosamente no decurso das páginas de seu livro, Hitler não deixa de conceder aos especialistas nestas várias áreas de saber um espaço de diálogo, ao menos no que concerne ao interesse de sua formação pessoal e autodidata. Hitler, pelo menos a certa altura de sua vida, tornou-se de fato um leitor ávido de livros diversos, conforme já discutimos na seção sobre as intertextualidades que embasam seu livro e seu próprio universo mental. Em *Mein Kampf*, alguns destes diálogos intertextuais estão de alguma forma registrados, de modos explícitos ou implícitos.

Por outro lado, as análises da biblioteca de Hitler em momentos diferenciados mostram identificações intertextuais singulares. Além das obras teóricas que já mencionamos anteriormente, e às quais não voltaremos, é particularmente interessante a recorrência da literatura fictícia e historiográfica sobre heróis. A solitária figura de *Dom Quixote de La Mancha* (1605) aparece com o célebre livro de Miguel de Cervantes, sempre bem conservado em sua biblioteca. Será que o Führer se identificava com ele, de alguma maneira, ao menos em sua solitária e obstinada aventura? No entanto, a dispersão das ações do *Dom Quixote* de Cervantes parece contrastar com a visão que Hitler tinha de suas próprias ações como dotadas de uma precisão que ele considerava inigualável. Um pouco por isso, o ditador nazista espelhou-se amiúde em grandes heróis germânicos, historicamente bem-sucedidos. Ocupa um lugar especial em sua biblioteca pessoal a historiografia heroica desenvolvida por Thomas Carlyle (1795-1881), com destaque para a obra deste historiador escocês sobre *Frederico, o Grande* (1858)[258].

---

[258] CARLYLE, 1897 [original: 1858]. Conforme nos mostra a historiadora Débora El-Jaick Andrade (2006, p. 229), o herói de Carlyle – examinado a partir de diversos exemplos históricos – reúne diversas facetas, entre as quais "guerreiro, capitão, poeta, profeta, pensador devoto e inventor". Carlyle teria afirmado: "Confesso que não tenho conhecimento de um verdadeiro grande homem que não pudesse ser todos estes tipos de homens. Imagino que exista no herói o poeta, o pensador, o legislador, o filósofo; em um ou outro grau, ele podia ter sido, ou melhor, ele é tudo isto" (CARLY-

Rei da Prússia entre 1740 e 1786, Frederico II foi uma das principais referências de Hitler, e une-se ao primeiro Frederico – o imperador medieval do Sacro Império Romano-Germânico, também chamado de Frederico Barba Roxa – no seu panteão pessoal de heróis[259]. Estes e outros heróis, entre os quais Otto Von Bismarck (1815-1898) – o unificador do Segundo Reich cujas *Memórias* Hitler havia lido atentamente durante o período de cumprimento da pena na Fortaleza de Landsberg –, ajudaram-no a formatar sua própria visão sobre si mesmo como um herói que tinha uma missão a cumprir; e que, impulsionado por esta missão, não podia falhar. A figura heroica de Frederico II, o Grande[260], amparada em intertextualidades diversas, ajuda a compreender a imagem que Hitler queria ciosamente construir de si[261].

Associada à ideia de autoridade infalível e, por isso, inquestionável, a convicção de que cumpre uma "missão" – ou mesmo um "messianismo" – é, deste modo, uma segunda nota importante no acorde de características através do qual Hitler vê a si mesmo. Em seu caso, há a crença de que esta missão lhe foi confiada e é protegida por uma divina providência, como deu a entender em algumas ocasiões[262]. Por isso, não pode falhar. Em sua derrocada final, quando teve de se

---

LE, 1986, p. 105). A presença das obras de Carlyle na biblioteca de Hitler sugere a possibilidade de que ele visse a si mesmo como um herói à maneira de Frederico II, o Grande (1712-1786). Queria ser pleno, e ao mesmo tempo coroado por uma missão a cumprir. Ao mesmo tempo, fazia paralelos entre a trajetória de Frederico II e a sua aventura pessoal, mesmo nos últimos tempos do Bunker – onde conservava, em sua sala.

[259] Em homenagem a Frederico I (1122-1190). Hitler designou o título de "Operação Barbarossa" como nome-código para a sua invasão da União Soviética, iniciada em 22 de junho de 1941, na qual buscava concretizar o seu projeto nazista de conquista de "espaço vital". A operação foi bem-sucedida em um primeiro momento, e rechaçada depois, demarcando o momento em que as forças hitleristas começam a perder gradualmente a guerra.

[260] Já discorremos sobre este monarca prussiano – um rei iluminista e humanista que nada tem a ver com o obcecado e impiedoso Adolf Hitler – no capítulo em que discutimos a sua releitura sobre o livro *O Príncipe*, de Maquiavel. No entanto, Hitler o escolhe como um de seus heróis: inspira-se em suas conquistas, mas não lhe segue os passos filosóficos.

[261] A construção desta imagem, pelo próprio Hitler, também pode ser historicizada. Houve um primeiro momento em que ele viu a si mesmo como uma espécie de João Batista que apenas preparava o caminho para o seu Messias – ou como um "tocador de tambor", conforme expressão por ele mesmo utilizada, que anuncia a chegada do herói definitivo. No entanto, seus sucessos na conquista do poder logo o fizeram enxergar a si mesmo como o próprio messias – o herói definitivo que introduziria o Reich de mil anos.

[262] É ainda Langer quem sustenta a tese de que o sentimento de que cumpria uma missão e um destino, e de que tinha apoio de uma Providência Divina, já acompanhava Hitler antes mesmo do início de sua trajetória política mais efetiva (LANGER, 2018, p. 26).

defrontar com o fato de que falhara – e enquanto, acantonado em seu bunker, aguardava a inevitável chegada dos russos em Berlim e decidia seu suicídio – Hitler não pode pensar outra coisa senão que o seu Povo o abandonara. O povo alemão havia falhado com o Führer, e não o contrário[263]. Ao mesmo tempo, o suicídio apresenta-se como a única solução possível para o Führer infalível que falhou. Vemos a iminência deste gesto, desta solução final que desesperadamente põe fim à vida individual, em outros momentos na vida de Hitler: após o fracasso do golpe da cervejaria ele quase o comete, com um revólver; ao entrar no cárcere, para aguardar o julgamento, ele retorna sob a forma de uma greve de fome. Entre estas e outras espreitas, o "suicídio" ronda a história de vida do homem que ajudou a conduzir milhões de pessoas à morte. Não será esta mais uma nota no acorde de Hitler, ou ao menos mais um dos traços do seu conjunto de características pessoais?[264]

Mencionei até aqui traços que são mais fatores de ordem individual, os quais ajudam a delinear um retrato de Hitler, do que mais propriamente as notas que

---

[263] Esta inversão é abordada por Joachim Fest em *No Bunker de Hitler: os últimos dias do Terceiro Reich* (2005). É ainda representada, com intensidade dramática, no filme *A Queda* (2004) – película alemã roteirizada por Bernd Eichinger e dirigida por Oliver Hirschbiegel, a qual retrata as últimas horas de Hitler e de vários de seus correligionários.

[264] Sebastian Haffner (1907-1999), jornalista alemão que viveu seis anos na Alemanha nazista antes de migrar para Londres em 1938, assim retrata este traço de Hitler: "uma sempre presente disposição para o suicídio ronda a trajetória política de Hitler. Ao final, isso se dá realmente, como era previsível: um suicídio" (HAFFNER, 1979, p. 11). Também Walter Langer, outro autor que escreveu sobre Hitler em sua própria época, assim se refere à proximidade de Hitler em relação ao suicídio, listando as diversas ocasiões em que ele se aproximou deste desenlace: "Em situações extremamente difíceis, Hitler ameaçava se suicidar. Às vezes, parece que usa isso como forma de chantagem, mas, em outras, a situação parece ser pior do que ele pode suportar. No Putsch da Cervejaria, ele disse aos policiais que estava mantendo como prisioneiros: "Ainda há cinco balas em minha pistola; quatro para os traidores e uma, se as coisas derem errado, para mim". Ele também ameaçou se suicidar diante da senhora Hainfstaengl, logo depois do fracasso do Putsch, enquanto estava se escondendo da polícia na casa dos Hainfstaengl. De novo na prisão de Landsberg, fez uma greve de fome e ameaçou se tornar um mártir, imitando o prefeito de Cork. Em 1930, ameaçou se suicidar após o estranho assassinato de sua sobrinha Geli. Em 1932, novamente ameaçou se suicidar se Strasser rachasse o Partido. Em 1933, fez uma nova ameaça de suicídio se não fosse designado chanceler. Em 1936, prometeu se matar se a ocupação da Renânia fracassasse" (LANGER, 2018, p. 76). / Por outro lado, o ditador alemão tinha sonhos de vencer a morte física e controlar a memória das gerações vindouras, para o que planejava um mausoléu que obrigaria as pessoas que o visitassem a olharem para cima. Em 1940, conforme ressalta um autor da época, Hitler teria dito: "Sei como manter o controle das pessoas depois da morte. Serei o Führer para quem elas erguem os olhos e voltam para casa para conversar sobre e lembrar. Minha vida não acabará na mera forma da morte. Ao contrário, ela começará" (HUSS, p. 210).

seriam típicas de um "acorde de identidades". Estas outras notas, rigorosamente falando, são aquelas que introduzem Adolf Hitler no interior de certos grupos específicos, ou de categorias com as quais outros indivíduos também se identificam ou são identificados em um plano social mais amplo. É preciso separar bem uma coisa e outra – o "acorde de características pessoais" do "acorde de identidades" – embora ambos se mostrem úteis à compreensão de um autor. Os "acordes de identidades" permitem situar um personagem histórico ou autor em uma rede de grupos e ideias que parecem dar um sentido social à sua existência. Devemos pensá-los neste patamar de possibilidades.

A base de um "acorde de identidades" aplicável ao estudo da figura política de Hitler – considerando-se agora o universo de notas que introduz este personagem em grupos e características de alcance social – é neste caso a própria base que coincide com o paradigma político trazido pelo Nazismo. "Fanatismo", "antissemitismo", "racismos" baseados na crença na superioridade de uma pretensa "raça ariana", "antimarxismo", "belicismo", "intensa agressividade" face àqueles que são considerados opositores ou inimigos internos, "nacionalismo extremado", "imperialismo" centrado na ideia de um direito à conquista de "espaço vital" às custas de sociedades inteiras que devem ser submetidas ou mesmo exterminadas – pode-se dizer que esta é a grande base acórdica do Nazismo, uma das mais sinistras já produzidas na história política mundial. Estas ideias, que não foram só de Hitler, mas de muitos outros nazistas em sua própria época e também em outros tempos, podem ser encontradas sistematicamente no livro *Mein Kampf*, revelando ao mesmo tempo um conteúdo que logo seria reapropriado por diferentes tipos de leitores e as marcas de um "lugar de produção"[265].

---

[265] Os outros modelos fascistas – como o italiano – também compartilham da maior parte destas notas. Entrementes, o "antissemitismo" e o "racismo arianista" projetam-se como notas mais específicas no nazismo alemão. De outra parte, as circunstâncias históricas e geográficas dotam de acordes próprios, embora com muitas notas em comum, os diversos fascismos da época nos outros países da Europa. O Portugal do salazarismo, por exemplo, já possui colônias africanas, e, além disso, está limitado a oeste pelo Atlântico, e a leste por outro Estado fascista, a Espanha franquista; assim, acha-se bem acomodado nos seus limites e o expansionismo belicista acha-se impedido de se apresentar como nota característica. A "perspectiva eugenista", uma nota bem sonante no acorde de aspectos constituintes do nazismo alemão, também aparece em outros contextos da época, embora não necessariamente fascistas. No Brasil do mesmo período, por exemplo, Renato Kehl (1889-1974), em suas *Lições de Eugenia* (1929), já sugeria que a sociedade brasileira só embranqueceria "à custa de muito sabão de coco ariano" (KEHL, 1935, p. 241).

Um fator importante que se agrega ao fenômeno nazista é o uso bem calculado e sistemático da propaganda. Aplicada à construção da imagem mais apropriada do Führer, a propaganda tem ao seu dispor os mais modernos e os mais tradicionais meios de comunicação: o rádio, o cinema, a imprensa escrita, mas também cartazes que cuidadosamente oferecem ao público a melhor imagem física de Hitler. O uso nazista da propaganda vai da escolha do símbolo maior da suástica, atribuível ao próprio Führer, aos rituais e monumentos. O capítulo 6 de *Mein Kampf* aborda o uso da propaganda, explicitando um aspecto sem o qual o Nazismo talvez não tivesse se tornado um movimento de massas de tal porte. A propaganda, no conjunto de reflexões de Hitler, não se confunde apenas com os seus meios e instrumentos – com as realizações encaminhadas através das diversas mídias de que lança mão, por exemplo – sendo apresentada, para além disto, como uma ciência que deve se esmerar em apreender o universo emocional das massas para, depois, inventar ou encontrar os artifícios para dominar seu coração.

Aproveito este momento para uma digressão teórica, e para assinalar que a perspectiva de utilização dos "acordes de identidades", ou também dos "acordes característicos" relativos a movimentos mais amplos – seja para caracterizar indivíduos como Hitler, seja para discutir movimentos mais abrangentes como o Nazismo –, pressupõe a compreensão de que somente a combinação de todas as notas interativas de um conjunto forma efetivamente um acorde. Por exemplo, o "acorde nazista" – já de saída associado a sua dimensão como "movimento de massas" – é formado por uma série de notas interligadas: nacionalismo, imperialismo, belicismo, fanatismo, antimarxismo, antissemitismo, racismo, arianismo, eugenismo, imposição da obediência incondicional ao líder, e, como veremos nos parágrafos finais, a "intolerância totalitária" levada ao extremo[266]. Contudo, duas ou três destas notas não configuram o nazismo. Para estarmos

---

Era um médico e empresário liberal que organizou o Movimento Eugênico Brasileiro, mas sem nenhuma ligação com qualquer forma política de fascismo. Enquanto isso, singularmente, o Integralismo – a versão brasileira do fascismo – opunha-se ao racismo de "inspiração nazista" e considerava veementemente a "fusibilidade das raças" como um fator positivo, declarando-se um movimento "orgulhosamente mestiço".

[266] Além disso, podemos agregar ao acorde outros aspectos, como o já mencionado uso sistemático da "propaganda", e sua articulação à organização partidária.

na presença efetiva deste fenômeno histórico, social e político, precisamos ter todas estas notas atuando juntas, interferindo-se umas nas outras de certa maneira – produzindo, para além de suas próprias singularidades e sonoridades particulares, "intervalos" (relações entre as notas) que são tão importantes quanto as notas em si mesmas[267].

As intensidades e posicionamentos de cada nota no acorde – sua força e projeção relativa, seu destaque, ou a sua posição específica no interior do acorde – também são importantes. O "antissemitismo", por exemplo, era secundário (uma nota de menor intensidade) no fascismo italiano, e apenas se intensificou em certo momento por causa da aliança político-militar da Itália de Mussolini com a Alemanha hitlerista[268]. Enquanto isso, nos Estados Unidos da segunda metade do século XX, o *American Nazi Party* – cujo líder, Lincoln Rocwell, fora um atento leitor de *Mein Kampf* – apresenta o "racismo contra negros" como a nota preponderante de um acorde que pretende replicar o nazismo em solo americano[269]. Já o movimento ultradireitista *Front National* – criado na França, em 1971, por Jean-Marie Le Pen – apresenta a "xenofobia" como nota preponderante de seu acorde, centrando suas principais ações destrutivas na rejeição às

---

[267] Podemos registrar um exemplo, entre tantos outros. A articulação da nota "propaganda" à nota "fanatismo", formando-se aqui um "intervalo" pode ser demonstrada com uma passagem de *Mein Kampf*, na qual Hitler ressalta que "o primeiro dever da propaganda é conquistar adeptos para a futura organização". O primeiro dever da organização, por outro lado, consiste em "conquistar adeptos para a continuação da propaganda" (HITLER, 1983, p. 433). Deste modo, uma nota age sobre a outra – existe um "intervalo" entre elas, ou uma relação específica que se estabelece entre a "propaganda" e o "fanatismo" produzindo uma singularidade. Por outro lado, a estrutura totalitária exerce um controle absoluto sobre todas as mídias que produziam propaganda e possibilidades de divulgação de ideias. Aos jornalistas do Reich, por exemplo, exigia-se que fossem "política e racialmente limpos" (SHIRER, 2008, p. 331). Por aqui se vê que as notas "uso radical de propaganda", "totalitarismo", "racismo" e "anticomunismo" também se articulavam reciprocamente em uma múltipla relação intervalar. Conforme demonstra o exemplo, a análise de um acorde, de acordo com o potencial desta metáfora musical, deve considerar não apenas as notas em si mesmas, mas também a relação de uma nota com outras.

[268] Apenas ao final da década de 1930, para facilitar a aliança com Hitler, é que surgem medidas antissemitas entre os italianos. Sobre a ausência de hostilidades do primeiro Mussolini em relação à população judaica, ver a longa série de entrevistas que o jornalista judeu alemão Emil Ludwig obteve, em 1932, com o então ditador italiano.

[269] Sobre este movimento, e outros similares ocorridos nos Estados Unidos da América – como o *Creativity Movement* –, cf. a Tese de Doutorado de Mônica Santana, intitulada *Sombras do Nazismo nos Estados Unidos da América: Política e Ideologia no American Nazi Party e no Creativity Movement (1960-1990)* [SANTANA, 2018].

eis de imigração, uma demanda social tipicamente francesa. Conforme se vê, ao lado da recorrência de algumas notas em comum, os acordes dos movimentos e correntes de ultradireita se diversificam, de acordo com as demandas sociais e históricas que os afetam. Algumas notas mais específicas parecem adentrar ou abandonar o espaço de identidades neste ou naquele momento; enquanto isso, notas mais típicas da extrema-direita adquirem intensidades distintas, ao mesmo tempo em que outras se movem para o topo ou para a base do acorde; da mesma forma, algumas notas estabelecem relações intervalares específicas. E, assim, podemos identificar as singularidades, os afastamentos e aproximações entre movimentos diversos.

A análise acórdica pode se voltar tanto para a percepção das notas preponderantes em movimentos de ultradireita como para a caracterização da identidade teórica de autores individuais. Podemos evocar exemplos simples. Ernst Haeckel (1834-1919) – filósofo, biólogo e médico prussiano que faleceu antes da ascensão hitlerista – era arianista, racista e eugenista, e, embora preconizasse medidas radicais e mesmo violentas em favor desta última concepção, era antibelicista; portanto, dificilmente se enquadraria no acorde nazista. Ludwig Woltmann (1871-1907), antropólogo cujas teorias racistas já comentamos em nota anterior[270], era arianista, mas não era radicalmente antissemita, e provavelmente não aprovaria uma solução final[271].

Conforme já ressaltamos, a mesma busca combinatória aplica-se não somente a indivíduos, mas também a movimentos e a correntes de pensamento e ação. É possível encontrar no vasto universo da ultradireita e do conservadorismo alemão do período que precede a Primeira Guerra, e também do período que se estende depois desta até a ascensão do nazismo, todas as combinações imagináveis de algumas das notas que se mostram características do movimento liderado por Hitler. Para além da Alemanha, e em outras épocas e contextos, o mesmo ocorrerá. Além disso, também podemos encontrar, fora do espectro da direita, tanto nomes individuais como movimentos e identidades partidárias que reúnam *algumas* das notas que aparecem no "acorde nazista". Entrementes, o que caracteriza este último, a nosso ver, é a combinação singular da totalidade das

---

[270] Nota n. 237.

[271] Sobre estes dois exemplos, cf. EVANS, 2016, p. 75.

notas atrás mencionadas, e também um certo repertório de maneiras como estas notas se combinam no interior do acorde (relações entre notas, ou "intervalos"). Mas esta discussão já nos levaria mais longe.

De todo modo, com relação ao uso historiográfico, antropológico ou sociológico dos "acordes de identidade" – considerados em sua aplicação criativa para o estudo e compreensão de objetos diversificados de estudo – vale ressaltar que esse tipo de "abordagem harmônica" pode vir a constituir um instrumento teórico-metodológico interessante para o encaminhamento da análise comparativa. Por exemplo, podemos construir teoricamente os acordes característicos de movimentos de direita diversificados, ou de outras correntes políticas, e compará-los diretamente com o acorde nazista. O fascismo italiano, o integralismo brasileiro, o franquismo espanhol, o salazarismo português, as tribos urbanas neonazistas nas grandes cidades do mundo, as manifestações políticas da ultradireita nas primeiras décadas do novo milênio – estes e outros fenômenos, cada qual com o seu próprio acorde, aproximam-se e se afastam do nazismo a partir de que notas características? No confronto entre dois acordes, e no exame de sua convergência e divergência, ficam mais claros os pontos de aproximação, e também as notas de distanciamento. Os acordes – a exemplo da Música, e tal como já ressaltamos anteriormente – possuem notas recorrentes e notas diferenciais em relação a outros acordes. Os objetos de estudo que podem ser beneficiados por este recurso teórico-metodológico inspirado na teoria musical são inúmeros e relacionáveis a uma grande variedade de âmbitos temáticos. O nazismo foi apenas um exemplo.

Voltando ao nosso tema em análise, o acorde nazista (e hitleriano) ainda precisa ser completado. Encimando tudo, ali está a "intolerância" – radical e totalitária – diante da alteridade: a incapacidade absoluta de aceitar o "outro" político, o outro "racial", o outro social, o outro nacional, o outro ideológico, e até mesmo – dentro da própria corrente homogeneizada pelo pensamento único já depurado de tudo o que lhe é alheio – a dificuldade de aceitar a variedade de nomes que disputam a função de liderança. O Nazismo, para existir com o seu programa de rejeição absoluta da alteridade e da diversidade, está sempre gerando suas "noites das facas longas". O seu projeto mais íntimo, mas muito bem explicitado nas várias páginas do livro *Mein Kampf*, é o extermínio do outro. No fim, no limite imaginário extremo, fica-se a impressão de que – em um universo distópico e paralelo que levasse às últimas consequências as implicações da mentalidade Nazista – já não restaria mais nada: no primeiro momento um único Povo, no momento seguinte um único Partido, no momento final um único Führer. Sozinho, sem mais ninguém. Depois, o suicídio – revelando que a incapacidade de aceitar o outro não era mais que a forma velada de uma incapacidade de aceitar a si mesmo[272].

*

Quase chegando ao fim, quero destacar que o tratamento do *Mein Kampf* como fonte histórica pode ser articulado a inúmeros problemas historiográficos. Se ficam mais evidentes os seus potenciais para suprir esclarecimentos com relação aos modos nazistas de pensamento e ação, aos acordes de identidades relacionados ao próprio nazismo e hitlerismo como movimentos de ultradireita, à história política alemã da primeira metade do século XX ou aos aspectos biográficos relativos à trajetória de vida de Adolf Hitler, assuntos outros podem ser abordados a partir deste tipo de fonte.

Cada uma das posições e oposições de base contra as quais se conforma o nazismo, é claro, constitui um problema historiográfico em potencial sinalizado por esta fonte, que também tem um componente de texto doutrinário e manifesto político. O antissemitismo, anticomunismo, xenofobia, racismo, preconceitos de todos os tipos, racismo, intolerância, fanatismo, anti-intelectualismo – cada qual destes aspectos pode se apresentar como um problema em si mesmo. Os historiadores da política, por outro lado, podem encontrar informações sobre como

---

[272] O Nazismo – regime político que tem na "intolerância totalitária" a nota mais destacada e proeminente de seu acorde de características – provavelmente iria ocorrer de uma maneira ou de outra, com ou sem Hitler, em vista das circunstâncias históricas, sociais e políticas da Alemanha do pós-guerra. Não deixa de ser significativo, entrementes, que este regime tenha encontrado para seu líder maior um indivíduo com características pessoais tais que alguns analistas levaram a classificá-lo como "psicopata" – distúrbio que se ancora em uma fulcral incapacidade de se colocar mental ou emocionalmente no lugar do outro, ou mesmo de ter sentimentos genuínos em relação às outras pessoas. Em seu estudo sobre *A Mente de Hitler* (1942), o psicólogo Walter C. Langer demonstra, por exemplo, que em algumas passagens de *Mein Kampf* nas quais Hitler pretende estar descrevendo cenas da vida de uma criança alemã de classe baixa, não consegue descrever senão a sua própria infância tortuosa e seu conflituoso ambiente familiar (LANGER, 2018, p. 145-147). O psicopata – indivíduo que sofre o transtorno de personalidade antissocial – tem dificuldades de falar sobre o outro, a não ser como simulação útil para alcançar seus objetivos. A capacidade de manipulação, aliás, é outra de suas características. Haveria um candidato mais adequado para ocupar a função de führer do Nazismo? O próprio egocentrismo, outra das características relacionadas à psicopatia, ajusta-se de maneira singular ao tipo de liderança preconizado para um líder nazi-fascista.

funcionava o sistema político e jurídico na Alemanha desta época, ou mesmo o seu sistema prisional. Os pesquisadores de história militar podem encontrar informações sobre a guerra. Os modelos misóginos de pensamento que se acham presentes nas sociedades europeias, neste momento, e que se expressam nas páginas desta fonte através de metáforas apassivadoras da mulher e de referências diretas que denunciam o que se esperava das mulheres alemãs na época, podem interessar a uma História de Gênero. Há descrições de ambientes, de objetos e de aspectos cotidianos que interessam a uma História da Vida Material, a uma História do Cotidiano ou a uma História da Vida Privada. A reapropriação de mitologias e imagens pode interessar a uma História do Imaginário, assim como as conexões místicas que se afirmam no nazismo e se expressam na fonte.

De igual maneira, pode-se investigar a influência da fonte, ou do modelo que ela representa em primeiro plano, em outros modelos e realizações da época e de outras épocas. E, inversamente, podem ser estudados os modelos e linhas de influência que constituem a rede de intertextualidades presentes em *Mein Kampf*. Uma única destas influências ou âmbito de diálogos, por si só, já pode dar ensejo a um trabalho historiográfico de profundidade. As recepções, tal como foi destacado anteriormente, constituem um campo de problemas historiográficos à parte, e cada uma delas pode merecer um estudo em especial. Como ocorre em todas as fontes, não há limite para os usos que os historiadores podem encontrar para esta fonte, face aos variados problemas historiográficos a serem propostos.

O Palavras finais

Considerar as fontes históricas em relação ao lugar de onde foram produzidas, ou ao seu "lugar de produção" – para retomar o conceito principal deste livro –, é uma questão fulcral para o trabalho do historiador. Sem esta operação aparentemente tão simples, mas frequentemente tão negligenciada fora do âmbito da historiografia profissional, a História simplesmente não acontece. Examinar uma fonte histórica, ou avaliar um texto contemporâneo (trata-se basicamente da mesma operação), é inteiramente dependente, se quisermos realizar uma leitura efetivamente crítica, da compreensão do lugar de produção desta fonte ou deste texto. O fato de ser uma fonte histórica da Antiguidade ou um texto contemporâneo, de nossa época, não muda isso: um texto é o que é porque foi produzido em um lugar, sob determinadas circunstâncias, e no interior de um processo que se estende no tempo. Quando não consideramos isso para as fontes históricas, produzimos anacronismos, distorções, análises historiográficas ingênuas; quando não consideramos isto para os textos atuais, produzimos leituras acríticas, reproduções discursivas alienadas, tornamo-nos perigosamente manipuláveis, e acreditamos muito facilmente no que se diz sem pensar que podem existir interesses e motivações ocultas por trás do que é dito.

A consideração sobre o lugar de produção das fontes históricas foi a pedra de toque que habilitou os historiadores a uma prática historiográfica científica. Devemos desconfiar das fontes, fazer-lhes perguntas, indagar-lhes sobre a origem das informações que elas vinculam e sobre os interesses e inserções sociais que permeiam os autores do texto ou os artífices que construíram este ou aquele objeto. O "lugar de produção", como se viu neste livro, é atravessado por questões diversas – que vão da inscrição em uma sociedade e em um tempo à rede de intertextualidades que afetou a produção do discurso veiculado pelas fontes, entre outras questões que também foram consideradas. Outrossim, é claro que o próprio texto que o historiador produz pode ser ele mesmo considerado como fonte para um outro tipo de análise, e aqui adentraríamos neste campo da teoria da história que se convencionou chamar de historiografia – no sentido de que se empreende aqui uma análise do próprio trabalho do historiador.

O historiador, acima de tudo, é ele mesmo histórico, e, portanto, está igualmente sujeito a uma inscrição no seu próprio "lugar de produção". Conforme pontuamos no início deste livro, esta questão, igualmente primordial, remeteria a uma outra ordem de considerações, que não foi o objetivo mais específico desta obra, embora a tenhamos pontuado em certo momento. Entender o "lugar de produção", enfim, mostra-se imprescindível tanto para a prática histórica como para a prática historiográfica – esta última compreendida como o âmbito no qual se estabelece uma reflexão sobre os modos como se desenvolve a operação historiográfica e sobre o próprio texto que se apresenta como produto elaborado pelo historiador.

Na verdade, a habilidade de entender o lugar de produção de um texto – e nesse momento refiro-me particularmente aos textos da atualidade – é um atributo fundamental para que se possa fazer uma leitura crítica dos discursos que nos envolvem nas sociedades em que vivemos. Não devemos terminar de ler uma notícia de jornal sem refletirmos concomitantemente sobre que jornal é este, quem são os seus proprietários, qual é o seu público-alvo ou receptor, ou sobre quais são naquele momento suas circunstâncias econômicas e políticas. Quando simplesmente acreditamos em uma notícia veiculada pela mídia, como se ela fosse uma notícia neutra – e não perguntamos quais os grupos, interesses sociais e posicionamentos políticos que podem estar regendo este ou aquele órgão midiático –, estamos repetindo os erros que os historiadores mais ingênuos cometeram no passado ao reproduzir acriticamente informações extraídas de suas fontes, sem lhes perguntar adequadamente pelos seus lugares de produção, pelas suas intertextualidades, pelos pontos de vista nos quais elas se apoiam ou pelos pontos de vista contra os quais elas se defrontam. De igual maneira, quando examinamos um texto escrito por um autor, mas não nos perguntamos pelas suas circunstâncias – seja um texto histórico ou um texto atual –, agimos de maneira não crítica.

Esperamos que este livro tenha contribuído para fortalecer a discussão sobre os procedimentos iniciais adequados para análise de fontes históricas, e que também tenha contribuído para ampliar – nos leitores com todos os tipos de formação, e não apenas nos historiadores – os seus horizontes críticos. Se os espectadores atuais de programas de TV, os leitores contemporâneos de jornais, os consumidores de produtos – ou os eleitores no exercício de seus direitos de escolher os candidatos que os representarão nas democracias – tiverem o mesmo cuidado de analisar os discursos que os envolvem perguntando pelos seus "lugares de produção", como têm feito os historiadores desde que seu campo de saber tornou-se científico, teremos certamente um mundo mais crítico, com mais justiça social, e um planeta ecologicamente equilibrado. Acredito que o saber histórico pode contribuir muito para trazer criticidade e consciência social para todos os tipos de cidadãos, e para beneficiar seus modos de vida nos dias de hoje e ampliar a sua capacidade de tomar decisões em seu próprio benefício e da sociedade em que estão inseridos.

A presente série de livros sobre fontes históricas e suas possibilidades metodológicas seguirá adiante, com livros que, em sequência a este, examinarão tipos específicos de fontes, como os jornais, diários, relatos de viagem, processos criminais, documentação de arquivo, objetos de cultura material, e tantos outros. Também planejamos a publicação de um livro que discuta diferentes tipos de metodologias de análise de textos que possam ser utilizados como fontes, pois o presente livro não colocou em pauta, ainda, as metodologias de análise de textos, limitando-se a discutir o momento que prepara estas análises, a saber: a operação inicial que busca compreender o lugar de produção de uma fonte. Os recursos disponíveis para a análise, propriamente dita, deverão ser objeto de outra obra desta série.

Com os dois livros iniciais desta série – este que aqui se conclui e a obra introdutória que o precedeu[273] – criamos aqui, como se pode ver, um programa de trabalho que poderá se estender indefinidamente, uma vez que, tal como dissemos algumas vezes neste livro, não há limites para as diferentes possibilidades de tipos de textos e de materiais de todos os gêneros que podem ser utilizados pelos historiadores como fontes históricas.

---

[273] *Fontes Históricas – Introdução aos seus usos historiográficos* (BARROS, 2019).

Obras citadas

AGOSTINHO, Santo (2017). *Cidade de Deus* (Parte I e Parte II). Petrópolis: Vozes [originais: 416 a 427 e.C.].

ALBRETON, R. (1952). *Introdução a Hesíodo*. São Paulo: EDUSP.

ANDRADE, D.El-J. (2006). Escrita da História e Política no século XIX: Thomas Carlyle e o culto aos heróis. *História & Perspectivas*, vol. 11, p. 211-248.

_____ (2002). *O Paradoxo no pensamento de Thomas Carlyle*: a resistência à democracia e o culto ao grande homem. Niterói: UFF [Dissertação de Mestrado].

ANGLO, S. (2005). *Machiavelli: the first century* – Studies in enthusiasm, hostility and irrelevance. Oxford: Oxford University Press.

ARISTÓTELES (2002). *Física*. Campinas: Ed. Unicamp [original: século IV a.C.].

ARÓSTEGUI, J. (2006). *A Pesquisa Histórica*. Bauru: EDUSC [original: 1995].

ARTIÉRES, P. (1998). Arquivar a própria vida. *Estudos Históricos*. Dossiê: Arquivos Pessoais, n. 21, vol. 1, p. 9-34.

ASIMOV, I. (2014). *Eu, Robô*. São Paulo: Aleph [original: 1950].

ASPREY, R.B. (1986). *Frederick the Great*: The Magnificent Enigma. Nova York: History Book Club.

BAKHTIN, M. (1992). *Estética e Criação Verbal*. São Paulo: Martins Fontes [original post.: 1979].

BALLARINI, T. (1976). *Introdução à Bíblia*. Vol. II/2. Petrópolis: Vozes.

BARDIN, L. (1991). *Análise de Conteúdo*. Lisboa: Ed. 70 [original: 1977].

BARON, H. (1961). Machiavelli: The Republican Citizen and the Author of "the Prince". *The English Historical Review*, vol. 76, n. 299, p. 217-253.

BARROS, J.D'A. (2019). *Fontes Históricas* – Introdução aos seus usos historiográficos. Petrópolis: Vozes, 2019.

_____ (2017). *História, Espaço, Geografia* – Diálogos interdisciplinares. Petrópolis: Vozes.

_____ (2014). *História Comparada*. Petrópolis: Vozes.

_____ (2013). A Operação Genealógica – Considerações sobre as implicações histórico-sociais das genealogias, a partir do exame dos livros de linhagens (séc. XIII-XIV). *Revista da FLUP*, IV série, vol.3, p. 145-166.

_____ (2011-a). *Teoria da História* – Vol. I: Princípios e Conceitos Fundamentais. Petrópolis: Vozes.

_____ (2011-b). *Teoria da História* – Vol. II: Os primeiros paradigmas: positivismo e historicismo. Petrópolis: Vozes.

_____ (2011-c). *Teoria da História* – Vol. III: Os paradigmas revolucionários. Petrópolis: Vozes.

_____ (2011-d). *Teoria da História* – Vol. IV: Acordes historiográficos. Petrópolis: Vozes.

_____ (2011-e). *Teoria da História* – Vol. V: A Escola dos Annales e a Nova História. Petrópolis: Vozes.

_____ (2009-a). Passagens da Antiguidade Romana ao Ocidente Medieval: leituras de um período limítrofe. *História* (UNESP), n. 28, vol. I, p. 547-573.

_____ (2009-b). *A Construção Social da Cor*. Petrópolis: Vozes.

_____ (2007). Um livro manuscrito e seu sistema de micropoderes: os livros de linhagens na Idade Média Portuguesa. *Em Questão*, vol. 12, n. 2, p. 273-296.

_____ (2004). *O Campo da História*. Petrópolis: Vozes.

BAUMAN, Z. (2005). *Identidade*: entrevista a Benedetto Vecchi. Rio de Janeiro: Zahar [original: 2004].

BIGNOTTO, N. (1991). *Maquiavel Republicano*. São Paulo: Loyola.

BLOCH, M. (2001). *Apologia da História*. Rio de Janeiro: Zahar [original publicado: 1949, póstumo] [original de produção do texto: 1941-1942].

_____ (1982). *A Sociedade Feudal*. Lisboa: Ed. 70 [original: 1939].

BLOOM, H. & ROSENBERG, D. (1992). *O livro de J*. Rio de Janeiro: Imago [original: 1990].

BONAPARTE, N. & MAQUIAVEL, N. (2000). *O Príncipe* – Comentários de Napoleão Bonaparte. Curitiba: Hemus [originais das notas de Napoleão: 1796, 1802, 1804 e 1814].

BOURDIEU, P. (2003). *A dominação masculina*. Rio de Janeiro: Bertrand Brasil [original: 1998].

_____ (1998). *O Poder Simbólico*. Rio de Janeiro: Bertrand [original: 1989].

BOURDIEU, P. & PASSERON, J.C. (1970). *La reproduction* – Eléments pour une théorie du système d'enseignement. Paris: Minuit.

BRUCIOLI, A. (1526). *Dialogi de Antonio Brucioli*. Veneza: Gregorio di Gregori.

BUKATMAN, S. (1997). *Blade Runner*. Londres: BFI Modern Classics.

BURDEA, G. & COIFFET, P. (2003). *Virtual Reality Technology*. Nova York: Wiley/IEEE Press.

BURKE, P. (1991). *A Escola dos Annales: 1929-1989* – A Revolução Francesa da Historiografia. São Paulo: UNESP [original: 1990].

CABRERO, M. (2004). *La ficcionalidad fantástica de las Narrativas Verdaderas de Luciano de Samósata*. Baía Blanca: Universidade Del Sur [Tese de Doutorado].

CADOZ, C. (1994). *A Realidade Virtual*. Lisboa: Piaget [original: 1994].

CARLYLE, T. (1986). "On History". In: *Thomas Carlyle*: selected writing. Harmondsworth: Penguin Books [original: 1841].

_____ (1897). *Frederick II of Prussia* – Called Frederick the Great (8 vol.). Londres: Chapman and Hall [original: 1858].

CASTRO, J. (1992). *Geografia da Fome*. Rio de Janeiro: Griphus [original: 1946] [Prefácio: 1960].

_____ (1951). *A Geopolítica da Fome*. Rio de Janeiro: Globo.

CERTEAU, M. (2011). "A Operação Historiográfica". In: *A Escrita da História*. Rio de Janeiro: Forense Universitária, p. 45-111 [original: 1974].

_____ (1998). *A Invenção do Cotidiano* – Artes de fazer. Petrópolis: Vozes [original: 1980].

_____ (1982). "Uma variante: a edificação hagiográfica". In: *A escrita da história*. Rio de Janeiro: Forense Universitária, 1982, p. 242-255 [original: 1975].

CERVANTES, M. (2016). *Dom Quixote de La Mancha*. São Paulo: Ed. 34 [original: 1604].

CHAMBERLAIN, H.S. (1910). *The Foundations of the Nineteenth Century*. Londres: Ballantyne & Co. [original: 1899].

CHAPLIN, J.D. (2000). *Livy's Exemplary History*. Oxford: Oxford University Press.

CHARTIER, R. (2012). *O que é um Autor?* São Carlos: EdufsCar [original: 2000].

CHESNEAUX, J. (1995). *Devemos fazer tábula rasa do passado?* São Paulo: Ática [original: 1975].

CHLADENIUS (2013). *Princípios Gerais da Ciência Histórica*. Campinas: Ed. UNICAMP [original: 1752].

COLLARES, M.A. (2010). *Visões historiográficas sobre a obra de Tito Lívio*. São Paulo: Ed. UNESP.

CROCE, B. (1965). *Teoria y historia de la historiografia*. Buenos Aires: Escuela [originais: 1912-1913].

CUNHA, M.T. (2005). "Diários pessoais – territórios abertos para a História". In: PINSKY, J. (org.). *Fontes Históricas*. São Paulo: Contexto, p. 251-279.

D'ASSIER, A. (1867). *Le Brésil Contemporaine*: Race, Moeurs, Institutions, Paysage. Paris: Durend et Lauriel.

DE VAUX, R. (1958). *Les Livres de Rois*. Paris: SBJ.

DELORME, J. (1969). *Introduction à la Bible*. Paris: Desclée.

DESCARTES, R. (2002). *Princípios da Filosofia*. Rio de Janeiro: Ed. UFRJ [original: 1644].

DICK, P.K. (2014). *Androides sonham com ovelhas elétricas?* São Paulo: Aleph [original: 1968].

DIDEROT, D. (2015). "Maquiavelismo". In: *Enciclopédia, ou dicionário razoado das ciências, das artes e dos ofícios* – Vol. 4: – Política. Tomo n. 9, São Paulo: Ed. UNESP, p. 230-232 [original: 1751].

_____ (2006). *Verbetes Políticos da Enciclopédia*. São Paulo: Discurso Editorial/UNESP [originais: 1751-1772].

DILTHEY, W. (2010-a). *Introdução às Ciências Humanas*. Rio de Janeiro: Forense Universitária [original: 1838].

_____ (2010-b). *A Construção do Mundo Histórico nas Ciências Humanas*. São Paulo: UNESP [original: 1910].

DROYSEN, J.G. (2009). *Manual de Teoria da História*. Petrópolis: Vozes [original: 1868].

ELIAS, N. (1990). *O Processo Civilizador*. Rio de Janeiro: Zahar [original: 1939].

ESCOLA BÍBLICA DE JERUSALÉM (1981). *Bíblia de Jerusalém*. São Paulo: Paulus [original francês: 1973].

EVANS, R.J. (2016). *A Chegada do Terceiro Reich*. São Paulo: Planeta [original: 2003].

FAVIER, J. (2004). *Carlos Magno*. Trad.: Luciano Machado. São Paulo: Estação Liberdade [original: 1999].

FEBVRE, L. (1989). *Combates pela história*. Lisboa: Presença [original: 1953].

FERNÁNDEZ ALBADALEJO, P. (1984). La transición política y la instauración del absolutismo. *Zona Abierta*, n. 30, p. 63-75.

FEST, J. (2017). *Hitler*. Rio de Janeiro: Nova Fronteira [original: 1973].

_____ (2005). *No Bunker de Hitler*: os últimos dias do Terceiro Reich. Rio de Janeiro: Objetiva [original: 2005].

FIRPO, L. (1970). Le origini dell'anti-machiavellismo. *Il Pensiero Politico*, vol. 2, n. 3, p. 337-367.

FOUCAULT, M. (2001). "O Que é Um Autor?" In: *Ditos e Escritos*: Estética – literatura e pintura, música e cinema (Vol. III). Rio de Janeiro: Forense Universitária, 2001, p. 264-298 [original: 1969].

FREDERIC II (2012). *L'Anti-Machiavel*: ou Essai de critique sur le Prince de Machiavel [avec toute les corrections de Voltaire]. Paris: Hachette [original: 1741].

FREYRE, G. (2002). "Casa Grande e Senzala". In: SANTIAGO, S. (org.) *Intérpretes do Brasil*. Rio de Janeiro: Nova Aguilar [original: 1933].

FURTADO, J.F. (2005). "Testamentos e Inventários – A morte como testemunho da vida". In: PINSKY, J. (org.). *Fontes Históricas*. São Paulo: Contexto, p. 93-118.

GADAMER, H.-G. (1998). *A Consciência Histórica*. Rio de Janeiro: FGV [original: 1996].

GARDNER, G. (1846). *Travels in the Interior of Brazil* – Principally Through the Northern Provinces and the Gold and Diamond Districts During the Years 1836-1841. Londres: Reeve Brothers.

GERVINUS, G. (2010). *Fundamentos de Teoria de História*. Petrópolis: Vozes [original: 1837].

GIBSON, W. (2000). *Neuromancer*. Nova York: Ace Books [original: 1985].

GINZBURG, C. (2002). *Relações de Força*. São Paulo: Companhia das Letras [original: 2000].

_____ (1991). "O Inquisidor como Antropólogo – Uma analogia e as suas implicações". In: *A Micro-História e outros ensaios*. São Paulo: Difel, p. 203-214 [original: 1989].

_____ (1987). "Raízes de um Paradigma Indiciário". In: *Mitos, Emblemas e Sinais*. São Paulo: Companhia das Letras. p. 143-179 [original: 1986].

GOBINEAU, A. (1967). *Essai sur l'inégalité des races humaines* – Livres I à IV. Paris: Pierre Belfonf [original: 1853-1855].

GRAMSCI, A. (1988). *Maquiavel, a Política e o Estado Moderno*. Rio de Janeiro: Civilização Brasileira [original: 1949].

GUÉRIN, M. (1995). *O que é uma Obra?* Rio de Janeiro: Paz e Terra [original: 1993].

GUICCIARDINI, F. (1983). *Opere*. Turim: Einaudi [original: 1528].

HAFFNER, S. (1979). *The Meaning of Hitler*. Harvard: Harvard University Press [original: 1978].

HALL, S. (2006). *A identidade cultural na pós-modernidade*. Rio de Janeiro: DP&A [original: 1992].

HARTOG, F. (2003). *Os Antigos, o Passado e o Presente*. Brasília: UnB [original: 1993].

HARVEY, D. (1993). *Condição pós-moderna*. São Paulo: Loyola [original: 1989].

HESÍODO (2012). *O Trabalho e os Dias*. Curitiba: Segesta [original: séc. VIII a.C.].

HESPANHA, A.M. (2001). "A constituição do império português – Revisão de alguns enviesamentos correntes". In: *O Antigo Regime nos Trópicos*: a dinâmica imperial portuguesa (séculos XVI-XVIII). Rio de Janeiro: Civilização Brasileira.

_____ (1994). *Às vésperas do Leviathan* – Instituições e poder político: Portugal, séc. XVII. Coimbra: Almedina [original: 1989].

HITLER, A. (1983). *Mein Kampf*. São Paulo: Moraes [original: 1924].

HOBBES, T. (2014). *Leviatã* – Matéria, forma e poder de um estado eclesiástico e civil. São Paulo: Martins Fontes [original: 1651].

HUSS, P.J. (1942). *The Foe We Face*. Nova York: Doubleday.

KEHL, R. (1935). *Lições de Eugenia*. Rio de Janeiro: Francisco Alves [original: 1929].

KELLER, J.E. (1958). *El libro de los gatos*: Madri: Consejo Superior de Investigaciones Científicas [original: 1220].

KERSHAW, I. (2010). *Hitler*. Vols. I e II. São Paulo: Companhia das Letras [originais: 1998, 2000].

KOSELLECK, R. (2006). *Futuro Passado* – Contribuição à semântica dos tempos históricos. Rio de Janeiro: Contraponto [original: 1979].

LADURIE, L.R. (1990). *Montaillou, uma aldeia occitânica*. Lisboa: Ed. 70 [original: 1975].

LAIRD, A. (2003). "Fiction as a Discourse of Philosophy in Lucian's Verae Historiae". In: ZIMMERMAN, M.; PANAYOTAKIS, S. & KEULEN, W. (orgs.). *The Ancient Novel and Beyond*. Leiden: Brill, p. 115-127.

LANGER, W.C. (2018). *A Mente de Adolf Hitler*. Rio de Janeiro: Casa da Palavra [original: 1942].

LEFORT, C. (1990). *As Formas da História*. São Paulo: Brasiliense [original: 1979].

LE GOFF, J. (1990). "Documento / Monumento". In: *História e Memória*. Campinas: UNICAMP, p. 535-549 [original: 1984].

LE GOFF, J. & TOUBERT, P. (1975). "Une histoire totale du Moyen Age est-elle possible?" "In: *Actes do 100° Congrès Nacional des Societés savantes*. Paris: Secrétariat d'État aux Universités.

LEVI, G. (1989). Les usages de la biographie. *Annales ESC*, vol. 44, n. 6, p. 325-336.

LORRIS, G. & MEUM, J. (1986). *El Libro de la Rosa*. Madri: Siruela [originais: 1230 e 1275].

LOUREIRO, M.A. & PAULA, H.B. (2006). Timbre de um instrumento musical – caracterização e representação. *Per Musi*, n. 14, p. 57-81.

LUCE, T.J. (1977). *Livy*: The Composition of his History. Princeton: Princeton Univesity Press.

LUCHAIRE, A. (1909). *La Société française au temps de Philippe-Auguste*. Paris: Hachette.

LUDWIG, E. (1933). *Talks with Mussolini*. Boston: Little, Brown and Company [original: 1932].

MACHADO, C.A.R. (2015). A Antiguidade Tardia, a Queda do Império Romano, e o debate sobre "O Fim do Mundo Antigo". *Revista História* (UNESP), n. 173, p. 81-114.

MALATIAN, T. (2015). "Narrador, Registro e Arquivo". In: PINSKY, C.B. & LUCA, T.R. (orgs.). *O Historiador e suas Fontes*. São Paulo: Contexto, p. 195-221.

MALLER, B. (1956). *Orto do esposo*: texto inédito do fim do século XIV ou começo do XV. Rio de Janeiro: Instituto Nacional do Livro [original: fins do séc. XIV].

MAQUIAVEL, N. (2007-a). *História de Florença*. São Paulo: Martins Fontes [original: 1520-1525].

_____ (2007-b). *O Príncipe* – Comentários de Napoleão Bonaparte e Cristina da Suécia. São Paulo: Jardim dos Livros [original: 1513].

_____ (2000). *O Príncipe* – Comentários de Napoleão Bonaparte. Curitiba: Hemus [original: 1513, 1816].

_____ (1989). *O Príncipe*: e dez cartas. Brasília: Ed. UnB [original: 1513].

_____ (1987). *A Arte da Guerra (e outros ensaios)*. Brasília: Ed. UnB [original: 1519-1520].

_____ (1982). *Discursos sobre a primeira década de Tito Lívio*. Brasília: Ed. UnB [original: 1513-1521].

MARTINS, V. (2011). Reflexão sobre a escrita epistolar como fonte histórica a partir da contribuição da Teoria da Literatura. *Língua & Literatura*, vol. 13, n. 20, p. 61-72.

MARX, K. (2011). *O Dezoito Brumário de Luís Bonaparte*. São Paulo: Boitempo [original: 1851-1852].

MATTOSO, J. & PIEL, J. (orgs.) (1980-a). *Livro de Linhagens do Conde Dom Pedro* – "Nova Série" dos *Portugaliae Monumenta Historica*. Lisboa: A.C.L. [original: 1340].

_____ (1980-b). *Livros Velhos de Linhagens* – Incluindo o "Livro Velho" e o "Livro do Deão" – "Nova Série" 2: *Portugaliae Monumenta Historica*. Lisboa: A.C.L. [originais: séc. XIII].

MENDES, N.M. (2002). *Sistema Político do Império Romano do Ocidente*: um modelo de colapso. Rio de Janeiro: DP&A.

MUSSOLINI, B. (1934). "Preludio al Maquiavelli". In: *Scriti I discorsi di Benito Mussolini*. Milão: Ulrico Hoepli [original: 1924].

NORA, P. & LE GOFF, J. (orgs.) (1988). *História*: Novos Problemas, Novas Abordagens, Novos Objetos. 3 vols. Rio de Janeiro: Francisco Alves [original: 1974].

ORWELL, G. (2009). *1984*. São Paulo: Companhia das Letras [original: 1948].

PEREIRA, A.P.L. (2007). O relato hagiográfico como fonte histórica. *Revista do Mestrado de História* (Vassouras, USS), n. 10, p. 161-171.

PFEIFFER, R.H. (1941). *Introduction to the Old Testament*. Londres: Harper & Brothers.

PLÖCKINGER, O. (2011). *Geschichte eines Buches*: Adolf Hitlers "Mein Kampf" 1922-1945. Munique: Oldenburg Verlag.

POLÍBIO (2016). *História Pragmática* – Livros I a V. São Paulo: Perspectiva [original: séc. II a.C.].

POLO, M. (1985). *Livro das Maravilhas*. Porto Alegre: LPM [original: 1299].

PROCACCI, G. (1965). *Studi sulla fortuna del Machiavelli*. Roma: Istituto Teorico Italiano.

PROCHASSON, C. (1998). "Atenção: Verdade!" – Arquivos Privados e Renovação das Práticas Historiográficas. *Estudos Históricos*. Dossiê: Arquivos Pessoais, n. 21, vol. 1, p. 105-119.

REIS, J.J. (1996). Identidade e diversidade étnicas nas Irmandades Negras nos tempos da Escravidão. *Tempo*, vol. 2, n. 3, p. 7-33.

_____ (1986). *Rebelião Escrava no Brasil*: a História do Levante dos Malês, 1835. São Paulo: Brasiliense.

RHEINGOLD, H. (1991). *Virtual Reality*. Nova York: Touchstone.

RICOEUR, P. (2010). *Tempo e Narrativa* – Vol. I: A intriga e a narrativa histórica. São Paulo: Martins Fontes [original: 1983-1985].

RODRIGUES, N. (1932). *O Africano no Brasil*. Rio de Janeiro: Companhia Editora Nacional.

ROSENBERG, A. (2016). *The Myth of The Twentieth Century*. Londres: Ostara Publications [original: 1930].

_____ (2015). *Diários de Alfred Rosenberg, 1934-1945*. São Paulo: Crítica [publicado postumamente em 2013].

ROUSSEAU, J.-J. (1999). *Discurso sobre a origem e os fundamentos da desigualdade entre os homens*. São Paulo: Nova Cultural [original: 1754].

_____ (1988). *O Contrato Social e outros escritos*. São Paulo: Cultrix [original: 1762].

RUSEN, J. (2001). "Partidarismo e objetividade – As potencialidades racionais da ciência da história". In: *Razão Histórica*. Brasília: Ed. UnB [original: 1983].

SAMÓSATA, L. (2012). *História Verdadeira*. Rio de Janeiro: Ateliê [original: séc. II].

SANTANA, M.C. (2018). *Sombras do Nazismo nos Estados Unidos da América*: Política e Ideologia no American Nazi Party e no Creativity Movement (1960-1990). Rio de Janeiro: UFRJ [Tese de Doutorado].

SEIGNOBOS, C. & LANGLOIS, C. (1946). *Introdução aos Estudos Históricos*. São Paulo: Renascença [original: 1897].

SHELLEY, M. (2016). *Frankenstein*. São Paulo: Landmark [original: 1818].

SHIRER, W.L. (2018). *Ascensão e queda do Terceiro Reich*: Triunfo e consolidação (1933-1939). Vol. I. São Paulo: Agir [original: 1960].

SILVA, A.C.L.F. (2015). Hagiografia Medieval: proposta para estudos em perspectiva comparada. *Fênix* – Revista de História e Estudos Culturais, vol. 12, ano 12, n. 1, p. 1-21.

SKINNER, Q. (1988). *Maquiavel*. São Paulo: Brasiliense [original: 1981].

SNAITH, N.H. (1944). *The Distinctive Ideas of the Old Testament*. Londres: Epworth.

SPENGLER, O. (2014). *A Decadência do Ocidente*. Rio de Janeiro: Forense Universitária [original: 1918].

STRAYER, J.R. (1986). *As Origens Medievais do Estado Moderno*. Lisboa: Gradiva, s/d [original: 1961].

SUETÔNIO, C. (1993). Caio Tranquilo. *As Vidas dos Doze Césares*. Rio de Janeiro: Zahar [original: 119-121 e.C.].

SUN TZU (2012). *A Arte da Guerra*. São Paulo: Martins Fontes [séc. VI a.C.].

SWIFT, J. (2010). *Viagens de Gulliver*. São Paulo: Companhia das Letras [original: 1726].

TITO LÍVIO (2008). *História de Roma* – Desde a fundação da Cidade. Belo Horizonte: Crisálida [original: 27-25 a.C.].

TUAN, Y.-F. (1983). *Espaço e lugar*: a perspectiva da experiência. São Paulo: Difel [original: 1977].

VITKINE, A. (2016). *Mein Kampf*: a história do livro. Rio de Janeiro: Nova Fronteira [original: 2009].

VOLTAIRE (2012). *Micrômegas*. Belo Horizonte: Autêntica. [original: 1752].

WALSH, J.K. (ed.) (1975). *El libro de los doze sabios (Tractado de la nobleza y lealtad)*. Madri: Anejos del Boletín de la Real Academia Española, XXIX, p. 71-118 [original: 1237].

WEBER, M. (2006). *A Objetividade do Conhecimento nas Ciências Sociais*. São Paulo: Ática, 2006 [original: 1904].

WOLTMANN, L. (1936). *Politische Anthropologie*. Leipzig: Otto Reche [original: 1900].

WOOLLEY, B. (1992). *Mundos Virtuais*: uma viagem na hipo e hiper-realidade. Lisboa: Caminho [original: 1992].

ZUMTHOR, P. (1960). Document et Monument: à propos des plus anciens textes de langue française. *Revue des Sciences Humaines*, n. 97, p. 5-19.

Índice onomástico

Afonso X. 144
Agostinho (Santo) 55
Albadalejo, F. 200
Amman, M. 227, 232
Aquino (Tomás de) 165
Aróstegui, J. 27
Asimov, I. 139

Barbosa, R. 141
Bardin, L. 25
Bi Cheng 72
Bismarck, O. v. 228, 241
Bloch, M. 13, 27, 42, 79, 187, 199, 200
Bloom, H. 84
Bonaparte, L. 195
Bonaparte, N. 156, 171, 184, 206
Bórgia, C. 158
Bosch, H. 33
Botticelli 33
Bourdieu, P. 25

Bruck, A.M. 228
Bruegel, P. 33
Brusciolli, A. 207
Burke, P. 34

Cabral, P.A. 58
Carlyle, Th. 176, 240
Castro, J. 61, 62
Certeau, M. de 15-21, 63
Cervantes, M. de 24, 134, 240
Chamberlain, H.S. 225, 229
Chartier, R. 144, 147
Chladenius 17
Chesneaux, J. 60
Colombo, C. 60
Condillac 101
Constantino 57, 77, 78
Cook (Capitão) 58
Cristina (rainha da Suécia) 206
Croce, B. 17

Da Vinci, L. 33, 52
Descartes, R. 21
Dick, P.V. 136
Diderot, D. 102, 163, 209
Dilthey, W. 17
Dom Pedro (Conde) 92
Droysen, G. 17

Elias, N. 199
Emil, M. 226

Febvre, L. 17
Fest, J. 242
Firpo, L. 207
Fischer, E. 228
Foucault, M. 144, 146, 147
Frederico I (Barba Roxa) 241
Frederico II 170, 176-185, 192, 206
Freyre, G. 116
Frick, W. 216

Gervinus 16
Ginzburg, C. 78
Gobineau, A. 228, 229
Goebbels 229
Göring, H. 236
Gramsci, A. 206
Guicciardini, L. 207
Guilherme (o Conquistador) 151
Gutenberg 72

Haeckel, E. 246
Haffner, S. 242
Henrique VIII 172
Herculano, A. 39
Herder 17
Hesíodo 54
Hespanha, F.M. 200
Hess, R. 226
Hipólito da Costa 66
Hitler, A. 49, 133, 215-245

Júlio César 65, 124

Kehl, R. 243
Koselleck, R. 7

Ladurie, Le Roi 33
Lefort, C. 200, 202
Le Goff, J. 16, 37, 44
Lorenzo di Médici 162
Lorris, G. de 85
Luís XVI 178

Macpherson, J. 187
Maquiavel, N. 49, 52, 132, 133, 155-213
Marco Polo 49
Maria Antonieta 178
Marx, K. 195, 222, 228

Montesquieu 101, 102

Mussolini 171, 206, 217

Nabucodonosor 82

Nifo, A. 207

Nora, P. 16

Orwell, G. 137

Paulo IV (Papa) 207

Paulo VI (Papa) 207

Pepino (o Grande) 78

Políbio 55

Pompeu 124

Rafael (de Sânzio) 33

Reis, J.J. 114, 117

Ricoeur, P. 18

Röhm, E. 216, 238

Romano, E. 165

Rômulo 158

Rosenberg, A. 216, 231

Rosenberg, D. 84

Rousseau, J.-J. 170, 185, 192, 193

Samósata, L. 135

Seignobos, Ch. 140

Sérvio Túlio 151

Shelley, M. 135

Silvestre (Papa) 78

Skinner, Q. 204

Soderini, Piero 208

Souto (Conselheiro) 115

Spengler 229

Strayer, J. 199, 200

Suetônio, C. 13

Sun Tzu 212

Tito Lívio 56

Vargas, G. 23, 24

Veda Vyasa 145

Voltaire 101, 102, 135, 136, 177

Woltmann, L. 225, 246

Yi-Fu Tuan 21

Zumthor, P. 40

Índice remissivo

Acorde 105
Acorde de Identidades 104, 110
Alemanha Nazista 215
Alta Idade Média 61
América 57, 60
Antiguidade 61
Antiguidade Clássica 158, 204
Anti-Maquiavel 177
Antissemitismo 221
Arqueologia 43
Áustria 221
Autor 97, 103, 144, 161

Bíblia 81-84

Catolicismo 114
Censo 45, 151-152
Centralização política 198
Certidões 45
Cinema 136

Concílio de Trento 171, 207
Consonância 119-120
Contra-Reforma 172
Corpus Documental 25
Correspondência 30-31, 69
Cruzamento de épocas 80

Demandas sociais 129, 149-150
Déspota Esclarecido 178-179
Diários 30, 60, 69
Dissonância 119
Documento falso 79
Doenças 151

Época 51
Escrita de Si 215
Espanha 63, 198
Espelhos de Príncipe 166
Estado (formação do) 199, 201
Estado moderno 199

Ética 205-206

Ética de resultados 205

Etnias 117

Exemplum 90

Exército permanente 201

Falsificação 76-77

Família 102-103

Ficção científica 135

Fortuna 170, 202

Genealogias 86-88

Gêneros textuais 123, 134, 218

Grécia 57-143

Guerra 212

Guerra dos Cem Anos 198

Hagiografia 52

Heresia 132

História / história 54

História Comparada 70, 212

História da Imprensa 67

História Militar 213

Historiografia Egípcia 142

Homogeneidade (das fontes) 28, 31

Humanismo 104, 157

Idades (historiográficas) 54

Identidade 104

Identidades africanas 112

Imprensa (invenção da) 64

Impresso 53

Incunábulos 91

Index 171, 207

Instituições 100, 101

Interpolação 85-86

Intertextualidade 123, 165, 228

Inventário 29

Islamismo 114

Itália 159-160, 217

Jornais 64-68

Justiça 199

Leis 199

Livros de linhagens 86, 88

Lugar de Produção 15, 44-45

Maçonaria 101

Malê 112

Manuscrito 53, 92, 95

Materialismo Histórico 222

Mein Kampf 215

Mentalidades 63

Misoginia 203

Mitologia Hindu 145

Monumento 36

Moral 205-206
Mulher 111

Nacionalidade 120
Nagô 118
Narrativas bíblicas 80, 124, 146
Nazismo 112, 215-249
Negritude 121
Notas de Rodapé 127-128

Objetos materiais 43
Operação historiográfica 16
Oratória 220
Ordenações Filipinas 68

Pentateuco 82, 146
Pertinência 25
Poesia 123
Polônia 222
Portugal 198
Posição social 102
Povo 166
Príncipe (O) 132, 155-214
Processo Criminal 29
Processo Judicial 149
Propaganda 244

Recepção 45, 234
Recorte cronológico 52
Reforma 171
Reforma Católica 171
Refundição 86
Renascimento 157
Representatividade (das fontes) 32
República de Weimar 217
Revolta Malê 112
Roma (História de) 56
Roman de la Rose 85

Scriptorium medieval 91

Tchecoslováquia 222
Testamentos 68
Tratado de Versalhes 224, 225
Triângulo circular da fonte 45

Unidades de época 64
Unificação italiana 197-198

Vedas 145
Virtu 170, 202
Voluntárias (Fontes) 42

Índice geral

Sumário, 5

Introdução, 7

Primeira parte – O Lugar de Produção das Fontes Históricas, 11

1 Sobre o conceito de "Lugar de Produção", 13

    1.1 O lugar de onde escreve o historiador, 13

    1.2 "Lugar de Produção": extensões de um conceito, 15

    1.3 Do lugar historiográfico ao lugar das fontes históricas, 18

2 O problema histórico e a escolha da documentação adequada, 22

    2.1 A adequação do *corpus* documental, 22

    2.2 Aspectos envolvidos na constituição do *corpus* documental, 25

3 A Identificação do Lugar de Produção da Fonte Histórica, 36

    3.1 Aspectos monumentais do lugar de produção, 36

    3.2 O lugar de produção no "triângulo circular da fonte histórica", 45

4 A Época (ou os lugares-tempo), 51

    4.1 A abstração das épocas, 51

    4.2 A "unidade de época" problematizada pelo tipo de fonte, 64

    4.3 A "unidade de época" em relação ao padrão textual, 70

    4.4 A falsificação da época nas fontes históricas, 76

    4.5 Épocas cruzadas no interior de uma fonte, 80

    4.6 Refundições e interpolações na "era dos manuscritos", 86

5 Sociedade, Autoria e Identidades, 97

    5.1 Aspectos objetivos: a autoria e sua posição social, 97

    5.2 Aspectos subjetivos: acordes de identidades, 104

    5.3 Exemplo de identidade complexa: a Revolta Malê, 112

    5.4 As dissonâncias e movimentos nos acordes de identidades, 119

    5.5 Textos que interferem no texto (intertextualidades), 123

    5.6 Demandas sociais, 129

    5.7 O vasto universo das fontes não autorais, 142

Segunda parte – Analisando Lugares de Produção: dois exemplos na História das Ideias Políticas, 153

    6 *O Príncipe* de Maquiavel: sua produção e reapropriações, 155

        6.1 *O Príncipe*: sua época e seu lugar de produção, 155

        6.2 A dimensão da autoria, 161

        6.3 As intertextualidades, 164

        6.4 Duas reapropriações e releituras de *O Príncipe*: Rousseau e Frederico II, 170

        6.5 Quatro novas leituras em um só comentarista: Napoleão Bonaparte, 184

        6.6 *O Príncipe* e seus problemas historiográficos, 197

    7 *Mein Kampf*: um texto nazista em seus dois momentos, 215

        7.1 *Mein Kampf*: uma escrita de si na Alemanha Nazista, 215

        7.2 O gênero textual, estilo e público-alvo de *Mein Kampf*, 218

        7.3 O autor e o Nazismo em sua sociedade, 221

        7.4 As intertextualidades, 227

        7.5 O *Mein Kampf* em movimento, 230

        7.6 Recepções da obra, 233

        7.7 Voltando ao início: Hitler e o Nazismo – o assustador acorde da intolerância totalitária, 239

Palavras finais, 251

Obras citadas, 255

Índice onomástico, 265

Índice remissivo, 269

LEIA TAMBÉM:

Teoria e formação do historiador

José D'Assunção Barros

Este livro é proposto como um primeiro passo para o estudo da História como campo de saber científico. A obra apresenta-se como um convite para que os seus leitores, em especial os estudantes de História, aprofundem-se posteriormente em obras mais complexas – como é o caso da coleção *Teoria da História*, em cinco volumes, assinada pelo mesmo autor e também publicada pela Editora Vozes.

O texto é particularmente adequado para o ensino de Graduação em História, especialmente em disciplinas ligadas à área de Teoria e Metodologia da História. A obra também apresenta interesse para outros campos de saber, uma vez que discute, em sua parte inicial, o que é Teoria, o que é Metodologia, o que é Ciência, bem como a relatividade do conhecimento científico. Além disso, a sua leitura beneficiará o leitor não acadêmico que deseja compreender o que é realmente a História enquanto campo de saber científico, pois nela são refutadas perspectivas que, embora já superadas entre os historiadores, ainda rondam o imaginário popular sobre o que é História.

José D'Assunção Barros é historiador e professor-adjunto de História na Universidade Federal Rural do Rio de Janeiro (UFRRJ), além de professor-colaborador no Programa de Pós-Graduação em História Comparada da Universidade Federal do Rio de Janeiro (UFRJ). Doutor em História pela Universidade Federal Fluminense (UFF) e graduado em História pela Universidade Federal do Rio de Janeiro (UFRJ), possui ainda graduação em Música (UFRJ), área à qual também se dedica ao lado da pesquisa em História. Além de uma centena de artigos publicados, trinta dos quais em revistas internacionais, publicou diversos livros dedicados à pesquisa historiográfica, à teoria da história e aos grandes temas de interesse dos estudiosos da área.

História, Espaço, Geografia
Diálogos interdisciplinares
José D'Assunção Barros

História e Geografia são disciplinas irmãs. Embora cada qual tenha adquirido uma identidade específica ao longo de sua história como campo de saber e de pesquisa, estas duas ciências estão destinadas a se encontrarem e reencontrarem inúmeras vezes diante da possibilidade de compartilhar teorias, metodologias e temas de estudo. O Espaço – noção central da Geografia ao lado da Vida Humana e do Meio – e o Tempo – dimensão que configura diretamente a História, são mostrados neste livro como pontes de comunicação entre os dois saberes.

Ao longo destas páginas são discutidos conceitos como: região, população, escala, lugar e território. São abordados universos de estudo como a Geografia humana, a História local, a Micro-história e a Geo-história. É mostrado como o tempo se concretiza no próprio espaço através de marcas deixadas por diversas épocas nas paisagens, e como geógrafos e historiadores podem literalmente "ler" o tempo através da observação sistemática dos ambientes naturais e construídos pelo homem. A interação entre Tempo e Espaço, como se verá, produz uma harmonia quase musical que pode ser compreendida por meio da sensibilidade historiográfica e geográfica.

José D'Assunção Barros é historiador e professor-adjunto de História na Universidade Federal Rural do Rio de Janeiro (UFRRJ), além de professor-colaborador no Programa de Pós-Graduação em História Comparada da Universidade Federal do Rio de Janeiro (UFRJ). Doutor em História pela Universidade Federal Fluminense (UFF) e graduado em História pela Universidade Federal do Rio de Janeiro (UFRJ), possui ainda graduação em Música (UFRJ), área à qual também se dedica ao lado da pesquisa em História. Além de uma centena de artigos publicados, trinta dos quais em revistas internacionais, publicou diversos livros dedicados à pesquisa historiográfica, à Teoria da História e aos grandes temas de interesse dos estudiosos da área.

África Bantu
De 3500 a.C. até o presente

Catherine Cymone Fourshey
Rhonda M. Gonzales
Christine Saidi

África Bantu introduz, em cinco capítulos temáticos, os leitores a diversos métodos e abordagens de coleta e análise de dados para escrever as histórias de povos e sociedades cujo passado remoto não foi, muitas vezes, preservado em documentos escritos. Assim, a reconstrução da história antiga Bantu deve apoiar-se no uso de múltiplas metodologias e abordagens. Evidências foram retiradas da linguística, da genética, da arqueologia, das tradições orais, da história da arte e da etnografia comparada.

O objetivo dessa obra é oferecer aos alunos uma compreensão da história do mundo Bantu, no longo prazo, em áreas que os leitores podem identificar como cultural, política, religiosa, econômica e social. No entanto, nesse texto, raramente foram usadas essas categorias específicas, pois as epistemologias Bantu (visões de mundo) não eram divididas em categorias tão rígidas.

Os leitores de *África Bantu* serão introduzidos às histórias da tecnologia, da epistemologia, da educação e da cultura, e também às experiências vividas dos povos de língua Bantu, de 3500 a.C. até o presente. O livro começa em 3500 a.C., período em que os falantes da língua proto-Bantu viviam em uma região da África Ocidental adjacente às florestas entre os rios Níger e Congo. Atualmente, há cerca de quinhentos dialetos e línguas Bantu. Todos eles descendem do proto-Bantu, um subgrupo das línguas nigero-congolesas, uma família de línguas cuja história remonta a 10.000 a.C. A amplitude e a profundidade da história linguística do continente africano são extraordinárias. Na África, existem aproximadamente duas mil línguas e dialetos nativos falados. Cada idioma pertence a uma das quatro principais famílias de línguas da África. São elas: Nilo-saariana, Afro-asiática, Khoisan e Nigero-congolesa. O foco principal é o povo Bantu e as suas interações com povos de outras origens linguísticas, que moldaram a diversidade do continente.

CULTURAL

Administração
Antropologia
Biografias
Comunicação
Dinâmicas e Jogos
Ecologia e Meio Ambiente
Educação e Pedagogia
Filosofia
História
Letras e Literatura
Obras de referência
Política
Psicologia
Saúde e Nutrição
Serviço Social e Trabalho
Sociologia

CATEQUÉTICO PASTORAL

Catequese
Geral
Crisma
Primeira Eucaristia

Pastoral
Geral
Sacramental
Familiar
Social
Ensino Religioso Escolar

TEOLÓGICO ESPIRITUAL

Biografias
Devocionários
Espiritualidade e Mística
Espiritualidade Mariana
Franciscanismo
Autoconhecimento
Liturgia
Obras de referência
Sagrada Escritura e Livros Apócrifos

Teologia
Bíblica
Histórica
Prática
Sistemática

REVISTAS

Concilium
Estudos Bíblicos
Grande Sinal
REB (Revista Eclesiástica Brasileira)

VOZES NOBILIS

Uma linha editorial especial, com importantes autores, alto valor agregado e qualidade superior.

PRODUTOS SAZONAIS

Folhinha do Sagrado Coração de Jesus
Calendário de mesa do Sagrado Coração de Jesus
Agenda do Sagrado Coração de Jesus
Almanaque Santo Antônio
Agendinha
Diário Vozes
Meditações para o dia a dia
Encontro diário com Deus
Guia Litúrgico

VOZES DE BOLSO

Obras clássicas de Ciências Humanas em formato de bolso.

CADASTRE-SE
www.vozes.com.br

EDITORA VOZES LTDA.
Rua Frei Luís, 100 – Centro – Cep 25689-900 – Petrópolis, RJ
Tel.: (24) 2233-9000 – Fax: (24) 2231-4676 – E-mail: vendas@vozes.com.br

UNIDADES NO BRASIL: Belo Horizonte, MG – Brasília, DF – Campinas, SP – Cuiabá, MT
Curitiba, PR – Fortaleza, CE – Goiânia, GO – Juiz de Fora, MG
Manaus, AM – Petrópolis, RJ – Porto Alegre, RS – Recife, PE – Rio de Janeiro, RJ
Salvador, BA – São Paulo, SP